Interpretationen

Fontanes Novellen und Romane

Interpretationen

Fontanes
Novellen und Romane

Vor dem Sturm
Grete Minde
L'Adultera
Schach von Wuthenow
Unterm Birnbaum
Irrungen, Wirrungen
Quitt
Frau Jenny Treibel
Effi Briest
Der Stechlin
Mathilde Möhring

Fontanes
Novellen und Romane

Herausgegeben von
Christian Grawe

Philipp Reclam jun. Stuttgart

Umschlagabbildung: Theodor Fontane.
Kreidezeichnung von Max Liebermann (1896).

Universal-Bibliothek Nr. 8416 [4]
Alle Rechte vorbehalten
© 1991 Philipp Reclam jun. GmbH & Co., Stuttgart
Gesamtherstellung: Reclam, Ditzingen. Printed in Germany 1991
RECLAM und UNIVERSAL-BIBLIOTHEK sind eingetragene
Warenzeichen der Philipp Reclam jun. GmbH & Co., Stuttgart
ISBN 3-15-008416-4

Inhalt

Vorwort

Die Wandlung, die Theodor Fontanes Bild und Ruhm im öffentlichen Bewußtsein seit 1945 durchgemacht hat, ist erstaunlich und steht in scharfem Gegensatz zu dem Verblassen des Ansehens einiger seiner Zeitgenossen und zu Lebzeiten viel berühmterer Erzähler wie Paul Heyse, Otto Ludwig, Ludwig Ganghofer, Felix Dahn, Peter Rosegger oder Hermann Sudermann. Vom märkischen Regionalschriftsteller, der mit einigen Balladen (»Ich hab es getragen sieben Jahr ...« und »Herr von Ribbeck auf Ribbeck im Havelland ...«) auch die Schulkinder erreichte, ist Fontane in seiner konfliktreichen Teilnahme an den wesentlichen literarischen Strömungen seiner Lebenszeit und der Widersprüchlichkeit seiner Entwicklung zu einer der repräsentativen Gestalten des 19. Jahrhunderts aufgestiegen und heute als unspektakulärer Reformer verschiedener literarischer und kritischer Genres (wie Theaterkritik und Reisebuch), als einer der brillantesten Briefschreiber seiner Zeit, als einer der subtilsten und wachsten Kritiker des neuen Kaiserreichs und als einer der größten deutschen Romanciers seines Jahrhunderts anerkannt. Als Krönung seines umfangreichen Werks gelten seine siebzehn Romane, deren kürzere und mehr um *ein* zentrales Ereignis kreisende er nach der Gepflogenheit seiner Zeit gelegentlich »Novellen« nannte.

Dieses Romanwerk ist in der deutschen Literatur einmalig, weil es eine Altersleistung von staunenswertem künstlerischen und geistigen Reichtum darstellt. Es läßt sich höchstens mit der musikalischen Leistung seines Altersgenossen Anton Bruckner (1824–96) vergleichen, der in den letzten drei Jahrzehnten seines Lebens und gleichzeitig mit Fontanes epischem Œuvre das grandiose Gebäude seines sinfonischen Werks errichtete.

Fontane veröffentlichte in den letzten zwanzig Jahren seines Lebens, also etwa zwischen seinem 60. und seinem

80. Lebensjahr, sechzehn Romane, und aus dem Nachlaß kam noch ein weiterer zutage. Der erste Roman erschien nach gut fünfzehnjähriger Arbeit 1878; nur als Vorabdruck erlebte Fontane vor seinem Tod 1898 noch das Erscheinen des letzten. Der Bogen spannt sich von den beiden frühen historischen Romanen über Preußens schwerste politische Krise am Anfang des 19. Jahrhunderts (*Vor dem Sturm, Schach von Wuthenow*) bis zu den fast handlungslosen Zeitromanen der letzten Jahre, in denen Fontane den politischen, sozialen und geistigen Wandel der Zeit in künstlerisch konzentrierter und zugleich völlig entspannter Weise einfängt (*Die Poggenpuhls, Der Stechlin*). Dazwischen liegen: die balladesk-kriminalistischen Erzählungen (*Ellernklipp, Grete Minde, Unterm Birnbaum*), der erste »Berliner« Roman (*L'Adultera*), die beiden in den jüngst von Preußen besiegten Ländern Österreich und Dänemark spielenden Erzählungen (*Graf Petöfy, Unwiederbringlich*) und die reiche Ausbeute des um 1890 gelagerten Jahrzehnts, in dem sich Fontane auf immer neue Weise kritisch mit der sozialen Welt des reaktionären Preußen-Deutschlands nach 1871 auseinandersetzte. Diese erzählerische Analyse des Preußen seiner Zeit spürte den Konflikten zwischen Individuum und Gesellschaft in verschiedenen Lebensbereichen nach: in der dörflichen Gebirgswelt Schlesiens (*Quitt*), im großstädtischen Kleinbürgertum Berlins (*Stine, Mathilde Möhring*), in der neureichen Bourgeoisie (*Frau Jenny Treibel*) und in der Adelswelt bei ihrer Begegnung mit anderen Bevölkerungsschichten (*Cécile, Irrungen, Wirrungen*). Sie gipfelt in *Effi Briest*, dem mit seinen bisher vier Verfilmungen wohl berühmtesten und beliebtesten Werk Fontanes.

Auch Umfang und Atmosphäre von Fontanes Romanen sind sehr unterschiedlich. Ihre Länge reicht von etwa 100 bis etwa 700 Seiten, ihre Stimmung vom Komödiantischen und Berlinisch-Kessen bis zum Rührenden und Tragischen. Gegenüber dem immer wieder als Markenzeichen Fontanes betrachteten »heiteren Darüberstehen« ist allerdings schon wegen der großen Zahl von dargestellten Morden, Selbstmorden und dem Dahinsterben gerade junger Menschen in den Romanen Vorsicht geboten.

Eine Fülle von zeittypischen Details macht dabei Fontanes Romane zu einem der lebendigsten und eindringlichsten Zeugnisse der Wilhelminischen Epoche, da die feste Verwurzelung der Gestalten in ihrer sozialen Lebenswelt für Fontane unabdingbar für ihr Verständnis ist. Auf die gesellschaftskritische Dimension dieses Romanwerks warf die Veröffentlichung von Fontanes bedeutendster Alterskorrespondenz ein scharfes Licht. 1954 erschienen Fontanes Briefe an den schlesischen Amtsgerichtsrat Georg Friedlaender, in denen er seine mal abgeklärten, mal bitteren, aber immer treffsicheren und häufig auch weitsichtigen Kommentare zur politischen, sozialen und kulturellen Welt seiner Zeit mit der Offenheit aussprach, die er anderen Gesprächspartnern gegenüber eher diplomatisch moderierte. So war es forschungsgeschichtlich seit den fünfziger Jahren der *Zeitkritiker* Fontane, der in den Romanen nun immer stärker hinter der liebenswürdigen Fassade dieses Schriftstellers wahrgenommen wurde.

Aber zugleich damit begannen auch die *künstlerische Dimension* seines Alterswerks und dessen *Einbettung in seine Zeit* mehr und mehr Aufmerksamkeit zu erregen. Obwohl Fontane in einer Umgebung und Atmosphäre schuf, die schon dem Zeitgenossen Friedrich Nietzsche elementar kulturfeindlich erschienen, brachte Fontane verspätet den realistischen deutschen Roman literarisch auf die Höhe des internationalen Niveaus, das von Namen wie Balzac, Stendhal, Turgenjew, Tolstoi, Dostojewski, Austen, Thackeray, Dickens, George Eliot und Manzoni repräsentiert wird, und gab ihm eine in der deutschen Literatur bisher unerreichte innere Gelöstheit. Mehr und mehr wurde sich dabei die Forschung auch bewußt, welche Rolle gerade Fontane mit der Lebensechtheit und Leichtigkeit seines Dialogs, mit dem Auflösen der festen Dogmen und der eindimensionalen Erzählperspektive in der Meinungsvielfalt seiner Figuren und mit der

Sicherheit seiner Zeitanalyse bei der Vorbereitung der Blüte des deutschen Romans im 20. Jahrhundert gespielt hat. Die Brüder Heinrich und Thomas Mann etwa machten auf die inspirierende Rolle Fontanes für ihr eigenes Erzählwerk aufmerksam.

Immer deutlicher wurde aber auch, daß Fontanes Romane ein *Mikrokosmos des geistigen Lebens seiner Zeit* sind. Untersuchungen über seine Beziehungen zu führenden Zeitgenossen und Zeitschriften, zum Theater und zum Ausland, seine Adaption und manchmal ironische oder kritische Umbiegung von intellektuellen und politischen Strömungen seiner Zeit wie Naturalismus oder Dekadenz, Nietzsches Philosophie oder der Sozialdemokratie begannen immer mehr das gegenwärtige Fontanebild zu bereichern und finden ihren Widerhall auch in den vorliegenden Aufsätzen.

Zu dieser Neubewertung von Fontanes Romanen trat dann seit den sechziger Jahren deren *genaue Analyse*. Die Forschung vertiefte sich in die einzelnen Werke und untersuchte ihre Komplexität, ihren Beziehungsreichtum und ihre Dichte. Das Spiegeln des Zeittypischen im Persönlichen, die Anwesenheit des Allgemeinen im Besonderen, des Repräsentativen im Einmaligen gibt Fontanes Romanen Bedeutungsdimensionen, die sich nur der genauen Lektüre erschließen. Die Fülle der Arbeiten etwa über einzelne Motive, Kapitel, Szenen und Figuren erweist die Fruchtbarkeit solcher Ansätze immer aufs neue. In welchem Maß etwa in Fontanes Romanen Zitatmaterial von der bloßen kryptischen Anspielung bis zur Spiegelung ganzer Gestalten, Szenen oder Werke anwesend ist, haben nach verschiedenen Vorarbeiten die großen Studien von Voss und Plett erwiesen. Unbeachtet lassen darf der Interpret von Fontanes Romanen kaum etwas; diese sind – und darin zeigt sich unter anderem die anhaltende Wirkung der Romantik in Deutschland auch im realistischen Roman – unter der zwanglosen Oberfläche streng künstlerisch geformt, so daß sich das Zufällige als Notwendiges, das Wirkliche als Element eines Sinnzusammenhangs darstellt.

Daß in einem Werk mit solchem künstlerischen Anspruch, das zudem auch von finanziellen Zwängen bestimmt war, nicht alles in gleichem Maß überzeugend geglückt ist, kann zumal in einer Zeit der bürgerlichen Rührseligkeit, des falschen Idealismus und der plakativen künstlerischen Wirkungen nicht überraschen. Die kritische Auseinandersetzung mit Fontanes künstlerischem Gelingen, aber auch Scheitern, ist daher Teil der vorliegenden Analysen. Über seinen artistischen Anspruch in einer Zeit der künstlerischen Dürre, über die symbolische Dichte seiner Texte läßt sich kaum mehr streiten, aber seine Bildwelt, die Fülle seiner Zeitbezüge, die Repräsentanz seiner Darstellung, die subtile Reflexion geistiger Strömungen seiner Zeit und die Modernität seiner Erzähltechnik lassen trotz aller schon vorliegenden Forschungsergebnisse noch genug Raum für weitere Entdeckungen.

Der vorliegende Band, der aus Interpretationen einzelner Romane Fontanes besteht und als Einführung in Fontanes Romanwerk insgesamt dient, reflektiert diesen Stand der Forschung und treibt diese in den verschiedensten Bereichen ein weiteres Stück voran. Die Aufsätze sind aber nicht das Resultat *einer* literaturwissenschaftlichen Schule, sondern sollen im Gegenteil die Breite der Forschung spiegeln, die das Methodische des Ansatzes, das geistesgeschichtliche Umfeld eines Romans, die Zusammenhänge seiner Entstehung, seine Bildwelt, seine historische oder biographische Einbettung oder die Auseinandersetzung mit der Sekundärliteratur unterschiedlich stark hervorhebt. Daß die nicht-deutsche Germanistik, der der Herausgeber selbst angehört, an der Fontaneforschung der letzten Jahrzehnte intensiv beteiligt ist, zeigt sich an der internationalen Zusammensetzung der Mitarbeiter des Bandes. Es ist für den Herausgeber eine besondere Freude, dazu auch Kollegen aus der ehemaligen Deutschen Demokratischen Republik zu zählen, wo sich mit dem Potsdamer Fontane-Archiv das Zentrum der Fontaneforschung befindet und diese höchst lebendig ist.

Fontanes Romane haben bisher keineswegs in gleichem Maß

die Aufmerksamkeit der Forschung erregt, die sich lange auf
wenige, angeblich besonders gelungene Werke konzentriert
und andere nahezu unbeachtet gelassen hat. Es fällt auf, daß
verschiedene Autoren des vorliegenden Bandes gerade die
Vernachlässigung des von ihnen vorgestellten Werkes betonen. Entsprechend ist auch die Sekundärliteratur, auf die man
sich beziehen kann, zu den einzelnen Romanen verschieden
umfangreich. Der Band trägt hoffentlich dazu bei, das Licht
etwas gleichmäßiger auf das gesamte Romanwerk Fontanes
fallen zu lassen und dem einen oder anderen weniger beachte-
ten Roman neue Leser zu gewinnen.
Alle siebzehn Romane abzuhandeln verbot sich aus Platz-
gründen. Die Auswahl war von praktischen Überlegungen
mitbestimmt, sollte sich aber auf keinen Fall einfach auf die
ohnehin schon meistdiskutierten Werke Fontanes konzentrieren, sondern die verschiedenen Phasen seines Roman-
schaffens und die Verschiedenartigkeit der Romane selbst
angemessen repräsentieren.

Ch. G.

OTFRIED KEILER

Vor dem Sturm

Das große Gefühl der Befreiung und die kleinen Zwecke der Opposition

Vorüberlegungen

Die Haupthandlung des umfangreichen Romans in vier Büchern »aus dem Winter 1812 auf 13« ist schnell erzählt. Die Nachricht vom Untergang der napoleonischen Armee vor Moskau gibt den Anstoß zu Überlegungen im besetzten Preußen, das mit dem Eroberer verbündet ist, wie dieses Joch abzuschütteln sei, was getan werden könne und müsse, um die patriotisch gesinnten Kräfte zu wecken und zu vereinen. Als die partikulare militärische Aktion der im Raum Lebus (Oderbruch) vereinigten Kräfte aus dem Adel und der Bauernschaft, unter tatkräftiger Mithilfe junger Intellektueller, losbricht und (im 4. Buch) scheitert, sind mehr als dreiviertel des Erzählvorganges bewältigt. *Vor dem Sturm* ist nicht der Sturm der tatsächlichen Befreiungstat des Jahres 1813, die widersprüchlich genug verlief. Gesamtnationale oder gar soziale Aspekte der Befreiung deutscher Territorien bilden nicht das Thema dieses Romans. Seine Spezifik erwächst zwar aus dem historischen Handlungsrahmen von »1812 auf 13«, benutzt aber diesen und die Figuren des Königs, Hardenbergs oder der Brüder von der Marwitz wie ein Zitat, dessen Inhalt jedermann kennt. »Der König rief und alle kamen« (Clausen) – *diese Version* wird *nicht* bedient. Fontane baut insofern an einem Gegenbild zur vorherrschenden Geschichtsschreibung. Aber er dokumentiert dies nicht, er verlagert die geschichtlichen Aktionen »vor dem Sturm« ins Innere der Figuren, er zielt auf Besinnung und Analogie.

»Arbeit und Inhalt meines Lebens«[1] wird er seine Roman-Konfession schließlich nennen, sein »Schmerzenskind«, von dem er zwei Jahre zuvor schrieb: »Er ist in dieser für mich trostlosen Zeit mein einziges Glück, meine einzige Erholung«.[2] Denkt man die für den Schriftsteller Fontane besonders ereignisreichen, aber auch produktiven Erfahrungen der siebziger Jahre hinzu, die ihn schließlich zur Aufgabe seines Konzepts vom »vaterländischen Dichter« bewegen, so rücken Gestalt und Gestaltung eines preußisch-patriotischen Mythos in den Vordergrund, auf den er selbst sich innerhalb weniger Wochen und gegenüber unterschiedlichen Partnern durchaus unterschiedlich bezog; heißt es einmal, der Roman »ist ganz unmodern, etwas fromm, und etwas kirchlich, immer wird gepredigt [. . .]. Dazu literarische Gespräche und dann und wann eine Eruption im Stil von ›Mit Gott für König und Vaterland‹«[3], so beharrte er gleichzeitig darauf, daß das Buch zwar *für* »Religion, Sitte, Vaterland« einträte, aber daß es »voll Haß« *gegen* die »blaue Kornblume« (eine unkritische Hohenzollernverehrung) sei; »›Mit Gott für König und Vaterland‹, will sagen *gegen* die Phrasenhaftigkeit und die Carikatur jener Dreiheit«.[4] So ergibt sich ein Widerspruch: Für und gegen die Losung des reaktionären Junkerparlaments,[5] für und gegen die Stiftungslegende des neuen Reiches will er eintreten.

1 Hanser Briefe, II,626 (an Paul Lindau, 23. Oktober 1878).

2 Ebd., S. 547 (an Mathilde von Rohr, 1. November 1876).

3 Dichter, II,220 (an Hermann Kletke, 6. November 1878). Vgl. Helmuth Nürnberger, »Fontanes Briefe an H. Kletke«, in: *Fontanes Realismus. Wissenschaftliche Konferenz zum 150. Geburtstag Theodor Fontanes in Potsdam. Vorträge und Berichte*, hrsg. von Hans-Erich Teitge und Joachim Schobeß, Berlin [Ost] 1972, S. 169–183.

4 Hanser Briefe, II,637 (an Wilhelm Hertz, 24. November 1878).

5 Vgl. Hubertus Fischer, *Gegenwanderungen. Streifzüge durch die Landschaft Fontanes*, Frankfurt a. M. / Berlin / Wien 1986, S. 15, 20 f. Die in diesem Buch fortgeführte Aufarbeitung konservativer Züge im Schaffen Fontanes aus neuer Sicht wurde Mitte der sechziger Jahre begründet. Vgl. Peter Wruck, *Preußentum und Nationalschicksal bei Theodor Fontane*, Diss. Berlin [Ost] 1967.

Mehr als hundert Jahre trennen uns von den Umständen, die solche Ansichten hervorbrachten; »Preußen« ist mit seinen Trägern untergegangen, nachdem es seine Mythen bis zur faschistischen Demagogie pervertierte.[6] Kann uns Theodor Fontane, 45 Jahre nach dem Zweiten Weltkrieg, bei der kritischen Besinnung auf unsere Vorgeschichte anregen? Ein historisch entstandener Beitrag erzählender Art gerät in die Diskussion. Zeitgenössische Breitenwirkung war ihm *nicht* beschieden (was noch belegt wird). Kann er uns *mehr* bedeuten?

Wer mit Fontanes Helden Berlin verläßt und über die Bollersdorfer Höhe ins Oderbruch fährt, wird von einer doppelten Faszination berührt. Man fährt heute durch einen fruchtbaren Landstrich und begegnet zugleich unübersehbaren Zeugen der Vergangenheit, die für Zerstörung stehen. In das fruchtbare Land der »Patriarchen« glaubte auch der märkische Wanderer des Jahres 1860 schauen zu können, wenn er von den Seelower Höhen hinab in das unter den preußischen Königen eingedeichte Oderbruch reiste, das er um Gusow, Seelow und Friedersdorf, um Frankfurt, Lebus und Küstrin mit *seinen* Figuren bevölkerte. Geschichte und Gegenwart drängten sich beim Anblick dieses Landes so bewegend und einander bedrängend ins Bild, daß er diesen Roman schreiben *mußte*; auch, als er kaum noch an dessen Erfolg zu glauben wagte,[7] auch, als er in einem über 15 Jahre andauernden

---

6 Vgl. Georg Lukács, *Die Zerstörung der Vernunft*, Berlin [Ost] 1954, und »Der alte Fontane«, in: G. L., *Deutsche Realisten des 19. Jahrhunderts*, Berlin [Ost] 1953. Zu unerledigten Fragen bei Lukács vgl. Peter Wruck (s. Anm. 5) S. 648; Otfried Keiler, »Fontane-Biographie im Lichte der Literaturgeschichtsschreibung«, in: *Potsdamer Forschungen* (1982) Reihe A, H. 49, S. 59–69; und Manfred Hellge, »Der Verleger Wilhelm Friedrich und das *Magazin für die Literatur des In- und Auslandes*«, in: *Archiv für die Geschichte des Buchwesens* 16 (1967) Sp. 988.

7 Über die zeitgenössische Wirkung informiert ausführlich Frederick Betz, *The Contemporary Critical Reception of Theodor Fontane's Novels »Vor dem Sturm« and »Der Stechlin«*, Diss. Indiana University 1973. H und A geben umfangreiche Materialsammlungen im Anhang zum Text. Unveröffentlichtes Material wird als solches hervorgehoben.

Gestaltungsprozeß immer wieder andere Projekte vorziehen mußte, und auch dann noch – in der Endphase der Arbeit am Roman (1876–78) –, als er so sehr *ein anderer* geworden war, daß dem Ruhmeslied auf deutsche Treue und preußische Tugenden fast gleichzeitig mit dem Erstling in *Schach von Wuthenow* das Menetekel vom Untergang preußisch-deutscher Tüchtigkeit in den Tagen von Jena und Auerstedt (1806) folgte. Das Befreiungssujet »aus dem Winter 1812 auf 13« ist davon nicht unberührt geblieben.

Wer heute von den Seelower Höhen zur Oder hinabblickt, steht auf blutgetränktem Boden. Mehr als 30 000 sowjetische und deutsche Soldaten fanden hier am Beginn der letzten großen Schlacht vor den Toren Berlins im April 1945 den Tod. Darf der Fontane-Interpret vergessen, wie Geschichte und Gegenwart heute einander bedrängen? Faschismus und Preußenlegende gingen zusammen; mehr als 60 Jahre nach Fontanes Überlegungen. Beginnen wir am historischen Ort der Dichtung.

Eine Nachtfahrt hat uns an Rüdersdorf und Müncheberg vorbei bis in das Städtchen Seelow geführt [...] Der Gottessegen berührt hier das Herz mit einem ganz eigentümlichen Zauber, mit einer fromm gestimmten Freude, wie sie die Patriarchen empfinden mochten, wenn sie inmitten menschenleerer Gegenden den gottgeschenkten Segen ihres Hauses und den Reichtum ihrer Herden zählten. Wo die Hand des Menschen in harter, nie rastender Arbeit der ärmlichen Scholle ein paar ärmliche Halme abgewinnt, da kann die Vorstellung in ihm Platz greifen, als sei *er* es, der diesen armen Segen geschaffen habe; wo aber die Erde hundertfältige Frucht trägt und aus jedem eingestreuten Korne einen Reichtum schafft, da fühlt sich das Menschenherz der Gnade Gottes direkt gegenüber und begibt sich aller Selbstgenügsamkeit. Ein Blick von den Seelower Höhen läßt uns solchen Gottessegen schauen. Die ohnehin dicht gelegenen Dörfer rücken in dem endlosen Coulissenbilde

immer dichter zusammen, und alles verschmilzt zu einer
weitläufig gebauten Riesenstadt, zwischen deren einzelnen
Quartieren die Fruchtfelder wie üppige Gärten blühen.[8]

Als Fontane 1863 seine Reisen nach Gusow und Friedersdorf
in Buchform veröffentlicht, die als Feuilletons schon zwei
Jahre zuvor in der *Neuen Preußischen Zeitung* (*Kreuzzeitung*) erschienen waren, befand sich Preußen auf dem Höhepunkt einer Verfassungskrise. Bismarck war von der Hofka-
marilla nach Berlin gerufen worden, um als Ministerpräsident
die in den Maiwahlen erstarkte bürgerliche Opposition in die
Schranken zu weisen. Der König trug sich mit Abdankungs-
plänen, viele malten das Gespenst einer zweiten Revolution
an die Wand, als die Heereskrise in eine umfassende Vertrau-
enskrise überging.[9]
Die Reisen Fontanes, die ihn in Friedersdorf mit der Gestalt
und wenig später mit den von Marc Niebuhr edierten Memoiren des August Ludwig von der Marwitz bekanntmachten,
fielen in diese Zeit. Der Kreuzzeitungsmitarbeiter Fontane,
der im Jahre 1862 als Kandidat der Konservativen fungierte,
schrieb am 31. Oktober 1860 seinem Verleger, der Inhalt dieser *Märkischen Bilder* sei »entschieden konservativ (nicht in
dem häßlichen Sinne von ›reaktionär‹)«.[10] Das Marwitz-Por-
trät geriet bei aller Kritik zum Muster eines selbstlosen

8 *Wanderungen durch die Mark Brandenburg*, hrsg. von Walter Keitel, Bd. 2:
Das Oderland, Berlin 1974, S. 193.
9 Vgl. Peter Wruck, »Zum Zeitgeschichtsverständnis in Theodor Fontanes
Roman *Vor dem Sturm*«, in: *Fontane-Blätter*, Bd. 1, H. 1 (1965) S. 1–9; *Der
liberale Roman und der preußische Verfassungskonflikt. Analyseskizzen und
Materialien*, hrsg. von Bernd Peschken und Claus-Dieter Krohn, Stuttgart
1976, bes. S. 54–56; und Gustav Seeber / Karl-Heinz Noack, *Preußen in der
deutschen Geschichte nach 1789*, Berlin [Ost] 1983 (zur Krise der preußischen Monarchie 1858–62; bes. S. 178–184).
10 *Theodor Fontane. Briefe an Wilhelm und Hans Hertz*, hrsg. von Kurt Schreinert, vollendet und mit einer Einl. vers. von Gerhard Hay, Stuttgart 1972,
S. 21 (an Wilhelm Hertz, 31. Oktober 1860). Dazu aus *Das Oderland* (s.
Anm. 8) die Anfangspassagen des Marwitzporträts, die m. E. auf die politischen Kämpfe der Gegenwart Bezug nehmen (S. 225, 233).

Patrioten. Auf die eigenartige Abgrenzung des Konservativen vom Reaktionären ist zurückzukommen.

Von einem Bewunderer seiner Kunst aus späteren Jahren,
Professor Adolf Stahr, der dem Nationalverein nahestand,
hat Fontane sich den Vorwurf zugezogen, Haß und Standesdünkel »jenes Junkerthums und Junkerbewußtseins, das ein
für allemal in *jedem* Bürgerlichen ohne Ausnahme einen
moralisch niedriger Stehenden erblickte«, verklärt zu haben.
Am Schluß seiner durchaus anerkennenden Rezension, in der
Stahr die Marwitz-Kapitel als besonders interessanten Stoff
lobt, greift er Fontane direkt an: »Ein Edelmann, wie dieser
Marwitz war, würde in seiner Geringachtung des ›Bürgerthums‹ und der ›Bildung‹ nur bestärkt werden, wenn er sähe,
wie ein Mitglied dieses gebildeten Bürgerstandes sich dazu
herbeiließe, seine Maxime, seinen verklärenden Haß und
seine Verachtung des Bürgerthums und der Gebildeten zu
entschuldigen und zu beschönigen.«[11] Trotz der Tatsache,
daß Fontane für die *Kreuzzeitung* arbeitete und dieses Jahr-
zehnt als ein glückliches bezeichnet hat, wollte der Roman ein
parteipolitisches Engagement vermeiden.[12] Berndt von Vitzewitz, der Held des Romans, ist in der Endfassung nicht
mehr der patriotisch gesinnte, aber reaktionäre Junker von
der Marwitz, dessen Memoiren Fontane las. Der Umbau der
Figur beginnt im Wanderungsaufsatz, der jenes kritische
Echo in der *Nationalzeitung* hervorbrachte. Daher glaubte
Fontane, ausgewogen verfahren zu sein. »In Standesvorurtei-
len, wie sie das Urteil über Goethe zeigt, war und bleibt
Marwitz befangen«, aber: »Er glaubte an die Wiederherstellung Preußens und arbeitete daran.« Das ist ihm wichtig.
Fontane bettet die konservative Kritik seines Helden an den
bürgerlichen Reformern nach 1806 in die Vorgänge zwischen
König und bürgerlicher Opposition Mitte der sechziger Jahre
ein, wie er sie nach seiner Rückkehr aus England vorfand.
Das politische Prinzip des Konservatismus »ist von jedem«

11 *National-Zeitung* Nr. 572, Morgenausgabe, 8. Dezember 1863.
12 Vgl. Wruck (s. Anm. 5) S. 652 f.

anerkannt, meinte er und sah voraus: »Die Tage des Kampfes sind nicht vorbei«.[13]

Der Marwitz-Aufsatz von 1861 aber ist nur *eine* Keimzelle zum Roman. Die Notizbücher Fontanes, die Recherchen über den Landstrich Lebus zwischen Frankfurt und Küstrin an der Oder aus den Jahren 1860 bis 1876 enthalten immer neue Entwürfe, darunter die Exzerpte von der Hand seiner Frau aus den gedruckten Memoiren jenes Friedrich August Ludwig von der Marwitz. Sie gewähren Einblick in einen mehr als zehn Jahre während Prozeß der Gestaltung. Nimmt man hinzu, daß die Spuren dieses Arbeitsprozesses im handschriftlichen Manuskript (heute im Märkischen Museum Berlin) erst auszugsweise ausgewertet und aufbereitet sind,[14] dann kann Annäherung auf mehreren Ebenen betrieben werden: vom Endprodukt des Jahres 1878 her, mit Betonung der Eigenarten und Widersprüche, vom Prozeß der Aufnahme durch die Zeitgenossen her, der unsere Ansichten nicht bestätigen muß, aber bereichern kann, und (alle Seiten durchdringend) vom Prozeß der Arbeit am Text her, der die Biographie des Dichters und die Umstände seiner Entwicklung (ein nicht zu bewältigendes Thema) einschließt.

Geschichte und Dichtung. *Vorversuche*

Wenn wir Weihnachten 1812 mit dem jungen Lewin von Vitzewitz und dem alten Kutscher Krist nahe der Berliner Parochialkirche in der Klosterstraße den Schlitten besteigen, um in nächtlicher Fahrt über die Bollersdorfer Höhe dem heimatlich-familiären Schloß- und Gutsbesitz an der Oder zuzufahren, betreten wir abermals eine verwandelte Landschaft.

13 *Das Oderland* (s. Anm. 8) S. 226.
14 Wichtige Aufschlüsse wird Walter Hettches systematische Darstellung der Handschrift des Romans bringen. Zum methodischen Ansatz: W. H., »Über Nutzen, Notwendigkeit und Möglichkeit einer kritischen Edition der Werke Fontanes«, in: *Fontane-Blätter*, Bd. 6, H. 5 (1987) S. 527–534.

Nicht nur die Brüder Marwitz, die Schloßherren, haben sich in Vater und Sohn verwandelt. Die Härte der gutsherrlichen Kämpfe um Privilegien für die Stände im Raum Lebus, die konservative Kritik am zaudernden König Friedrich Wilhelm III., die mit Festungshaft verbunden war, hat sich verflüchtigt, ohne je ganz verschwunden zu sein. Der Erzählton dieser ältesten Passagen des Manuskripts (mit Bleistift auf festem Papier) sucht Landschaft und Stimmungen einzufangen, ist beschaulich angelegt, und gelegentlich (wie in den harmonisierenden Passagen am Schluß) kommt sogar eine »Prinzessin ins Haus«. Ganz anders, dramatisch zugespitzt, mit der funkelnden Schärfe des Dialogs geschrieben, sind jene von Fontane im Brief an Hertz vom 1. Dezember 1878[15] selbst hervorgehobenen Gesprächspassagen, die die pointierten Weltanschauungsgespräche der späteren Romane vorwegnehmen (I, 4; II, 13 f.; III, 1; IV, 24–27). »Es ist ein königliches Land, dieses Preußen, und königlich, so Gott will, soll es bleiben. Es haben es große Fürsten aufgebaut, und der Treue der Fürsten hat die Treue des Volkes entsprochen. Ein Volk folgt immer, wo zu folgen ist; es hat dem unseren an freudigem Gehorsam nie gefehlt. Aber es ist fluchwürdig, den toten Gehorsam zu eines Volkes höchster Tugend stempeln zu wollen. Unser Höchstes ist Freiheit und Liebe.« (II, 96) Das ist brillante Polemik mit zeitgeschichtlichem Bezug.

Es sind dies also mehr als zwei Romane in einem, und die tagebuchartigen Schlußbetrachtungen der Renate von Vitzewitz bilden eine betrachtende Klammer für die vielfach veränderten und gestaffelten Sujetlinien, kennzeichnen die beabsichtigte Grundhaltung. »Erzählungen schließen mit Verlobung oder Hochzeit. Aber ein Tagebuch, das sich bis auf diesen Tag im Hohen-Vietzer Herrenhaus vorfindet [...], gönnt uns noch einen Blick in die weitere Zukunft.« (IV, 223)

15 Hanser Briefe, II, 637.

Fiktion und Realität bedienen einander, der Erzähler bietet
eine Parabel.

Vordergründig ein »Sittenbild«, nur im Schlußteil aktionsbe-
tonter »Durchschläger« (wie Redakteur König aus Leipzig
betont)[16], politischer Dialog mit unverkennbar neuen, nach
1874 geschriebenen »Machthaber«-Passagen, die den Tage-
buch-Eintragungen des Jahres 1876 entsprechen, wo von
»total konfuser Staatsmaschinerie« die Rede ist.[17] Dorfkultur
(bei Pastoren und Altertumsforschern) und die brodelnde
Unruhe der Berliner Salons und Hörsäle, freilich in beschau-
licher Kastalia-Retrospektive, die dem »Rütli« nachempfun-
den ist, mit Studenten, national-bewußten Adligen, andererseits den Viertel- und Ganzbauern im Dorfkrug, bürgerlicher
Gesinnung, aber nicht eigentlich bürgerlichen Figuren, die
noch bis in die Entwürfe von 1866 im Hause Chrysander und
einer fiktiven Kleinstadt zu finden waren. Bis heute nicht
eindeutig lassen sich die Stufen der Veränderung in alle Verästelungen hinein säuberlich scheiden. Was kann als gesichert
gelten?

Zunächst, daß der Familienroman mit Mesalliance am Schluß
die Folge der grundlegend veränderten Anlage vom Roman
zweier Freunde ist, von denen Lewin, Held und Namengeber
für den Romanentwurf 1866, bei der Insurrektion sterben
sollte. Und es ist sehr wahrscheinlich, daß mit der dann veränderten Grundkonstellation (Lewin und Marie überleben
und heiraten) die Figur Othegravens, des besonders standhaft
sterbenden Helden von Frankfurt, hinzuerfunden wurde.
Der Entwurf zum Lewin-Roman, der auf einen Schillroman
aus den fünfziger Jahren zurückdeutet, läßt sich einer Art
Exposé (auf großformatigen alten Kuverts mit Bleistift und
Blaustift) entnehmen, die als lose Blätter im Romanmanu-
skript liegen (bis heute unveröffentlicht): »Lewin (zum Vater):
Du stellst dich außer dem Gesetz? Du tust, was Schill

16 Laut Brief an Ludovica Hesekiel, 28. Mai 1878 (Hanser Briefe, II,572).
17 Reuter, II,522, 524, 527. Vgl. Wruck (s. Anm. 9) S. 5 und Nürnberger,
    S. 128 f.

tat; nur ist es weniger großherzig; du handelst gegen den Willen des Königs; du übst Hochverrat [...] du willst den König drängen; er läßt sich nicht drängen.« Dieser später so *nicht* beibehaltene Entwurf (vor 1866) trägt am Rande den mit Blaustift hervorgehobenen Vermerk: »Othegraven«. Damit könnten die im Notizbuch A 12 festgehaltenen Veränderungen des Figurenensembles[18] ihren Abschluß gefunden haben. Fontanes Lokalstudien, seine erzählerischen Absichten und politischen Gesinnungen kristallisierten am Marwitz-Stoff.[19] Indem Fontane einen konservativen Charakter wählte (nicht Schill) und ihn umschuf, nämlich der Kritik unterwarf (vgl. IV, Kap. 20), traten andere Motive in den Vordergrund. Hinzuzudenken sind Fontanes Frankreich-Reisen und seine Gefangenschaft mit daraus sich ergebenden veränderten Passagen über Napoleon, »Westwind«, Mesalliance und Standesprofile. Das Ebenbürtigkeitsmotiv wird in das Entscheidungsmotiv integriert und von einem spezifisch ausgeprägten Treue-Motiv überformt: »Wer nicht Treue hält, ist des Todes.« Das gilt für Preußen und Polen, für Pertubal, später Tubal Ladalinski. Diese im Zusammenhang mit der Othegravenfigur umgeformten Figuren wurden aus älteren Teilen der Handschrift übernommen; ihre Entwürfe finden sich in den Notizbüchern E 2 und E 3.[20] Als Lewin und Marie aufeinander zugehen, wird Else Chrysander fallengelassen, und die gesamte Bürgerwelt Berlins wird damit reduziert. Wir halten dies für eine der bezeichnendsten Konsequenzen, keineswegs nur für einen philologischen Befund. Am Beispiel einer entworfenen und verworfenen Faucher-Figur wird darauf Bezug genommen.

Als das Motiv der Doppelhochzeit probiert und verworfen wurde, wurden Passagen über Nationalstolz gewonnen (man denke an II, Kap. 14). Die Handlung kann nun jene Teile

18 Vgl. A I,341 ff.
19 Wruck (s. Anm. 9) S. 6.
20 Die z.T. wörtliche Übereinstimmung der Notate in Handschrift und Notizbuch bleibt näher zu untersuchen.

anlagern, die mit der Krankheit Lewins und seiner Besinnung verbunden sind. Die Konzeption des gesamten Erzählwerkes gilt als kompliziert.[21] Aber zieht man allein die hier skizzierten Veränderungen in Betracht, so müßte man eigentlich die Verschmelzung der Figuren und Motive als nicht ungeschickt bezeichnen. Die Ausfüllung des neuen Rahmens konnte schwerlich gleichwertig gelingen, da die Einführung immer neuer Figuren wie die Veränderung der vorhandenen verrät, daß sie selbst nicht den Ausgangspunkt bildeten, mithin nur bedingt für sich stehen durften. Erinnern wir uns: Der Stoff, ob Schill oder Marwitz, enthielt das Sujet eines Ungehorsams aus übergeordneten Motiven (»sich entscheiden ist schwerer als gehorchen«; II,96). Die Entscheidung für Marwitz war freilich eine zweischneidige. Sie wurde in einer späteren Phase kompensiert durch jene Vater-Sohn-Konstellation, die auch die Kritik an der Vaterfigur ermöglichte (vgl. I, Kap. 4 und IV, Kap. 20). Zugleich wurde der zweite potentielle Held, die Lewin-Figur, zurückgenommen, als die bürgerlich-idealische Othegraven-Figur hinzutrat, die den Horizont der junkerlichen Vaterfigur stützte und argumentativ erweiterte. Darf man unterstellen, Fontane habe darin dem »Zeitgeist«, der bürgerlichen Entwicklung, Tribut gezollt? Die Gleichsetzung der Othegraven-Figur (des tapfer sterbenden Helden der lokalen Insurrektion) mit einer Zurückdrängung des adligen Helden, oder anders: die stärkere Gewichtung des Ebenbürtigkeitsmotivs mit bürgerlichen Perspektiven überhaupt trifft den Kern der Gestaltung nicht. Die zeitgeschichtlichen Aussagen werden vor allem über den Inhalt des Treuemotivs, der Bewährung für das Vaterland im Großen wie im Kleinen transportiert. Naiver Monarchismus und Warnung der Krone vor einer Staatskrise, wenn dieses Gebot der Stunde nicht erkannt werde, bilden dabei die Leitlinien (vgl. bes. III, Kap. 1 – das Gespräch beim alten Prinzen Fer-

---

21 Vgl. Demetz, S. 45, 65; Reuter, II,534; Müller-Seidel, S. 111–113; Hugo Aust, Nachwort zu *Vor dem Sturm*, Frankfurt a. M. 1981, S. 755–757; Nürnberger, S. 128 f.

dinand). Wie die Vorarbeiten Fontanes zeigen, die datierbar sind, sind die Entscheidungen für eine Eingrenzung des historischen Konflikts zwischen König und Volk im Frühjahr 1866 gefallen – wenige Jahre nach dem Verfassungskonflikt und in zeitlicher Nähe zur Indemnitätserklärung der bürgerlichen Opposition; in historischer Sicht: ihrer Abdankung.

Wie stark und voneinander abhängig sich Entscheidungsmotiv und Treuemotiv wechselseitig aufbauen, sei noch einmal an bisher unveröffentlichtem Material demonstriert. In der *Kreuzzeitung*[22] findet Fontane einen mit L.G. bezeichneten Aufsatz aus Koblenz über Georg Baersch, dessen Kernstück er ausschneidet und in sein Notizbuch E 3 einklebt. Was er ausschneidet und wie er dies unterstreicht und mit Tinte kommentiert, spricht für seine Pläne; unmittelbarer als die späteren Kommentare der Jahre 1878 und 1879.

Am 17. Februar 1813 hatten Französische Nachzügler (400 Mann des 124. Regiments, meist Holländer) aus den Dörfern bei Pyritz in Pommern Vieh mit Gewalt weggetrieben. Baersch, der eben mit zwei Ordonanz-Husaren den Ort passirte, beschloß sofort, ihnen die Beute zu entreißen. [...] So hatte er, wie er mit Stolz sagen durfte, der erste Preuße, 1813 den Säbel wider den Unterdrücker gebraucht.

Betrachten wir das gesamte großformatige Zeitungsblatt: *Nicht* übernommen (ausgeschnitten) ist die Fortführung der Geschichte bis zum Aufruf des Königs am 17. März 1813, der Baersch nahe Lauenburg unter dem Oberbefehl des Kronprinzen von Schweden sieht. Mehr noch, Fontane hebt dick unterstrichen »*Februar 1813*« hervor und verweist uns erneut auf seine zentrale Konflikt-Struktur, die er zwischen Vater und Sohn, Othegraven und Kniehase, aber auch in den Debatten zwischen Meerheimb und von Hirschfeldt (»spanische Kriegführung«) ausgeführt hat. Es geht auf allen Ebenen

22 Nr. 63, Beilage von Freitag, 16. März 1866.

der Gesamterzählung um Rechte und Pflichten, um Treue und Untreue zwischen König und Volk, zwischen Gutsherr und Dorfschulzen, um Schein und Lüge zwischen Tubal und Renate, zwischen Marie und Lewin, um öffentliche Verantwortung und private Entscheidungsrechte. Diese Debatte beherrscht die Gespräche auf dem Land und in der Stadt. Was den Zeitgenossen als Mangel an Geschlossenheit und als zu große Breite erschien, erlaubt in beiden Bereichen, der erzählten Geschichte und der Geschichtlichkeit des Erzählten, bis heute Entdeckungen, die Heinrich Mann in die Worte kleidete:

> Der moderne Roman wurde für Deutschland erfunden, verwirklicht, auch gleich vollendet von einem Preußen, Mitglied der französischen Kolonie, Theodor Fontane. Als erster hier at er wahrgemacht, daß ein Roman das gültige, bleibende Dokument einer Gesellschaft, eines Zeitalters sein kann; daß er soziale Kenntnis gestalten und vermitteln, Leben und Gegenwart bewahren kann noch in einer sehr veränderten Zukunft, wo, sagen wir, das Berlin von einst nicht mehr besteht. [...] Den Befreiungskrieg hat man gesehen, wenn man *Vor dem Sturm* las. Von innen gesehen hat man ihn nur dann.[23]

Man muß dem nicht unbesehen folgen, und insgesamt zielt Mann stärker auf die Berliner Romane als auf *Vor dem Sturm*. Dennoch ist seine Wertschätzung der Menschengestaltung und des Lokalkolorits unübersehbar. Ehe wir uns diesem Aspekt zuwenden, soll festgehalten sein, daß schon im historischen *Vorfeld* des vollständigen Sieges der Bismarck-Politik über das Gros der bürgerlich-liberalen Opposition Fontane

---

23 Heinrich Mann, »Der wahre Romancier« (1948), zit. nach: *Theodor Fontane. Dichtung und Wirklichkeit*, Katalog der Fontane-Ausstellung im Rahmen der Preußenausstellung, Berlin 1981, S. 243 f. Der Band bringt auch einen bemerkenswerten *Stechlin*-Aufsatz von Klaus R. Scherpe, der auf die Schlüsselstellung des Romanerstlings verweist (S. 145–175); vgl. auch K. R. Sch., *Poesie der Demokratie*, Köln 1980.

die endgültige Konfliktanlage seines Romans zum Stoff der Befreiungskriege auf die Zeit *V o r dem Sturm* festlegt. Wenn die Kommentatoren der Hanser-Ausgabe meinen, Fontane habe den Aufruf des Königs vom März 1813 offenbar vorverlegt (wörtlich: »verwechselt«), erliegen sie nicht allein einem philologischen Irrtum.[24] Nicht Schill, aber ein Schillianer, nicht Marwitz, sondern Georg Baersch bewirkte eine Art zweiter Initialzündung, die das Thema der Befreiung von unten einengte (insofern die Volkskräfte nur zeitweilig ohne König handelten), aber auch ausweitete (insofern der Herr von Vitzewitz im Selbstgespräch in die Kritik seines Verhaltens einbezogen werden konnte). Der ihn motivierende Franzosenhaß (Napoleon als »Regicide« in I, Kap. 4) wurde zum Baustein unter anderen, blieb bestimmend für die Anlage dieser Figur, nicht aber ausschlaggebend für das Ganze. Mochte Fontane das Ganze noch mehrfach straffen (selbst in I, Kap. 4 die Feile der Differenzierung zwischen Volk und Kaiser ansetzen, wie dies die Handschrift zeigt), als er das französische Volk näher kennengelernt hatte – der »Vielheitsroman« wurde zur unterschiedlich bewältigten Lösung für seinen Umgang mit der Geschichte. Geschichtsroman und Familienroman bilden eine für ihren Verfasser kennzeichnende Einheit, ohne daß die geschichtlichen Motive der Erhebung erzählerisch einheitlich verankert sind.

Es lohnt sich, ein Kapitel wie »Hohenvietz« (I, Kap. 2) besonders aufmerksam zu lesen. Wie am Schluß des Romans lädt uns der allwissende Erzähler ein, die Geschichte eines Askanier-Schlosses anzuhören, aus der erst allmählich das Profil des in der Gegenwart agierenden Helden erwächst. Mit Sicherheit beginnt so auch der wandernde Berichterstatter, und trotz aller später stärker aufeinander bezogenen Figurenprofile wird der Bericht noch nicht durchgängig zur Erzählung, hinter die der Autor vollständig zurückträte.[25] Der

24 H. I,565.
25 A. I,325 ff. (Gotthard Erlers Kommentar); I,143 ff. (Kommentar der Ullstein-Ausgabe von Andreas Catsch und Helmuth Nürnberger); Hans-Fried-

Schloßherr wie die nicht ebenbürtige Marie Kniehase sind in diesem Sinne »gesetzte Figuren«, durch eine bestimmende Eigenschaft determiniert. Sie wandeln sich nicht, obwohl sie Bewährungen ausgesetzt werden. Ihre »Rollen« sind festgeschrieben. Trotz heftiger innerer Bewegung der Figuren bewegen diese nicht eigentlich die Geschichte. Marie Kniehase wird es im Bilde vom Lübecker Totentanz erläutern (vgl. I, Kap. 10), worauf zurückzukommen ist.

Erzählhaltung und Konfliktstruktur im Wandel

Im Sinne seiner vielgestaltigen Einheit ist Fontanes Roman selbst ein Diskussionsbeitrag; die Geschichte wird eher besichtigt, das Verhalten der Protagonisten eher erörtert, als daß sie das Geschehen bestimmen. Selbst die zweifellos aktivste Figur, Schloßherr Berndt von Vitzewitz (*darin* seinem Urbild von der Marwitz ebenso verwandt wie Schill oder Baersch), muß sich gefallen lassen, daß die Motive und damit sein Eingreifen in den großen Gang der Dinge in Frage gestellt werden. Im Blick auf die glückliche Lösung des Familienromans (anläßlich des Verlöbnisses von Lewin und Marie) läßt uns der Erzähler wissen: »Denn es war nur gekommen, was kommen sollte; das Natürliche, das von Uranfang an Bestimmte hatte sich vollzogen« (IV,193).
Der soziale Kontext, der später Fontanes Berliner Frauenschicksale auf so lebendige Weise anreichert, ist hier in die Debatte verwiesen (etwa in IV, Kap. 27), wenn zwischen Berndt und Bamme über die Ahnenreihe und das Gesinnungsprofil reflektiert wird. Auf den Gang der Ereignisse hat dies keinen Einfluß.
Nun war aber Fontane um möglichst viel historischen Kontext bemüht, um »das große Fühlen« verständlich zu machen,

rich Rosenfeld, *Zur Entstehung Fontanescher Romane*, Groningen / Den Haag 1926, S. 6–14. Rosenfeld sah als erster die Bedeutung der Baersch-Passagen, hat also die Spuren in den Notizbüchern verfolgt (vgl. S. 11 f.).

das ihm so wichtig war. Mit dem Einblick in die Grobstruktur des Werkes ist nur der Rahmen, schließlich aber doch zu wenig gewonnen, um das schillernde Panorama der Figuren, das »Sittenbildliche«, die gesamte Aura der Gesinnungen zu erfassen, um die es geht. Von Anfang an ist es eine historische Landschaft, die da bevölkert wird. Wir hören von einer bis zuletzt nicht endenden Bemühung Fontanes, dem großen Thema und seinen Protagonisten die Welt der kleinen Leute an die Seite zu stellen. Noch wenige Wochen vor dem Abschluß der Riesenarbeit bittet er Holtze, ihm »*H. Bauer's* Denkschrift über die Erschießung des Kämmerers Schulz in Kyritz« zur Verfügung zu stellen.[26] So ging es mit Anekdoten und Memoiren, und die Briefe von Zeitgenossen standen obenan. Vater Henry Louis in Letschin muß hinzugedacht werden; die Gräfin Schwerin und Mathilde von Rohr, ein Buch von George, die *Spenersche Zeitung* und, nicht zuletzt, die eigenen Recherchen für die Wanderungsaufsätze.[27] Die Bezüge sind gesucht: das Glockenspiel der Parochialkirche (»Üb immer Treu und Redlichkeit«) und die Knobelsdorffdragoner, die zu Friedrich II. hinleiten, die Geschichte des Askanier-Schlosses nach der Auswahl Marc Niebuhrs, Lektüre über »Spanische Kriegsführung« (im 3. Buch); in Anlehnung an den Namen Hirschfeldt für das Profil Lewins und seiner Freunde den »Lübecker Totentanz«, den er später auch in *Grete Minde* verwendete, oder die Gestalt W. A. Schmidts von Werneuchen, Pfarrers am Invalidenkrankenhaus in Berlin, für die Exkurse über poetische Wahrheit. Schloß Gusow (im 2. Buch) verwob er mit Rheinsberg und seiner spätbarocken Tradition, um das Thema der höfischen Verantwortung zu gewinnen, und über die Figur der Tante Amelie wurde auch das Thema der Fronde eingebracht. Erörterungen über Fehrbellin, den Großen Kurfürsten und den alten Derfflinger

---

26 Dichter, II,208 (an Friedrich Wilhelm Holtze, 12. Januar 1878).
27 Vorarbeiten enthalten besonders folgende Notizbücher: A2, A4, A8, A16, A12, A21, E2, E3; vgl. die Übersicht über Fontanes Notizbücher in *Fontane-Blätter*, Sonderh. 4 (1976) S. 64–66.

führen zum Spanischen Erbfolgekrieg. Die »Weiberherr-
schaft« Friedrich Wilhelms II. führt mit der Gräfin Lichte-
nau, der Musikertochter Enke und Julie von Voss über deren
Gut bei Werneuchen zur sparsamen Lebensweise des alten
Prinzen Ferdinand, der die Furcht vor dem Volke, die sein
Neffe auf dem Thron empfindet, erklären kann (vgl. III,
Kap. 1), auch wenn er sie nicht teilt. Bücher wie *Das Oderbruch* von Walter Christonius (1855) wurden ebenso ausge-
schlachtet wie die Kartenzeichnungen aus dem Raum Lebus
(in den Notizbüchern). Fontane war und blieb ein Mann der
genau beobachteten Details, ob es sich um den Schwielow-
oder Schermützelsee, Weihnachtsbräuche in der Grafschaft
Ruppin, die Schlacht von Borodino (im 3. Buch) oder das
Rednersche Palais am Pariser Platz (später Hotel Adlon)
handelte. Verse von John Chrintschley Prince aus seiner
Leipziger Zeit[28] und Kompositionen von Carl Friedrich
Zelter (1758–1832) werden ebenso einbezogen wie Altäre
aus Zisterzienserklöstern in Lehnin (3. Buch) und Chorin
(4. Buch), Bilder von Schinkel (für die Gropiusschen Weih-
nachtsausstellungen) oder Sagen über die weiße Frau (d.i.
Wangeline von Burgsdorff), die er auch in Gedichten gestal-
tete. Mit Kunersdorf rückt auch räumlich die heroische militärische Tradition Preußens näher, die mit Ziethen und Seyd-
litz, den einfachen Grenadieren oder eben jenem Kämmerer
Schulz in Kyritz bis in die Gegenwart der napoleonischen
Besetzung geführt wird. Choräle, Lieder, Volksweisheit im
Dialekt – nichts fehlt, um die Gegenwart des beschworenen
Zeitalters als eines goldenen der Vergangenheit in der Gegen-
wart vorzuführen.

Das geschieht, wenn die vielerart verweilenden und horizont-
erweiternden sittenbildlichen Schilderungen als Roman-Wel-
ten vom Leser angenommen werden, möchte man hinzufü-
gen; und die spätere, auf den Punkt gebrachte Debatte zwischen Heyse/Hertz/Rodenberg und Fontane (die im näch-

28 In *Die Eisenbahn*, Jg. 1841.

sten Abschnitt behandelt wird), scheint vorweggenommen, wenn Fontane an Ludovica Hesekiel anläßlich des Vorabdruckes in *Daheim* schreibt: »im Ganzen aber ist es geradezu tragikomisch, mit welcher äußersten Nüchternheit solche Lebensarbeit hingenommen wird, am meisten natürlich von den Freunden«.[29] Hatte er, dieser hervorragende Kenner der literarischen Szene, die Wirkungen so wenig bedacht?

> Ob ich es, da das Ganze fertig in mir lebt, hier und da noch ändern kann, ist freilich eine andre Frage. [...] Ich habe mir nie die Frage vorgelegt: soll dies ein Roman werden? und wenn es ein Roman werden soll, welche Regeln und Gesetze sind inne zu halten? [...] Es war mir nicht um Conflikte zu thun, sondern um Schilderung davon, wie das große Fühlen das damals geboren wurde, die verschiedenartigsten Menschen vorfand und wie es auf sie wirkte. Es ist das Eintreten einer großen Idee, eines großen Moments in an und für sich sehr einfache Lebenskreise. Ich beabsichtige nicht zu erschüttern, kaum stark zu fesseln [...].[30]

Vor allem täuschte sich Fontane in seinem Publikum, von dem er noch 1882 annahm, er erreiche es mit einem »Vaterländischen Roman« jederzeit:

> Mir mit »Erfolgen« zu schmeicheln, hab ich längst verlernt, aber andrerseits weiss ich doch auch, dass ich ein kleines Publikum habe, das *fest* zu mir hält und nun seit Jahren daran gewöhnt ist, in der Woche vor Weihnachten drei oder vier Mark an seinen »vaterländischen Schriftsteller« zu setzen. Haben mir die betr. Geschäftsleute nichts vorgelogen, so zählt das Publikum doch immer nach hunderten. Mögen mich die Thatsachen schliesslich nicht Lügen strafen.[31]

---

29 Hanser Briefe, II,565 (19. Februar 1878).
30 Dichter, II,189 (an Wilhelm Hertz, 17. Juni 1866).
31 Hanser Briefe, III,217 (an Wilhelm Friedrich, 5. November 1882).

Sie haben ihn Lügen gestraft. Aber der Tatbestand wurzelt tiefer.

Die Forschung[32] hat jetzt aufgearbeitet, wie Fontane in den siebziger Jahren noch an älteren Vorstellungen vom kaiserlichen Mäzenat hängt (man denke an die Widmung seiner Kriegsbücher, aber auch an Pensionen und Dotationen für seine Bemühungen). Mit seinem Übergang zur *Vossischen Zeitung* (1870) wurde eine Entwicklung angebahnt, die ihn nach schmachvollen Erfahrungen »mit der total konfusen Staatsmaschinerie« (1876) an die Seite neuer Verleger und Kritiker (die »Zwanglosen«), eines neu sich konstituierenden Literaturbetriebes bringt.[33] Über den Umschichtungsprozeß hat er nachgedacht und geschrieben, als er seine Scherenberg-Biographie erarbeitete, die er 1884 veröffentlichte, aber auch Jahre später noch, als er mit Julius Rodenberg von der *Deutschen Rundschau* über ältere Formen des Mäzenatentums korrespondierte.[34]

Man kann und muß diese Wegstrecke mit *Vor dem Sturm* in Verbindung bringen, weil Fontane geradezu beschwörend auf »das große Fühlen« Bezug nimmt, als er sich auf neue Weise entwurzelt sieht. Politisch-historische und literarisch-soziale Momente durchdringen sich dabei, und es zeigt sich, daß ältere Erfahrungen und neue (nach 1870) zusammenwirken. Mitte der fünfziger Jahre, als er über Freytags *Soll und Haben* nachdenkt, schreibt er: »Unsere Mitbeteiligung am Regiment ist gering oder ist null, wir regieren nicht mehr, wir werden regiert. Daraus entsteht eine Beschränktheit in den großen Dingen des Lebens, ein Angewiesensein auf den engsten Beruf, das durch dilletantische Versuche auf allen Gebieten sich rächt.«[35]

32 Vgl. Peter Wruck, »Theodor Fontane in der Rolle des vaterländischen Schriftstellers. Bemerkungen zum schriftstellerischen Sozialverhalten«, in: *Fontane-Blätter*, Bd. 6, H. 6 (1987) S. 672–701, hier S. 661 f.

33 Vgl. Frederick Betz, »Fontanes *Irrungen, Wirrungen*. Eine Analyse der zeitgenössischen Rezeption des Romans«, in: Fontane aus heutiger Sicht, S. 258–281.

34 Vgl. die Briefe der Jahre 1886–91.

35 H (Abt. 3) I, 306.

Die »Beschränktheit in den großen Dingen des Lebens« korrespondiert offensichtlich mit dem »Eintreten einer großen Idee in an und für sich einfache Lebenskreise«. Mehr noch: Freytags Roman ist für Fontane ein »Labsal für ein deutsches und preußisches Herz«; zugleich aber müsse er »mit dem Verfasser rechten«, weil sich dieser »bis zur Ungerechtigkeit« gegen den Adel habe hinreißen lassen. Dem *echten* Bürgertum müsse der *echte* Adel gegenüberstehen, auch wenn dies »mehr in eine politische als ästhetische Kontroverse« führe. Noch ist auch ihm »unbestritten« das Bürgertum »die sicherste Stütze des Staates« (1855), freilich folgen Einwände, die in der zitierten »Begrenztheit« des Bürgertums ihren markantesten Ausdruck finden. Die Frage gewinnt für *Vor dem Sturm* generelle Bedeutung: Der Bürger des ausgehenden Mittelalters als Gegenbild zum Bourgeois der Gegenwart?[36] Enden hier die Analogien der Diskussion über 1813, oder gewinnt Fontane durch den bereits skizzierten Zuschnitt des Entscheidungsmotivs eine Basis, die die liberale Opposition in die Kritik einschließt? Mit Blick auf den Roman sei noch einmal auf die Streichung der Chrysander-Passagen verwiesen – zum anderen soll eine Episode um den Volkswirt und Politiker Julius Faucher herangezogen werden, die nicht nur in die Entstehungszeit des Romans fällt (1861, 1862 notiert) und mit politischer Amnestie, Parlamentsreden und Bismarcks Kanzlerschaft korrespondiert, sondern dazu geführt hat, daß Fontane in einem frühen, »Material« genannten Entwurf die Figur Fauchers zum Typus erhoben hat (wie er das dann später, in *Von Zwanzig bis Dreißig* näher ausführte. »In

---

36 H (Abt. 3) I, 293–308. Demetz (S. 63) sah das Problem, als er fragte, ob die Othegravenfigur einen bürgerlichen Horizont besitze. Reuter diskutiert das Problem in *Theodor Fontane. Grundzüge und Materialien einer historischen Biographie*, Leipzig 1969, S. 43. Der Versuch, die Biographie und das Werk als »historische Autobiographie« (S. 45) zu erfassen, setzt Grenzen und Möglichkeiten. Einerseits wird die Othegravenfigur zwischen Revolutionsideal und märkischem Ackerbürgertum eines Michel Protzen angesiedelt, andererseits heißt es: »Der Held muß innerhalb der Grenzen bleiben, weil sein Dichter darin verharrt. Es ist der Teufelskreis.« (S. 45).

der Stadt (Berlin) ein Bürgerhaus in der Brüderstraße ... Die eingeführten Gäste: der blasse, hagere, häßliche Comptoirist (der Begeisterungsmensch), andere Figuren à la Faucher, Maron etc. Schill, Erzherzog Karl, Fichte, Schleiermacher – die Helden des Tages.« »Figuren à la Faucher« – das ist nicht der Faucher seiner jugendlichen Revolutionsbegeisterung. Im selben (noch unveröffentlichten) Notizbuch A 12 ist zu lesen, er habe Faucher 1845 bei Maron kennengelernt. In England hatten sie sich wiedergesehen, nach der Amnestie habe Faucher in Delitzsch (1862) für die Fortschrittspartei kandidiert und sei gewählt worden. (Daß Fontane selbst in Berlin 1862 für die Konservativen kandidierte, hat er verschwiegen.)

Hier geht es um mehr als Zeitgeschichte und Literatur, um einen in den Augen Fontanes bürgerlichen Typus, der, wie andere Passagen auch, schließlich *nicht* verwendet, sondern fallengelassen wurde. Fontane notiert 1862, Faucher habe von seinen »Triumphen« erzählt, und (wie später im *Memoirenbuch* erneut hervorgehoben wird) als Charakteristikum prägt sich ihm ein Satz Fauchers ein: »Jetzt muß Geld und Geschichte gemacht werden.« Fontane kommentiert: »In dem Satz stecken seine zwei Hauptfehler drin: Eitelkeit und Gelddurst.« Im gleichen Notizbuch – A 12 – findet sich ein Zeitungsausschnitt mit der Passage: »Das Haus der Abgeordneten verscherzt durch seine unpraktische Politik die Freundschaft des Publikums. Die Kreuzzeitung führte neulich einen Ausspruch [...] über unser Abgeordnetenhaus an, der unsere Volksvertreter mit dem Namen petty foggers beehrt hatte.« Das englische Wort »to fog« wird mit »fauchen« übersetzt, und beziehungsreich sind demnach parlamentarische Faucher Leute, »die knallen, nachdem Kanonen bereits das letzte Urteil gesprochen« haben.

Das Bürgertum als gesellschaftliche Größe, als »unbestritten sicherste Stütze des Staates« und als »Träger aller Kultur und allen Fortschritts« geriet so sehr in den Hintergrund, daß darin ein wesentlicher Grund gesehen werden darf, warum

der Roman zwar nicht in den Augen der *Kreuzzeitung*, aber
wohl der Mehrzahl der Rezensenten als Anachronismus empfunden werden konnte. Fontane wehrte sich auch dagegen,
daß er die *Wanderungen* vom Standpunkt der Kreuzzeitungs-
partei geschrieben habe. Wieviel mehr mußte ihn das Verdikt
seines Romans treffen, in dem er »ächten Conservatismus«,
der kritisch gedacht war, gestalten wollte?[37]

Wirkung und Ausblick; Krise und Neubeginn

Die zeitgenössische Debatte um den Roman ist nicht in allen
Teilen gleichermaßen interessant. Fontane findet sich (wie
bereits zitiert) nicht angemessen beachtet. Die *Gegenwart*
und die *Kreuzzeitung* hält er für die wichtigsten Rezensions-
organe. »Mißglückt es, so bin ich verloren«,[38] hatte er schon
am 28. Mai 1878 an Ludovica Hesekiel geschrieben, und seiner Schwester gegenüber kleidete er seine Erwartungen in die
Worte, er sei zufrieden, »wenn ich [...] wenigstens ein ›Eta-
bliertsein‹ auf diesem Gebiet erreichte«.[39] Im November bittet er den Freund Paul Heyse, »lies nachsichtig und schreibe
mir ein freundliches Wort«,[40] und mit werbenden Worten
wendet er sich auch an Hermann Kletke, Ludwig Pietsch,
Eduard Hallberger, Julian Schmidt (über Hertz) u. a. Damit
sind wichtige Presseorgane angezielt, wie denn überhaupt die
Korrespondenz mit Wilhelm Hertz für 1878 und 1879 belegt,
daß die Wirkung in besonderem Maße gesteuert werden
sollte. Wenn das mißlang, so sind inhaltliche Gründe zu bedenken.
Im Dezember 1878 und in den ersten Monaten des folgenden
Jahres spitzt sich die Debatte unter Freunden zu. Heyse hat

37 Vgl. die Wirkungsgeschichte nach Betz (s. Anm. 7).
38 Hanser Briefe, II,572.
39 Dichter, II,211.
40 *Der Briefwechsel zwischen Theodor Fontane und Paul Heyse*, Berlin/Weimar
      1972, S. 131 (an Heyse, 4. November 1878).

den Haupteinwand über Hertz annonciert, Fontane antwortet (ebenfalls an Hertz am 1. Dezember):

Nur in Einem – und zwar in einem Hauptpunkt – hat er entschieden Unrecht. Der Schwerpunkt des Buches liegt nicht im »Landschaftlichen« wenn er diesem Worte auch die allergrößte Ausdehnung geben und *alles* Deskriptive darunter verstehen will; der Schwerpunkt liegt vielmehr in der *Gesinnung*, aus der das Buch erwuchs [...]. Morgen abend schreib ich an Paul. [...].[41]

Am 9. Dezember 1878 schreibt er dann verbindlich, dankt für Kritik (z. B. der Liebesverhältnisse, »meine Schwäche«), und bringt die Einwände im entscheidenden Punkt auf die Frage:

Nur Eines laß mich fragen. Meinst Du nicht auch, daß neben Romanen, wie beispielsweise *Copperfield*, in denen wir ein Menschenleben von seinem Anbeginn an betrachten, auch solche berechtigt sind, die statt des Individuums einen vielgestaltigen Zeitabschnitt unter die Loupe nehmen? Kann in solchem Falle nicht auch eine Vielheit zur Einheit werden?

Fontane zielt auf einen besonderen Zusammenhang von Gestaltung und Wirkung; wenn man »nicht willkürlich verfährt, vielmehr nur immer solche Retardirungen bringt, die während sie momentan den Gesamtzweck zu vergessen scheinen, diesem recht eigentlich dienen. Nicht Du, sondern andre haben mir gesagt, daß der Roman schwach in der Komposition sei; ich glaube ganz aufrichtig, daß umgekehrt seine Stärke nach dieser Seite hin liegt.«[42]

Was sich hier als Debatte über die Komposition gibt, hat mit Wirkung und Nachfolge zu tun, in letzter Konsequenz mit »Sozialer Romankunst in Deutschland«.[43] Fontane faßt (an

41 Hanser Briefe, II,637.
42 Ebd., S. 639.
43 Vgl. Müller-Seidels Darstellung unter demselben Titel; von anderer Position aus hat Dietrich Sommer den Zusammenhang von Gestaltung und Wirkung zu erfassen gesucht: D. S., *Ideologischer Gehalt und Struktur der Romane und Erzählungen Theodor Fontanes*, Diss. Halle 1972.

Rodenberg, 31. November 1878) die ersten Reaktionen in der Bemerkung zusammen, daß andere Schriftsteller ihm die Hand schüttelten, »die *Fremden* (das große Publikum), einen Mittelkurs haltend, halb flau-, halb wohlgesinnt bleiben, die *Freunde* aber allemal durch Ignorierung, Nüchternheit und Nörgelei glänzen. [...] Nichts wird so niedrig taxiert wie Bücher.«[44]

Hier wird untertrieben und weitergesucht, und als der bereits mächtige, Zeitschriften beherrschende Herausgeber Julius Rodenberg, mit der offiziellen Literaturgeschichtsschreibung um Wilhelm Scherer eng verbunden,[45] eine sehr verbindliche Kritik des kompositorischen Hauptpunktes in der *Deutschen Rundschau* folgen läßt, lenkt Fontane ein und gewinnt dabei neue Aspekte für seine Etablierung auf dem Markt, die freilich noch Jahre auf sich warten läßt. Sein Versuch, die Fronten zu wechseln, war – nicht zuletzt – mit der Aufgabe seines in *Vor dem Sturm* noch behaupteten Wirkungskonzepts, der Gewinnung neuer Helden und Stoffe, verbunden. Der Absprung in die Gegenwart und die Verlagerung der Szenerie aus den Stammlanden der Hohenzollern in die Stadt Berlin war unübersehbar mit einem Zurückdrängen der großen Geschichte verbunden. Noch folgte (nach den Chroniknovellen) *Schach von Wuthenow* mit der Zeitebene von vorgestern (vor 1806) – schon aber drängte sich die preußische Gegenwart der Nachgründerjahre (mit ihren Verflachungen auf der »Station ›Äußerlichkeit‹«[46], wie er es nannte) in seine Texte. Am 29. Januar 1879, als die Entwürfe zu einem Berlin-Roman mit dem Thema *Allerlei Glück – Allerlei Moral* schon weit gediehen sind, aber aus Absatzgründen zurückgestellt werden, schreibt er zum zweiten Male an Rodenberg:

44 Hanser Briefe, II,647 (an Julius Rodenberg, 31. Dezember 1878).
45 Vgl. Wolfgang Höppner, »Universitätsgermanistik und zeitgenössische Literatur«, in: *Literarisches Leben in Berlin, 1871–1933*, hrsg. von Peter Wruck, 2 Bde., Berlin [Ost] 1987, Bd. 1, S. 157–203.
46 Hanser Briefe, IV,121 (an Georg Friedlaender, 27. Mai 1891).

Sie lösen die Gentleman-Aufgabe, *wohltuend* zu loben und zu tadeln (jenes ebenso schwer wie dieses) [...]. Wie fein die Bemerkung, daß das, was ein Epos sein solle, hier im wesentlichen eine Aneinanderreihung von Balladen sei. Es trifft nicht nur den schwachen Punkt, es *erklärt* ihn auch, ja, glorifiziert ihn halb. »Wir vermissen nicht den äußren Zusammenhang, wohl aber fehlt zuweilen der organische, der künstlerische« – durch diese wenigen Worte haben Sie mich in meinem bisherigen Widerstande besiegt. [...] selbst Heyse, auf den ich begreiflicherweise viel gebe, hatte mich nicht belehren können. [...] Es kann nicht ausbleiben: eine bessere, wahrere Zeit bricht auch in literarischen Dingen an. Viel werd ich davon nicht mehr sehn; aber es ist schon ein Vorzug, in dem Glauben an sie sein Tagewerk beschließen zu können.[47]

Diese Äußerungen lassen ahnen, daß Fontane mehr als Gattungsfragen angesprochen sieht. Vordergründig lobt er die Methode der Kritik, die Einheit von Lob und Tadel, die es gestattete weiterzuarbeiten. Schon am Tage nach seinem Antwortschreiben wiederholt er an Hertz: »Das Feinste und Zutreffendste ist aber der Tadel, den er [Rodenberg] ausspricht; *das* laß ich mir gefallen; die Schwächen liegen genau da, wo die Vorzüge liegen, und wenn einerseits das Balladen- und Wanderungskapitel-hafte dem Buche Frische, Fleisch und Leben leiht, so hebt es doch partiell die Kunstform des Ganzen auf.«[48]

Man kann die Zäsur, die nach *Vor dem Sturm* liegt, nicht umfassend genug untersuchen. Alle Bereiche seiner Existenz waren betroffen, Fontane selbst ist verunsichert: »Ich schriebe gern einen *zweiten* [Roman], der, in Bücher und Kapitel eingetheilt, und in seinen Scenen und Personen skizzirt, längst vor mir liegt. Aber unsre deutschen Buchhänd-

47 Ebd., III,9 f.
48 Dichter, II,234 (an Wilhelm Hertz, 30. Januar 1879).

ler-, Verkaufs- und Lese-Zustände lassen es mir leider fraglich erscheinen, ob ich je zur Ausarbeitung kommen
werde.«[49] Das Wort »Krise« ist angemessen: »Meine Situation ist in der That eine kritische.«[50] Immer öfter betont er
seine Differenz zur Erwartung des großen Publikums.[51] Von
hier aus führt der Weg zu umfassender Neuorientierung.
Vom »ächten Conservatismus« ist (schon in *Schach von
Wuthenow*) nur noch wenig zu spüren. Das Dilemma einer
Positionssuche zwischen den Klassen freilich war nicht be-
endet, ist allerdings weit mehr der preußisch-deutschen
Geschichte im 19. Jahrhundert als der Unentschiedenheit
Fontanes geschuldet. Noch im *Stechlin*, allerdings von neuer
demokratischer Position aus, bleibt »ächter« Adel der Gesinnung an einen Schloßherren gebunden. Freilich hat sich
dann die historische Aktion von 1813 vollständig ins Gespräch verflüchtigt.

Die Kritik der Verhältnisse im Entwurf einer preußisch-bran-
denburgischen Insurrektion »der Gesinnung« hat ihre Tük-
ken bis heute. Auch für uns sind die hier behandelten Seiten
der Romankonzeption in das generelle kunststiftende Verhältnis von Gegenwart und Vergangenheit verwoben. Die
Othegraven-Figur, Resultante so vielfältiger Veränderungen
des Marwitz-Stoffes, war im Grunde schon vorgedacht, als er
die noch im hohen Alter (1893) weiterempfohlene Biographie
Droysens las: 1813 sei die nationale Chance (beinahe wie
1806) von den Hohenzollern verspielt worden. Daß *Preußens
Beruf* verfehlt werde, wenn die Krone nicht gesamtstaatliche
Belange wahrnähme, konnte zeitweilig liberale und konservative Illusionen befördern – zumal Droysen in seiner Darstellung Yorks nicht nur das königliche Mißtrauen gegenüber
dem Volk, sondern auch schon das Bewußtsein einer »höhe-

49 Hanser Briefe, III,23 (an Mathilde von Rohr, 3. Juni 1879).
50 Ebd., II,572 (an Ludovica Hesekiel, 28. Mai 1878).
51 Vgl. ebd., S. 562 f. (an Mathilde von Rohr, 29. Januar 1878).

ren Treue«, das den Ungehorsam gegenüber der Krone ver-
antworten zu können glaubt, hervorhebt.[52]

Nimmt man die Doppelmotivierung der Figuren, ihre Anlage als Standesvertreter, ihre Bestimmung aus nobler Gesinnung (Lukács spricht von »gebrochenen« Charakteren[53]), so
möchte man vor dem Hintergrund des realen Geschichts-
ablaufs im imperialistischen Deutschland, des Sturzes der
Monarchie (1919) und des endgültigen Überganges des preußischen Staatswesens in die Barbarei des Zweiten Weltkrieges
auch die Fontanesche Wunsch-Wirklichkeit, jenen Mythos
vom besseren Deutschland, unter Berufung auf preußische
Tugend und Tradition zu den Akten legen.

Aber erstens haben noch im Zweiten Weltkrieg deutsche
Offiziere mit dem Konflikt gerungen, den ihnen der Fahnen-
eid auferlegte, und zweitens ist noch jüngst die Frage gestellt
worden, ob die preußisch-deutsche Tugend der Einordnung
nicht eine positive Funktion beim Aufbau sozialer Gemein-
wesen ausüben könnte (Mittenzwei).[54]

Fontanes Beitrag zu dieser Debatte ist sehr viel spezieller,
begrenzter und doch entscheidendes Experiment für die
Gestaltung des Verhältnisses von Individuum und Gesell-

---

52 Vgl. Brief an Hermann Patenius, 14. August 1893 (Hanser Briefe, IV, 274).
   Dazu Wruck (s. Anm. 9) S. 8 f. und Reuter, II, 574. – Das Dilemma einer oft
   vergeblichen Positionssuche ist mehrfach, von Mehring schon 1903, für einen großen Kreis ehemaliger »Achtundvierziger« beschrieben worden (vgl.
   Helmut Richter, »Theodor Fontane und Guido Weiß. Bericht und Dokumentation«, in: *Fontane-Blätter* Bd. 6, H. 6, 1987).

53 Lukács, 1953 (s. Anm. 6) S. 292: »Der äußerlich vollkommene Junker oder
   Bourgeois [...] wird menschlich gebrochen, um ein wirklicher Vertreter
   seiner Klasse sein zu können.«

54 Müller-Seidel, S. 124: »Noch die Erhebung gegen Hitler im Jahre 1944
   wurde durch Traditionen wie diese erschwert [...]. Fontanes historischer
   Roman wird diesen Tatsachen deutscher Geschichte in jeder Hinsicht
   gerecht.« Ganz anders Ingrid Mittenzwei und Erika Herzfeld (*Branden-
   burg-Preußen 1648–1789*, Berlin [Ost] 1987), die die Frage der Nachwirkungen breiter historisch anlegen und offenlassen. Die Widersprüchlichkeit
   sogenannter preußischer Tugenden betont Ingrid Mittenzwei in ihrer Sam-
   melrezension »Preußens neue Legenden«, in: *Sinn und Form* 34 (1982)
   S. 437–443.

schaft. Marie Kniehase, die zweite »Lichtgestalt« (Reuter)
dieses Romans, ist es, die Fontanes Meßlatte für Schuld und
Bewährung so bezeichnend vordergründig ausspricht, daß
wir dabei tiefer in das Geflecht von sozialer und individueller
Freiheit eindringen können. »Sie sah in die Welt wie in einen
Traum und schritt selber traumhaft darin umher. Ohne sich
Rechenschaft davon zu geben, stellten sich ihr die hohen und
niederen Gesellschaftsgrade als bloße Rollen dar, die wohl
dem Namen nach verschieden, ihrem Wesen nach aber
gleichwertig waren.« (I,82) Das Bild vom Lübecker Totentanz im Hause des Schloßherren verkörpert ihr die »Predigt
von einer letzten Gleichheit aller irdischen Dinge«: »an-
spruchslos aber treu«, fern aller »Lüge und Scheinwelt« bewegt Fontane diese Traumgestalt durch den Roman, ist er
bemüht, den märkisch-preußischen Loyalitätskonflikt, die
politische Komponente des vaterländischen Sujets darin auf-
zuheben. Aber es gibt auch tiefere Beziehungen zwischen
dieser Abstraktion und der gesellschaftlichen Wirklichkeit.
Dem Rollenspiel als Bewährungsfeld menschlicher Größe
blieb er auch dann treu, als seine Heldinnen später neue
soziale Charaktere hinzugewonnen hatten, die Witwe Pittel-
kow nicht weniger als Effi Briest und Mathilde Möhring.
Der flehentliche Anruf des Königshauses in gefährdeter Zeit
ist sicher mit dem preußischen Staat untergegangen, zumal er
auch geeignet war, eine der Stiftungslegenden der Hohenzollern zu bedienen. Mit seiner beschwörenden Geste zur
öffentlichen Verantwortung, in der Erinnerung an das »große
Fühlen« des Jahres 1813 streift er eine Sentenz seines späteren
Bewunderers Heinrich Mann, wenn dessen Zeitalterbesichti-
gung zu der Einsicht führt: »Wäre es schmerzlich bis nahe der
Selbstvernichtung, das Leben stark fühlen ist alles«.[55] Heinrich Manns Blick freilich ruht auf den französischen (1789)
und russischen (1917) Revolutionen. Das Ende der Weimarer
Republik und die Pervertierung deutscher Tradition durch

55 *Ein Zeitalter wird besichtigt.* Berlin/Weimar 1973, S. 6.

Hitler bilden den Anstoß (1943 folgte die Wende des Krieges: Stalingrad). Die Spaltung in öffentliches Denken und private Innerlichkeit, die Georg Lukács dem deutschen Romancier Fontane (1950) mit Blick auf die Figur des Berndt von Vitzewitz vorwirft (als »Halbheit« auch ihres Schöpfers), sie bildet ein Generalthema deutscher Geschichte, das bei Fontane so spezifisch innerlich und als Folge eng-national (»Deutschsein heißt Treusein«), aber nicht ohne gesellschaftliche Relevanz abgehandelt wird. »Fest sein im Guten.« Das kann mit den Ladalinski-Passagen sogar auf die Frage des Nationenwechsels bezogen werden, eine sicher überholte Frage. Aber wenn auch der zeitweilig »untreue« Tubal Ladalinski »ohne Selbstsucht« stirbt, dann ist eines der Schlüsselworte gefallen: Selbstsuchtlosigkeit in geschichtlicher Bewährung.

Dennoch kann der Roman die »große Idee«[56] nicht annähernd so tiefgründig wie Tolstoi in *Krieg und Frieden* (entstanden 1864–69) gestalten. Die heroische Attitüde der »mittleren Helden« aus dem russischen Adel erwächst aus einer nicht vergleichbaren Verwurzelung im Volke. Kutusow und sein Verhältnis zu Napoleon offenbaren ein vollkommen anders gelagertes Verständnis der Geschichte. Solange der Kaiser der Franzosen bei Fontane nur Bösewicht ist (Regicide), so lange können Bammes Ansichten über bürgerliche Helden und ihre Ebenbürtigkeit nicht den Horizont moralischer Bewährung (Treue) überwinden. Weil Napoleon ohne die Französische Revolution gesehen wird (diametral anders nennt Pierre Besuchow bei Tolstoi die Revolution eine »große Tat«), verengt sich der geschichtliche Blick bei Fontane auf einen aufhebbaren Loyalitätskonflikt, ohne daß die geschichtliche Bewegung vollständig aus dem poetischen Bild gedrängt wäre. Öffentliches Fühlen und private Bewährung bilden eine nur mühsam aufgelöste Spannung, und hierin (vor allem) findet Fontanes »ächter Conservatismus«[57] seine Erklärung. »Geld und Geschichte« (Faucher) gingen

---

56 An Wilhelm Hertz, 17. Juni 1866 (Hanser Briefe, II,163).
57 An Ernst Ludwig Kossak, 16. Februar 1864 (Dichter, I,574).

nicht mehr zusammen. Das »große Fühlen« und die kleinen
Zwecke der liberalen Bourgeoisie bildeten für Fontane keine
Einheit.

Ganz unverzichtbar bleibt die Kenntnis des Romans für Fon-
taneliebhaber. *Vor* den Berliner Romanen gearbeitet, mitten
in umfassender Neubesinnung vollendet (wirtschaftliche Kri-
sen der siebziger Jahre weisen bereits auf die große Krise des
bonapartistischen Systems im Deutschland der neunziger
Jahre voraus), noch gebunden an die Literaturvorstellungen
der sechziger Jahre, an Fontanes Auffassung über vaterländi-
sche Dichtung, schon konfrontiert mit den nivellierenden
Wirkungen eines veränderten Marktes, mithin auch wir-
kungsästhetisch (kompositorisch) eine ebenso lockere wie
gewaltsame Fügung – bildet der Roman die entscheidende
Drehscheibe vom mittleren zum alten Fontane, eröffnet er
den Durchbruch zum kritischen Erzähler der Gegenwart, der
seine Stoffe und Figuren stärker durchdringt, Zeiterfahrung
anders einbringt. Thomas Mann hat diesen Zug nachempfun-
den, und Pierre Bange hat den Widerspruch zwischen
Wunsch und Wirklichkeit als konstitutiv daran nachzuweisen
versucht: »Der Dichter ist konservativ als Schützer des
Mythus. Psychologie aber ist das schärfste Minierwerkzeug
demokratischer Aufklärung.«[58] Und das trifft nicht nur auf
Fontane und Mann zu, das ist keine erledigte Fragestellung.
Fontane stand damals am Anfang eines neuen Weges, ohne
Anfänger zu sein.

58 Thomas Mann, *Aufsätze, Reden, Essays*, Bd. 1: 1893–1913, Berlin / Weimar
    1983, S. 209. Dazu Pierre Bange, »Zwischen Mythos und Kritik. Eine Skizze
    über Fontanes Entwicklung bis zu den Romanen«, in: Fontane aus heutiger
    Sicht, S. 17–55.

Literaturhinweise

Baigne, H.: Theodor Fontane: »Vor dem Sturm«. Les Sources, les Influences, l'Accueil dans la Presse. Diss. Nanterre 1966.

Betz, Frederic: The Contemporary Critical Reception of Theodor Fontane's Novels »Vor dem Sturm« and »Der Stechlin«. Diss. Indiana 1973.

Biehahn, Erich: Fontanes »Vor dem Sturm«, die Genesis des Romans und seine Urbilder. In: Frankfurter Oderzeitung. 19. bis 28. Juli 1938.

Bosshart, Adelheid: Theodor Fontanes historische Romane. Diss. Zürich 1957.

Buscher, Heide: Die Funktion der Nebenfiguren in Fontanes Romanen unter besonderer Berücksichtigung von »Vor dem Sturm« und »Der Stechlin«. Diss. Bonn 1969.

Faure, Alexander: Eine Predigt Schleiermachers in Fontanes Roman »Vor dem Sturm«. In: Zeitschrift für Systematische Theologie 17 (1940) S. 221–279.

Monecke, Wolfgang: Der historische Roman und Theodor Fontane. In: Festschrift für Ulrich Pretzel. Berlin 1963. S. 278–288.

Paterson, Sandra: The Treatment of the Napoleonic Wars in German Historical Fiction. Diss. Vanderbilt 1971.

Remenkowa, Vesselina: Die Darstellung der Napoleonischen Kriege in »Krieg und Frieden« von Lew Tolstoi und »Vor dem Sturm« von Theodor Fontane. Frankfurt a. M. [u. a.] 1987.

Wruck, Peter: Zum Zeitgeschichtsverständnis in Theodor Fontanes Roman »Vor dem Sturm«. In: Fontane-Blätter. Bd. 1. H. 1 (1965) S. 1–9.

– Preußentum und Nationalschicksal bei Theodor Fontane. Zur Bedeutung von Traditionsbewußtsein und Zeitgeschichtsverständnis für Fontanes Erzählungen »Vor dem Sturm« und »Schach von Wuthenow«. Diss. Berlin 1967.

HANS ESTER

Grete Minde

Die Suche nach dem erlösenden Wort

Einer der Gründe, weshalb die Zusammenfassung von *Grete Minde*, *Ellernklipp*, *Unterm Birnbaum* und *Quitt* als Sondergruppe der Romane Theodor Fontanes ihre Berechtigung hat, ist das allen vier Werken gemeinsame Thema eines schweren Verbrechens und seiner Ursachen: Jedes Werk handelt von einem Mord. Nicht selten hat diese Gruppenbildung in der Fontane-Forschung zu einem ebenso leichtfertigen wie negativen Urteil über die Gruppe als solche geführt. Und da weiterhin die Fontane-Forschung in ihrer Rezeption und ihren Erwartungen sich fast ausschließlich an den späteren Werken orientiert, sind diese frühen Werke Fontanes Stiefkinder der Forschung geblieben.

In ihrem vorzüglichen Kommentar zu *Grete Minde* hat Anita Golz festgestellt, daß Fontane die Darstellungen des für die Tangermünder Stadtgeschichte so verhängnisvollen Brandes vom 13. September 1617 eingehend studierte; Briefe zeugen von seinem großen Interesse an Chroniken aus dieser Zeit der konfessionellen Konflikte und Auseinandersetzungen. Anita Golz stellt fest, daß in allen von Fontane herangezogenen historischen Darstellungen die Geschichte der Tangermünder Patriziertochter Grete Minde als ein »Denkmal menschlicher Verworfenheit« erzählt wird:

> Grete Minde galt als die Hauptschuldige an dem großen Brand. Das Motiv für ihre Tat war das starre Verhalten der Familie Minde, der die Tochter des mißratenen Peter Minde – er mußte eines Mordes wegen seine Heimatstadt verlassen und war zum Söldner und Landstreicher geworden –

durch ihre Forderungen unbequem geworden war. Der Ratsherr Heinrich Minde, der Onkel Gretes, verweigerte ihr das väterliche Erbteil und wies alle ihre Ansprüche zurück. Grete überredete darauf ihren Mann und andere Landstreicher, so berichten die Chronisten, Tangermünde in Brand zu stecken. Auf der Folter bekannte sie ihre Tat; am 22. März 1619 wurde sie zusammen mit ihrem Mann, Tönnies Meilahn, und einem der angeblichen Kumpane, Merten Emmert, auf dem Scheiterhaufen verbrannt. Die Vorgeschichte der Brandstiftung, Grete Mindes Jugend, ihr Leben mit dem Söldner und Landstreicher Tönnies Meilahn unter »unsicheren Leuten«, wird in den Chroniken nur kurz erwähnt; die Schilderung des Brandes, der Verhöre und des Prozesses nimmt größeren Raum ein.[1]

Die meisten brieflichen Zeugnisse Fontanes zu seiner Novelle beziehen sich auf geschäftliche Verhandlungen mit Paul Lindau, dem Herausgeber der Zeitschrift *Nord und Süd*, in der *Grete Minde* im Vorabdruck erscheinen sollte, und mit Wilhelm Hertz, Fontanes langjährigem Buchverleger (der Roman erschien 1880; als Vorabdruck im Mai- und Juni-Heft von *Nord und Süd*, die Buchausgabe folgte Anfang November). Zu finden sind aber auch aufschlußreiche Bemerkungen zu Fontanes Intention, die er mit seiner Novelle verband. So schreibt er etwa am 11. August 1878 an seine Frau: »Meine Novelle hab' ich angefangen und sehe wenigstens, daß es geht. Bleibt mir Kraft und Gesundheit, so muß es etwas Gutes werden. Zugleich hoff' ich, den Leuten zu zeigen, daß ich auch, wenn der Stoff es mit sich bringt, eine ›psychologische Aufgabe‹ lösen und ohne Retardierung erzählen kann.«[2]

1 A III,516.
2 Zit. nach Brinkmann, S. 246.

Die Verlegenheit der Forschung

Peter Demetz hat auf die archaisierende Sprache in *Grete Minde* aufmerksam gemacht und notiert, mit welchen sprachlichen Mitteln die Patina des Historischen erreicht und der Leser in die Atmosphäre des Vergangenen versetzt wird: durch »unflektierte Adjektive, die Inversion des Genitivs, die langen Adverbialformen, häufige Apokope, die archaisierenden Substantiva (Fährliches; Schilderei; Burgemeister), ja Fontane fühlt sich sogar bemüßigt, sein Lieblingswort ›apart‹ als ›absonders‹ zu historisieren.«[3]

Für die gesamte Forschung zu *Grete Minde* gilt, daß sie versucht, den Zusammenhang der Handlung, das Geflecht von Ursachen und Wirkungen wiederzugeben. Die Kernfrage lautet: Welche Motive gibt es für Grete Mindes Tat, für das Anzünden der Stadt Tangermünde? Wenn das Wort »Rache« nicht bereits eine Deutung impliziert, dann ließe sich nach der Motivation ihres Racheaktes an der Heimatstadt fragen. Der Antworten auf diese zentrale Frage sind viele. Innerhalb möglicher Antworten sind jedoch Hauptgruppen zu unterscheiden, die den Akzent auf die gesellschaftliche Motivation der Handlung, auf ihre charakterologische Bedingtheit oder auf eine Kombination von beiden legen. Von Conrad Wandrey bis Norbert Frei ist das Urteil über *Grete Minde* aufgrund der nicht vollständig aufgehenden interpretatorischen Rechnung ablehnend, zumindest nie ganz zustimmend gewesen. Es mischen sich in fast alle Analysen Töne der Irritation über die ambivalente Handlungsmotivierung in diesem Werk. Offenbar mißlingt die eindeutige Bestimmung der Handlung im Sinne einer Kette von Ereignissen. Norbert Frei kommt zu folgendem Gesamturteil: »*Grete Minde* ist keine geglückte realistische Erzählung. Allzu deutlich und selbständig figurieren neben sozialen Motivstrukturen überzogene romantische Elemente, insbesondere auf die Titelfigur

---

3 Demetz, S. 80.

konzentriert.«[4] Daß *Grete Minde* dennoch Gnade finden kann in den Augen der Forschung – auf Demetz sei hier stellvertretend verwiesen –, hängt mit der allgemeinen Beobachtung zusammen, daß Fontane bereits in diesem Frühwerk die Motivverflechtung auf sehr kunstvolle Weise gelungen ist, mag sie zur gesellschaftlichen und psychischen Kausalität des katastrophalen Handlungsverlaufs auch im Widerspruch stehen. Demetz nimmt jene Motivik in Schutz, obwohl ausgerechnet sie auf der kritisierten Ebene des Nicht-Rationalen anzusiedeln ist. Kurz, die Ambivalenz hat sich innerhalb der Forschung als Konstante der Bewertung erwiesen. Wie differenziert die Forschung trotzdem auf *Grete Minde* eingegangen ist, wird noch zu zeigen sein.

Grete Minde im Urteil der zeitgenössischen Kritik und Essayistik

Die ausführlichste Übersicht über die zeitgenössische Kritik zu *Grete Minde* hat Frederick Betz in seinem Kommentarband zur Novelle geboten. Aus dem Vergleich dieser Kritiken läßt sich als Konstante die Tendenz ablesen, das neue Werk als die Fortsetzung der bereits bekannten Werke Fontanes mit anderen erzählerischen Mitteln zu sehen. Der Tenor der Kritik ist, daß es sich bei *Grete Minde* um eine Novelle handelt, in der das Märkische eine hervorragende Rolle spiele. So heißt es in der *Kölnischen Zeitung* vom 24. November 1880: »Im höchsten Grade anregend durch die Wahrheit der Localtöne wie durch den Zauber einer über alles Detail ausgebreiteten duftigen Gesamtstimmung ist die jüngste Spende des liebenswürdigen Th. Fontane«.[5] In der Berliner *National-Zeitung* vom 28. November 1880 wird Fontane als Verfasser der *Wanderungen* in Erinnerung gerufen. Der

4 Frei, S. 99.
5 Zit. nach: *Erläuterungen und Dokumente: Theodor Fontane, »Grete Minde«*, hrsg. von Frederick Betz, Stuttgart 1986, S. 45.

Rezensent akzentuiert »die Anschaulichkeit der Darstellung des Lokalen und des Historischen«.[6] Ähnlich die Rezension der *Vossischen Zeitung* vom 5. Dezember 1880: »Man kennt ja die seltene Begabung Fontane's, Land und Leute in ihrer Eigenart poetisch zu versinnlichen, aus seinen Wanderungen durch die Mark. Das vorliegende verwandte Büchlein ist in solcher Art ein Meisterwerk von Kunst und Dichtung, und verdient, mit gleicher Liebe gelesen zu werden, wie der Verfasser es geschrieben hat.«[7] Die *Hamburger Nachrichten* vom 23. Dezember 1880 bestätigten die Annahme dieser Verwandtschaft mit der Feststellung:

> *Theodor Fontane* fügte seinen die heimische und liebgewordene Mark Brandenburg beschreibenden und besingenden Schriften durch das neue Buch: *Grete Minde* [...] eine willkommene Bereicherung an. [...] Die jetzt veröffentlichte, nicht sehr umfangreiche Geschichte versetzt den Leser in das provinziale Leben, Denken und Treiben der Mark Brandenburg vor einigen hundert Jahren. [...] Theodor Fontane baut den Charakter dieses Mädchens auf festem psychologischen Grunde auf und aus; er entwickelt in strenger Logik, wie das heitere und geistvolle Kind durch den geistigen und materiellen Zug der Zeit die Umwandlung in ein unglückliches, verzweifelndes Wesen erleiden mußte.[8]

In anderen Besprechungen ist die Rede von »dem meisterhaft gemalten Hintergrunde echt märkischer Landschaft«, von »stimmungsvoller Malerei märkischen Naturlebens«, von meisterhafter Schilderung von »Volk und Landschaft« und letztlich vom »specifisch märkisch-brandenburgischen Etwas«, das Fontane nicht nur seinen Wanderungen verliehen habe.[9]

6 Ebd., S. 45 f.
7 Ebd., S. 47.
8 Ebd., S. 49.
9 Ebd., S. 50 und 52 f.

Neben diesem Hauptakzent rangiert der Aspekt des Psychologischen und des Charakterologischen erst an zweiter Stelle. An der für die Kritiker um 1880 offenbar vollkommen unproblematischen Verbindung von »localem Ton« und »Aufbau des Charakters auf festem psychologischen Grund«[10] fällt die kausal geschlossene Argumentationsweise auf. Was im 20. Jahrhundert von vielen Forschern als Bruch erfahren wird, ist hier als Problem gar nicht vorhanden.

Nach diesen ersten aktuellen Reaktionen wird es still um *Grete Minde*. Erst Fontanes siebzigster Geburtstag läßt das Interesse für das frühe Werk des alten Meisters wieder zunehmen. Zwar übergeht Conrad Alberti in seinem Jubiläumsartikel »Theodor Fontane. Ein Festblatt zu seinem siebzigsten Geburtstag (29. Dezember 1889)« die Novelle, doch Franz Hirsch nennt in seinem Artikel »Der Dichter der Mark. Zu seinem siebzigsten Geburtstag« *Grete Minde* »ein kleines Meisterwerk voll folgerechter poetischer Motivierung und historischer Stimmung«.[11] Die meisten Geburtstagsartikel enthalten nur ein gedämpftes Lob. Kaum ein Übersichtsartikel unterläßt es, den historischen Charakter dieser Novelle zu erwähnen. Für die Wirkungsgeschichte von *Grete Minde* dürfte das Urteil Iven Kruses besonders wichtig sein. Er nennt *Grete Minde* und *Ellerklipp* in einem Atem und stellt dabei fest: »Aber man wird diesen Leistungen gegenüber trotz all' ihrer Vorzüglichkeit nicht recht warm.«[12]

Charlotte Jolles resümiert die Wirkungsgeschichte von *Grete Minde* in ihrer Fontane-Monographie als Begeisterung am Anfang und Ablehnung am vorläufigen Schluß. »Die literarische Kritik von *Wandrey* bis *Demetz* und *Reuter*, mit Ausnahme von Bosshart, beurteilt das Werk ungünstig, trotz Anerkennung einzelner Vorzüge der Fontaneschen Erzählkunst, die sich auch hier zeigen. Gerügt wird im allgemeinen

---

10 Ebd., S. 49.
11 In: *Schorers Familienblatt* Bd. 10, Nr. 52 (1889) S. 823.
12 Iven Kruse, »Zu Theodor Fontane's siebzigstem Geburtstag«, in: Beilage zur *Allgemeinen Zeitung*, Nr. 362, 30. Dezember 1889, S. 1 f.

die Mischung von Balladeskem, Chronikstil und moderner Psychologie sowie die Anzahl unerfreulicher, ganz ›unfontanescher‹ Charaktere.«[13] In der Tat läßt sich die durchgehende Linie von Wandrey (1919) bis Reuter (1968) nicht übersehen. Reuter sieht in *Grete Minde* den Verlust der Geschichte in ihrer ethischen Bedeutung für die Gegenwart: »Gesinnung wurde reprivatisiert, verwiesen aus dem Kraftfeld großer historischer Ströme. Wuchs die Freiheit persönlicher Entscheidung? Im Gegenteil. Ethik geriet in bedenkliche Nähe der Einflußbereiche eines deterministischen Fatalismus.«[14]

Einen Neuansatz der Interpretation sieht Jolles bei Müller-Seidel: »Er sieht im Historismus dieser Erzählung lediglich einen Stimmungswert und arbeitet die gesellschaftliche und soziale Bedeutung heraus. Neben dem Gesellschaftlichen der Erzählung aber handelt es sich auch um ein Charakterbild einer Individualität. Gesellschaftsnovelle und Charakternovelle bleiben, nach Müller-Seidel, ein Nebeneinander und sind nicht zur Einheit verschmolzen.«[15] Ob man tatsächlich von einem »Neuansatz zur Interpretation« gegenüber der früheren Forschung sprechen kann, mag dahingestellt sein. Für Müller-Seidel jedenfalls wie für Klaus Globig[16] mit seiner Akzentuierung der Gesellschaftskritik gilt, daß sie Wertungskriterien auf die Novelle anwenden, die dem Bild vom »eigentlichen« Fontane als dem Fontane des Gesellschaftsromans der achtziger und neunziger Jahre verpflichtet sind.

Müller-Seidel sieht in der Rache der Patriziertochter die notwendige Folge des allgemeinen gesellschaftlichen Verhaltens in Tangermünde: »Der kausale Nexus ist lückenlos: die Erzählung wird zum parabelartigen Fall, der deutlich macht, was geschehen muß, wenn solches geschieht – wenn sehr

---

13 Jolles, S. 62.
14 Reuter, II,586.
15 Jolles, S. 62.
16 Klaus Globig, »Theodor Fontanes *Grete Minde*: Psychologische Studie, Ausdruck des Historismus oder sozialpolitischer Appell?«, in: *Fontane-Blätter*, Bd. 4, H. 8 (1981) S. 706–713.

junge Menschen ohne die Liebe leben müssen, deren sie bedürfen.«[17] Die andere Seite aber ist der besondere Charakter Gretes. *Grete Minde*, so stellt Müller-Seidel fest, sei sowohl eine Gesellschafts- als auch eine Charakternovelle. Die zwiespältige Anlage gereiche dem Werk zum Nachteil. Das Historische, inklusive der religiösen Thematik und Problematik, wird von ihm als etwas Nebensächliches abgetan. Die Novelle habe »Geschichte als Geschichte nicht nötig«: »Ihre Gesellschaftskritik käme auch ohne sie aus.«[18]

Man wäre neugierig auf das Resultat von Müller-Seidels Reduktionsarbeit. Nicht nur in diesem Falle hätte das Verfahren katastrophale Folgen, auch *Effi Briest* und *Der Stechlin*, geschweige denn *Vor dem Sturm* würden eine solche Prozedur nicht ohne schweren Schaden überstehen. Denn was bliebe von Fontanes Frauenfiguren übrig, wenn sie nur noch gesellschaftlich determiniert wären?

Grete Minde und das Angebot von Gnade und Erlösung

Als Ouvertüre zur Interpretation der Novelle ist Otto Pniowers zuerst 1901 veröffentlichter Aufsatz gut geeignet. Alle besonderen Akzente, die in der späteren Forschung eine Rolle spielen, sind bei Pniower bereits vorhanden: Fontanes produktive Verarbeitung der (Pniower detailliert bekannten) historischen Quellen, der märkisch-geschichtliche Stoff, das psychologische Moment, die »feine Struktur, die die Fontanischen Dichtungen wie zarte Gewebe erscheinen läßt«, Grete als eine der typischen Frauengestalten bei Fontane, die Verzahnung von Schuld und Sühne und letztlich der religiöse Gegensatz als treibendes »Motiv in dem Schicksal der Heldin«.[19]

---

17 Müller-Seidel, S. 76.
18 Ebd., S. 77.
19 Otto Pniower, »*Grete Minde*«, in: O. P., *Dichtungen und Dichter. Essays und Studien*, Berlin 1912, S. 295–331, hier S. 313 und 323.

Die »feine Struktur« und das »dichte Gewebe«, die Pniower der Novelle zuerkannte, haben von der ersten Zeile an Konsequenzen für das Verständnis dieses Werks. Die im ersten Kapitel vierzehnjährige Hauptfigur Grete Minde lebt in bedrängenden familiären Verhältnissen. In ihnen liegt der eine Aspekt ihrer Existenz, einer gesellschaftlich gefährdeten Existenz. Der andere Aspekt ihres Wesens liegt in der besonderen Lebendigkeit und Sensibilität ihrer Phantasie. Ihr Platz in der Gesellschaft ist sowohl von außen wie von innen bedroht. Von außen durch ihre Herkunft mütterlicherseits, ihren Glauben und infolgedessen durch die Gegensätze im Hause Minde, von innen durch das, was Pniower die »unbestimmte Sehnsucht«[20] der Frauengestalten Fontanes nennt.

Diese »unbestimmte Sehnsucht« gilt es näher zu beschreiben. Der Erzähler stellt Grete Minde in einen Zusammenhang mit Märchenmotiven und mit Elementen der Natur, die selber wiederum auf bestimmte Bereiche verweisen, mit denen Grete innere Verwandtschaft besitzt. Wer Grete Minde ist und welche Vorstellungen von Glück und Freiheit in ihrem Wesen dominieren, erschließt sich dem Leser über Gesprächsfragmente, über Bilder und durch Atmosphärisches. Wie viele andere Frauengestalten bei Fontane – man denke an Effi Briest und an Melusine von Barby – ist Grete Minde primär in einem Bereich jenseits des Gesellschaftlichen beheimatet. Mit dieser Typisierung der Frau mit Hilfe von Melusine- und Undine-Assoziationen steht Fontane als Erzähler in seiner Zeit gewiß nicht allein. Man braucht nur an Ludwig Tieck, Gustav Schwab, Franz Grillparzer, Eduard Mörike und, was die englische Literatur betrifft, an George Eliot und Alfred Lord Tennyson zu denken. Auch im Bereich der Malerei (etwa Arnold Böcklin und Edward Burne-Jones) und der Musik (Felix Mendelssohn Bartholdy) kommt dem Melusine-Stoff erstrangige Bedeutung zu. Renate Schäfer hat

---

20 Ebd., S. 316.

die Hintergründe und die Implikationen in ihrem Aufsatz
»Fontanes Melusine-Motiv«[21] eingehend untersucht.

Mit dieser Beobachtung ist das gesellschaftliche Element in
Grete Minde jedoch keineswegs nebensächlich geworden.
Gretes Wesen, ihre besondere Menschlichkeit, kann der Auseinandersetzung mit dem Gesellschaftlichen nicht aus dem
Wege gehen. Die Gesellschaft, in welcher Konstellation
auch, ist nicht zu ignorieren, mag sie sich aus fahrenden Pup-
penspielern, böhmischen Flößern, den Nonnen von Arendsee oder den Bürgern von Tangermünde zusammensetzen.

Das Verlangen nach einer Heimat jenseits des Gesellschaftlichen äußert sich in Gretes Bedürfnis nach Freiheit, Weite,
Luft und Licht. Die Luft ist für sie ein Gradmesser, an dem
die Verwirklichung oder die Verhinderung ihres Verlangens
nach Glück abgelesen werden kann. Die Luft ist das lebens-
notwendige Element, das Selbstverwirklichung und Identität
ermöglicht. Deshalb weist eine Störung beim Atmen auf Ver-
störung der Identitätssuche hin. Luft, Licht und Freiheit bilden zusammen einen subtil verschachtelten Komplex von
Indikatoren, in dem das Maß des Glücks unter Menschen
sichtbar wird. So kann die Luft eine Chiffre für Gesellschaftliches sein. Diese Chiffre geht mit zeitbedingten religiösen
Bedürfnissen eine Symbiose ein.

Zur Intensität und Anschaulichkeit der Bilder von Luft, Licht
und Freiheit tragen die Hinweise auf Vögel und aufs Fliegen-
können bzw. -wollen assoziativen Reichtum bei. Vögel gelten seit alters her wegen ihres Fluges als dem Himmel verwandte Wesen, als Mittler zwischen Himmel und Erde.[22] Ist
es zum Beispiel möglich, das Gespräch von Grete und Valtin
über Schwalben auf Seite eins zu lesen, ohne an Hans Christian Andersens *Däumelinchen* zu denken? In diesem aus

---

21 In: *Euphorion* 56 (1962) S. 69–104; vgl. ergänzend dazu: Christian Grawe,
   Theodor Fontane: Effi Briest, Frankfurt a. M. / Berlin / München 1985,
   S. 99 f.
22 Vgl. Eckard Pastor, »Das Hänflingsnest: Zu Theodor Fontanes *Grete
   Minde*«, in: *Revue des Langues Vivantes* 44 (1978) S. 99–110.

dem Jahre 1835 stammenden Märchen droht Däumelinchen
ständig ihrem eigenen Bereich entfremdet und in eine Gesellschaft von Menschen und Tieren integriert zu werden – unter
Verlust ihres Wesens, ihrer Beziehung zu den Elementen.
Das Irdische droht sie zu verschlucken. Der Unterschied
zwischen Grete Minde und Däumelinchen besteht allerdings
darin, daß für Grete Minde das Leben innerhalb der ersehnten Freiheit ohne den gesellschaftlichen Bereich nicht möglich ist; Däumelinchen erreicht mit Hilfe von zwei geschenk-
ten Flügeln die Paradiesesstufe.

Wie schon erwähnt, mißt Pniower den religiösen Gegensät-
zen in *Grete Minde* großes Gewicht bei:

> Die Epoche, in der sich Grete Mindes Schicksal abspielt, ist
> hauptsächlich durch *ein* Moment bezeichnet: die erbitter-
> ten Glaubenskämpfe. Der Katholik steht dem Protestanten
> schroff gegenüber, und innerhalb der evangelischen Reli-
> gion befehden sich Lutheraner und Calvinisten mit einem
> Eifer und Fanatismus, die einer besseren Sache würdig ge-
> wesen wären. Und diesen entscheidenden Zug der Zeit
> greift Fontane mit dem seherischen Blicke des rückwärts
> gewandten Propheten auf und verwebt ihn aufs innigste
> mit seiner Dichtung, der er dadurch erst den weltge-
> schichtlichen Hintergrund gibt.[23]

Pniowers Argumentation läßt jedoch unbefriedigt, denn die
wichtige Frage nach der Art des Zusammenhangs von konfes-
sioneller Auseinandersetzung und privater Lebensgeschichte
der jungen Grete Minde ist nach wie vor unbeantwortet. Hier
ist die Forschung aber mittlerweile wesentlich weitergekom-
men. Einen gelungenen Einblick in das dichte Netz von
Anspielungen auf Sprüche, Redewendungen, Situationen
und Gestalten aus der Bibel und auf religiös-christliche
Grundthemen verschafft Jan Bos in seiner Utrechter Magisterarbeit über *Die kritische Funktion der religiösen Motivik*

---

23 Pniower (s. Anm. 19) S. 322 f.

in Fontanes ›*Grete Minde*‹. Diesem Kenner des Neuen wie des Alten Testamentes gelingt es vorzüglich, den bedeutsamen Hintergrund vieler Erzählelemente in *Grete Minde* sichtbar zu machen und die zumindest potentielle Funktion von Zahlen, Farben, Pflanzen und Tieren aus biblischer Perspektive aufzuzeigen. Bos ist der Meinung – und hierin ist ihm zuzustimmen –, daß die Trias Schuld – Gnade – Erlösung das tragende Gerüst der Handlung von *Grete Minde* bildet. Die religiöse, konfessionell ausgeprägte Legitimierung des Handelns ist der entscheidende Faktor im Bewußtsein der auftretenden Figuren. Bos ordnet die manifesten und latenten Hinweise auf religiös-christliche Motive nach einem Typologie-Schema, dessen letzte hermeneutische Konsequenz eine Art heilsgeschichtliche Stilisierung von Grete Mindes Leben ist. Damit wird aber auch bei ihm der äußerst fruchtbare Ansatz zum Ausloten des Reichtums an virtuellen Bedeutungen der Novelle zugunsten einer einseitigen Interpretation reduziert.

Bei der Beurteilung der Möglichkeiten von Sprache in einer zwischenmenschlichen Konfliktsituation rückt die Gestalt des Geistlichen in *Grete Minde* wie in anderen Werken Fontanes bis hin zum *Stechlin* in den Vordergrund.[24] Pfarrer Gigas bildet die Instanz der Vermittlung, des Ausgleichs und der Versöhnung. Die Frage nach der Substanz des Christentums dieses Geistlichen ist unumgänglich, da sich die Möglichkeit seiner sprachlichen Vermittlung und Versöhnung erst aus einer Handlungsmotivierung ergibt, die an ihn als religiöse Bezugsquelle appelliert. Er wird nie »nur« als Mensch konsultiert, sondern immer auch als Pfarrer.

Das Auftreten des Geistlichen wird durch die besondere Ausrichtung seiner Religiosität gekennzeichnet. Die Rolle des Geistlichen ist infolgedessen nicht bis in Einzelheiten vom Amt determiniert. Seine sprachlich vermittelte Verantwor-

---

24 Vgl. dazu insgesamt: Hans Ester, *Der selbstverständliche Geistliche. Untersuchungen zu Gestaltung und Funktion des Geistlichen im Erzählwerk Theodor Fontanes*, Leiden 1975; über Pastor Gigas: S. 67–72.

tung tritt nur vor dem Hintergrund dieser subjektiven Beschränkung zutage. Der Geistliche soll in ethischem Sinne ein Wegweiser für seine Gemeinde sein. Aus dieser Aufgabe ergibt sich das Problem, an welcher Auffassung von »Ordnung« der Geistliche sich zu orientieren hat. Welche Form von Ordnung wird seine religiöse Sanktion erhalten, die Ordnung des lutherischen Katechismus, eng verbunden mit der gesellschaftlichen Ordnung der Stadt Tangermünde, oder die innere Ordnung der Hauptfigur Grete Minde? Um zwei Begriffe aus *Effi Briest* ins Spiel zu bringen: Wird der Pfarrer Anwalt des Lebens »in *der* Ordnung« sein, oder wird er Grete Mindes Subjektivität das Prädikat »in Ordnung« verleihen? Nicht nur hier, sondern auch in anderen Werken Fontanes wird die Wahl zwischen diesen beiden Möglichkeiten auf den Gegensatz zwischen Altem und Neuem Testament hin formuliert.

Trud Minde, Gretes Schwägerin, versucht bei dem auf Eifersucht beruhenden Konflikt mit Grete die Autorität des Pfarrers für sich in Anspruch zu nehmen. Sie verspricht sich viel von der Einwirkung des Pfarrers, da dieser eine überpersönliche Instanz darstellt, deren Autorität von Gott sanktioniert und deswegen unantastbar ist. Indem Trud Grete zu dieser richtenden Instanz führt, rechnet sie mit einer totalen inneren Unterwerfung unter jene Gewalt, bei der sie selber die religiöse Rechtfertigung ihres gescheiterten Lebens gefunden zu haben glaubt. Aus der Instanz, deren Aufgabe darin besteht, den Willen zum Aufbegehren eines Lebens in Unzufriedenheit zu beschwichtigen, soll nun auch eine Instanz gemacht werden, die hoffnungsvolles Leben urteilend zerstört. Grete Minde, die durch ihre Herkunft und durch die in ihrem Verhalten gegebenen Zeichen nicht mehr ganz in den Rahmen der religiös-sittlich begründeten familiären Ordnung hineinpaßt, soll mit Hilfe dessen zu ihr zurückgeführt werden, der diese Ordnung in reiner Form vertritt, mit Hilfe des Pfarrers Gigas. Das Resultat der pastoralen Therapie soll die Ähnlichkeit zum glücklosen Leben der Trud selber sein. Erwartun-

gen erfüllen Trud und Grete vor der Begegnung mit Pfarrer
Gigas. Jedes der in den vier ersten Kapiteln von *Grete Minde*
geführten Gespräche stößt auf denselben Gesprächsgegen-
stand, auf Gigas. Diese wiederholte Aktualisierung einer im
Hintergrund befindlichen Gestalt akzentuiert die Bedeutung
des fünften Kapitels, dessen Überschrift lautet: »Grete bei
Gigas« (23).
Die Situation des richtenden Gesprächs in der Pfarre weist
eine auffallende Parallele mit der Aufführung des Puppen-
spiels *Das jüngste Gericht* auf. Grete identifizierte sich während des Spiels mit einem Mädchen, das vor Christus erscheint und das trotz der bösen Vorzeichen von ihm und
seiner Stellvertreterin Maria in Gnaden angenommen wird.
In der aktuellen Situation in der Pfarre ist nun die brennende
Frage, nach welchem Ermessen Gigas die »Sonderung in Gut'
und Böse« (15) vornehmen wird. Überraschenderweise wird
aus einem geplanten verhörartigen Gespräch zu dritt mit zwei
Anklägern und einer Angeklagten ein wohlwollendes Gespräch unter vier Augen.
Mag auf den ersten Blick zwischen Askese und Rosenzucht,[25]
die die beiden Lebenspole des Pfarrers bezeichnen, kein Ort
der Geborgenheit für die eine innere und äußere Heimat
suchende Grete sein – dieses starre Schema ohne Lebensmög-
lichkeiten wird symptomatisch unterbrochen, indem Gigas
während des ersten Gesprächs zu Grete sagt: »Sieh, ich will
dir auch eine Rose schenken« (25). Nur aufgrund dieser unerwarteten, liebevollen Haltung ist zu verstehen, wie sich Gigas
zu einer Vertrauensgestalt Gretes entwickeln kann und ihr –
unbewußt – auch das Motiv der Flucht zu liefern vermag. Die
Pflege der Blumen in seinem Garten bedeutet nicht nur ein
»inhumanes« Tätigkeitsgebiet des Pfarrers, ein Hobby, das
den pastoralen Pflichten im Wege stünde. Die Blumen können trotz ihrer anfänglichen Unverbindlichkeit dennoch
menschliches Vertrauen sichtbar machen. So sagt Grete zu

25 Vgl. Demetz, S. 75.

ihrem Valtin: »ich habe ja noch die Regine, die mir von alten Zeiten erzählt, und ich habe Gigas, der mir seine Blumen zeigt. Und dann hab ich den Kirchhof.« (42)

Freilich, die Nachbarschaft der Gigasschen Blumen wirft ein vielsagendes Licht auf diese zurück. Aber das Nebeneinander von Gretes Glücksobjekten scheint mehr als eine Aussage über die fehlende Menschlichkeit des Pfarrers zu enthalten. Gretes in der Aufzählung zum Ausdruck kommender Glücksanspruch – »Und mitunter, wenn ich ein rechtes Glück hab, dann hab ich *dich*« (42) – wird durch die Erwähnung des Kirchhofs einer übergeordneten Richtung des Geschehens unterworfen. Gretes Glückserwartung und Glücksanspruch scheinen nicht ganz mittels der Aufhebung der in Trud personifizierten Störfaktoren realisierbar zu sein. Verstreute Hinweise deuten darauf hin, daß in Grete etwas angelegt ist, das sich jeder Glücksbeeinflussung entzieht und nach anderen Gesetzen die Bahn ihres Lebens bestimmt.

Die folgenreichste Lebensfrage ist sowohl für Gigas wie für Grete die authentisch lutherische Frage: Wie bekomme ich einen gnädigen Gott? Diese Frage beherrscht die Zeit, in der die Begebenheiten um Grete Minde sich abspielen. Würde man das zeitliche Geschehen weglassen, dann fiele die Spannung des Daseins weg, die für den einzelnen Menschen darin besteht, das Göttliche nach Wahrheit zu vertreten und dieses Göttliche nicht zum Opfer einer nur menschlichen Ordnung zu machen. Martin Luther hat sich in den zentralen Schriften *An den christlichen Adel deutscher Nation*, *Von der Freiheit eines Christenmenschen* und *Von der babylonischen Gefangenschaft der Kirche* intensiv mit dem Problemkreis von Schuld, Gnade und Erlösung beschäftigt:

> Wie das Wort ist, so wird auch die Seele durch ihn; gleichwie das Eisen wird glutrot wie das Feuer aus der Vereinigung mit dem Feuer. So sehen wir, daß an dem Glauben ein Christenmensch genug hat, bedarf keines Werks, damit er fromm sei; bedarf er denn keines Werks mehr, so ist er

gewißlich entbunden von allen Geboten und Gesetzen; ist er entbunden, so ist er gewißlich frei. Das ist die christliche Freiheit, der bloße Glaube, der da macht, nicht daß wir müßig gehen oder übel tun können, sondern, daß wir keines Werks bedürfen, um Frommsein und Seligkeit zu erlangen.[26]

Luthers Lehre, daß der Mensch nur durch das Blut Christi freigekauft und durch den Glauben der Gnade sicher sei, bildet den Kern seines Credos. Wie verhält sich Luthers alter ego Gigas, der Hüter der reinen Lehre, in einer Situation, die menschliches Wohlwollen verlangt? Gigas besteht die erste Probe, das Gespräch mit Trud. Die zweite Probe, die Visitation des Kurfürsten, besteht er auch. Trotzdem bleibt Gigas, generell gesehen, eine ambivalente Gestalt. Sein Glaube hat gewisse fanatische Züge angenommen, die die Zeichen der Nächstenliebe in den Schatten stellen. In bezug auf Grete Minde und ihre Suche nach einer religiös beglaubigten Heimat greift Gigas zu kurz. Die entscheidende Probe, die noch im Zeichen der konfessionellen Streitigkeiten steht, besteht er nicht. Er vermag den bösen Ablauf des Geschehens nicht zu verhindern.
Die Unzulänglichkeit des Pfarrers findet ihre Ursache in der konfessionellen Beschränkung des Geistlichen schlechthin, und außerdem in dem anderen, religiös-schicksalhaften Aspekt der Handlung. Zwar versucht Grete, die häuslichen Umstände ihres Lebens als Determinanden ihres Unglücks zu erklären, diese einseitige Erklärung reicht wegen der Vielzahl der dem Leser bekannten Faktoren aber nicht aus.
Gretes Lebenserwartung übersteigt die beschränkten Möglichkeiten ihres Lebens, und außerdem die Möglichkeiten des Lebens überhaupt. Gretes Sehnsucht nach »Leben« geht nicht nur über die von Trud negativ geprägte Wirklichkeit

26 Martin Luther, *An den christlichen Adel deutscher Nation. Von der Freiheit eines Christenmenschen. Sendbrief vom Dolmetschen*, hrsg. von Ernst Kähler, Stuttgart 1962 [u. ö.], S. 131.

hinaus, sondern verweist durch das vielfach wiederkehrende
Thema von Luft, Licht und Flug auf einen Bereich jenseits des
normalen menschlichen Lebens hin. Leben verwirklicht sich
für Grete nur in der intimsten Berührung mit dem Element
der Luft. Diese in Gretes naturhaftem Wesen angelegte Un-
genügsamkeit den vorhandenen Möglichkeiten des Lebens
gegenüber, einschließlich des fahrenden Künstlerdaseins und
der Liebesbeziehung zu Valtin, läßt die Gestalt des Pfarrers in
einem versöhnlicheren Licht erscheinen als zuvor. Fontane
hat den vielen Pfarrer-Karikaturen des 19. Jahrhunderts nicht
auch noch seine hinzugefügt.

Grete Mindes Selbstverwirklichung führt letztlich zu den
Elementen. Nach dem Religiösen dominiert das Elementare.
In diesem Zusammenhang ist auch das Anzünden der Stadt
Tangermünde zu sehen. Der Schluß der Novelle bedeutet in
gewissem Sinne, auch hinsichtlich der Rückkehr zur Kindheit, eine pervertierte Selbstverwirklichung Gretes. Die
Rache an Tangermünde ist eine Rache an denen, die ihr
gegenüber durch Handeln oder durch versäumtes Handeln
schuldig geworden sind. »Das ist Sankt Stephan« (105) hatte
Grete beim Hören der Glocken gejubelt. Sankt Stephan, das
ist Pfarrer Gigas, dessen Vermittlungsfunktion bei Gretes
Rückkehr nach Tangermünde erwogen und verworfen
wurde: »Lebte Gigas noch? Blühten noch die Rosen in seinem Garten?« (92)

Die Form der Rache jedoch, die Gretes Sehnsucht nach Licht
und Luft auf zerstörerische Weise verwirklicht, zeigt an, daß
sich hier zumindest auch ein in ihrem Wesen angelegtes
Schicksal erfüllt. Zu der äußeren Motivation ihrer Tat, der
Rache wegen der Erniedrigung durch ihre frühere Heimatstadt, tritt ein vielfach angedeutetes Moment hinzu. Die Bahn
von Gretes Leben scheint, dabei die sprachlich artikulierten
Möglichkeiten der Befreiung einschließlich der religiös-
christlichen übersteigend, durch Hinweise auf das kommende Feuer vorgezeichnet und unentrinnbar. Das Ergreifende des Schlusses von Grete Minde liegt in der furchtbaren

Einheit von Schicksal und Sehnsucht nach den Elementen, nach der Erfüllung des »anderen« Lebens. Den Epilog spricht die Domina der Nonnen von Arendsee, die das Ende Gretes zeichenhaft vorausgesehen hatte. Wäre Grete dagegen wohlwollend in die Tangermünder Gesellschaft aufgenommen worden, so hätte dies nicht nur dem historischen Rahmen, sondern mehr noch der inneren Tendenz der Novelle widersprochen.

Man könnte mit Globig der Meinung sein, daß die Konstellation von Habgier und Unfähigkeit auf seiten der Stadt Tangermünde und Gerechtigkeitsliebe und Trotz auf seiten der Hauptfigur zur unentrinnbaren Katastrophe führen muß. Weder die Behauptung eines solchen Gegensatzes noch die Stilisierung der Flößer und Puppenspieler zu revolutionären Außenseitern aber ist letztlich überzeugend. Eine Interpretation sollte die Vielzahl der im Werk angelegten Handlungsmotivationen nicht zugunsten eines übersichtlichen Zusammenhangs reduzieren. Sie muß »suspensiv« sein, wie Horst Steinmetz es formuliert hat.[27] Infolgedessen darf eine Deutung die andere nicht absorbieren. Neben der Rache wegen der Erniedrigung durch den Halbbruder und die ersten Bürger der Stadt Tangermünde, die Grete Minde das väterliche Erbe verweigern, sind die im Text gegebenen anderen Momente in ihrer Konsequenz zu beachten. Höchstens können wir feststellen, daß Macht und Ohnmacht der Gesellschaft in ihrer Konfrontation mit der wegen ihrer vitalen Bindung an die Elemente so verletzbaren Grete Minde um so deutlicher in Erscheinung treten.

In bezug auf das individuelle Wesen Grete Mindes stoßen alle Akteure der Novelle – Trud, Gigas, die Puppenspieler, die Bürger von Tangermünde, die Domina von Arendsee und sogar Valtin – an die Grenzen ihrer Möglichkeiten. Auch der Leser, der sich dies alles zusammenreimen möchte, muß sein Unvermögen, dieses Mädchen zu verstehen, eingestehen.

27 Horst Steinmetz, *Suspensive Interpretation. Am Beispiel Franz Kafkas*, Göttingen 1977.

Grete Minde provoziert durch ihre Vielschichtigkeit neues Lesen und neues Deuten und ist deshalb im Prinzip mit *Effi Briest* vergleichbar. Eine wissenschaftliche Interpretation sollte den offenen Charakter dieser Novelle nicht aus den Augen verlieren. Die Route dorthin ist allerdings Beschränkungen unterworfen. Zu dieser Wegstrecke gehört die Anerkennung der geschichtlichen Problematik religiöser Provenienz.

Literaturhinweise

Alberti, Conrad: Theodor Fontane. Ein Festblatt zu seinem siebzig-
  sten Geburtstag (29. Dezember 1889). In: Die Gesellschaft 4 (1889)
  S. 1753–60.
Biener, Joachim: Zur Diskussion. In: Fontane-Blätter. Bd. 5. H. 1
  (1982) S. 80–82. [Zum Aufsatz von Klaus Globig.]
Bos, Jan: Die kritische Funktion der religiösen Motivik in Fontanes
  »Grete Minde«. Magisterarbeit. Utrecht 1980.
Bosshart, Adelheid: Theodor Fontanes historische Romane. Winter-
  thur 1957. S. 42–59.
Delp, W. E.: Around Fontane's »Grete Minde«. In: Modern Lan-
  guages 40 (1959) S. 18 f.
Erläuterungen und Dokumente: Theodor Fontane, »Grete Minde«.
  Hrsg. von Frederick Betz. Stuttgart 1986.
Ester, Hans: Der selbstverständliche Geistliche. Untersuchungen zu
  Gestaltung und Funktion des Geistlichen im Erzählwerk Theodor
  Fontanes. Leiden 1975. S. 67–72.
– Zur Gesellschaftskritik in Fontanes »Grete Minde«. In: Fontane-
  Blätter. Bd. 5. H. 1 (1982) S. 73–78. [Zum Aufsatz von Klaus
  Globig.]
Giel, Volker: Zur Anlage des Aufsatzes von Klaus Globig; Grete
  Minde: Versuch einer Interpretation. In: Fontane-Blätter. Bd. 5.
  H. 1 (1982) S. 68–73.
Globig, Klaus: Theodor Fontanes »Grete Minde«: Psychologische
  Studie, Ausdruck des Historismus oder sozialpolitischer Appell?
  In: Fontane-Blätter. Bd. 4. H. 8 (1981) S. 706–713.
Herding, Gertrud: Theodor Fontane im Urteil der Presse. Ein Bei-
  trag zur Geschichte der literarischen Kritik. Diss. München 1945.
  S. 149–154.
Hertling, Gunter H.: Kleists »Michael Kohlhaas« und Fontanes
  »Grete Minde«: Freiheit und Fügung. In: The German Quarterly
  40 (1967) S. 24–40.
Konieczny, Hans-Joachim: Fontanes Erzählwerke in Presseorganen
  des ausgehenden 19. Jahrhunderts. Diss. Paderborn 1978.
Leitner, Ingrid: Sprachliche Archaisierung. Historisch-typologische
  Untersuchungen zur deutschen Literatur des 19. Jahrhunderts.
  Frankfurt a. M. [u. a.] 1978. S. 215–221.
Osborne, John: »Wie lösen sich die Rätsel?« Motivation in Fontane's
  »Grete Minde«. In: Modern Languages 64 (1983) S. 245–251.

Pastor, Eckart: Das Hänflingsnest: Zu Theodor Fontanes »Grete Minde«. In: Revue des Langues Vivantes 44 (1978) S. 99–110.

Pniower, Otto: »Grete Minde«. In: O. P.: Dichtungen und Dichter. Essays und Studien. Berlin 1912. S. 295–331.

Schäfer, Renate: Fontanes Melusine-Motiv. In: Euphorion 56 (1962) S. 69–104.

Thunecke, Jörg: Klosteridyll und Raubmörderidyll. In: Fontane-Blätter. Bd. 5. H. 1 (1982) S. 78–80. [Zum Aufsatz von Klaus Globig.]

BETTINA PLETT

L'Adultera

»... kunstgemäß (Pardon) ...« – Typisierung und
Individualität

»Als ich vor beinah 8 Jahren mein ›L'Adultera‹ wohl oder
übel schrieb, lag mir vorwiegend daran, ein Berliner Lebens-
und Gesellschaftsbild zu geben, das Zuständliche, die Scenerie war mir Hauptsache. Damals, glaub' ich, hatte das auch
eine Berechtigung; aber 8 Jahre haben viel geändert, uns wei-
tergeführt, und heute sind die Gestalten, die Charaktere die
Hauptsache.« Fontanes selbstkritischer Rückblick[1] auf das
Werk, welches gemeinhin als sein erster Berliner Gesellschaftsroman bezeichnet wird, scheint einer Reihe von Kriti-
kern im vorhinein recht zu geben, die die pointiert-kritische
Darstellung der zeitgenössischen Berliner Gesellschaft als das
zentrale Anliegen sahen, die Charakterisierung der Figuren in
dieser Gesellschaft und die Motivierung ihrer Handlungsweise aber für wenig überzeugend hielten. L'Adultera deshalb aber als Vorübung zu reiferen Werken einzustufen heißt
künstlerische Mittel und Ansätze ignorieren, die zunächst in
ihrer Intention und Wirkung an ihrem Ort im Roman differenziert untersucht werden sollten, bevor eine Einstufung als
»gelungen« oder »mißlungen« versucht werden kann. Sollte
Fontanes spätere Behauptung, er sei »unbekehrt geblieben«
und würde es jetzt geradeso schreiben wie vor 10 Jahren«,[2]
nicht auch in dieser Hinsicht zu denken geben?
Mit der Niederschrift der ersten Aufzeichnungen zu diesem
Roman begann Fontane im Dezember 1879; im April 1880
waren die Korrekturen des ersten Entwurfs bereits abge-

1 An Paul Lindau, 3. November 1886 (Dichter, II,272).
2 An Paul Pollack, 10. Februar 1891 (Theodor Fontane, *Briefe in zwei Bänden*,
  hrsg. von Gotthard Erler, 2. Aufl., Berlin/Weimar 1980, Bd. 2, S. 275 f.).

schlossen. Dies ist, bedenkt man die lange und wechselvolle Entstehungsgeschichte anderer Werke Fontanes, ein sehr kurzer Zeitraum, was vor allem darin seine Erklärung findet, daß in diesem Falle langwierige Vorstudien und die Auswertung historischer Quellen nicht erforderlich waren. Noch im gleichen Jahr erschien der Vorabdruck in der Monatszeitschrift *Nord und Süd*; die erste Buchausgabe wurde 1882 im Verlag Schottländer veröffentlicht.

Die inzwischen gängige Einordnung von *L'Adultera* als Fontanes erster Berliner Gesellschaftsroman bezieht sich auf den Stoff und die Konsequenzen für seine Gestaltung. Nach *Vor dem Sturm* und *Grete Minde* ist dies der erste Roman Fontanes, der nicht auf einen im weiteren Sinne historischen Stoff zurückgreift, sondern Aspekte und charakteristische Züge der zeitgenössischen Gesellschaft thematisiert. Die Stoffgrundlage bildete eine »Skandalgeschichte«, die sich wenige Jahre zuvor in der Berliner Gesellschaft zugetragen hatte.[3] Fontane selbst räumte ein, es sei »zwar alles verschleiert, aber doch nicht *so*, daß nicht jeder die Gestalt errathen könnte«.[4] Doch liegt die Substanz und Bedeutung des Stoffes für Fontane nicht in dem gängigen Handlungsmuster der Dreiecksbeziehung oder einer besonderen Pikanterie gerade dieses Skandals, sondern vielmehr in dem, was dieser einzelne »Fall« über die Konstellationen in gerade dieser Gesellschaft, vor deren Hintergrund er gesehen werden muß, aussagen kann. Fontanes Argumente gegen den Vorwurf der Indiskretion eines Eingeweihten – »Ich denke, in solchem Falle hat ein Schriftsteller das Recht, ein Lied zu singen, das die Spatzen auf dem Dache zwitschern. Verwunderlich war nur, daß auch in bezug auf die Nebenpersonen alles, in geradezu lächerlicher Weise, *genau* zutraf. Aber das erklärt sich wohl so, daß vieles in unsrem gesellschaftlichen Leben so typisch ist, daß

<hr>

3 Ausführlich zu Stoff, Quellen und Entstehungsgeschichte die Erläuterungen von Anita Golz in: A III,538 ff. Vgl. auch Konrad Beck, »Die Ravenés«, in: *Mitteilungen des Vereins für die Geschichte Berlins* 81 (1985) S. 310–313.

4 An Salo Schottländer, 11. September 1881 (Dichter, II,266).

man, bei Kenntnis des Allgemeinzustandes, auch das einzelne mit Notwendigkeit treffen muß«[5] – sind denn auch mehr als eine bloß oberflächliche Verteidigung, bezeichnen sie doch das Interesse an der Exemplarität des Falles, am charakteristisch »Repräsentativen« seiner zeit- und gesellschaftstypischen Aussage, aber auch an Behauptung und Selbstverständnis des Individuums vor diesem gesellschaftlichen Hintergrund. Unter dieser Fragestellung gewinnt die Wechselwirkung von Individualität und »Typischem« – die dezidierte Absetzung des Individuums von jedem Versuch der Typisierung, aber auch die Indizien des Zeit- und Gesellschaftstypischen in der je eigenen Individualität[6] –, wie sie sich in der Charakterisierung der Romanfiguren manifestiert, eine besondere Bedeutung. Wer sich, ausgehend von dem für den »Ehebruchsroman« durchaus konventionellen Dreiecksschema, dazu verleiten läßt, auch diese Figuren in ihrer psychologischen Motivierung und Charakterisierung in den vorformulierten Erwartungshorizont einzuordnen, liest den Roman eindimensional. Denn diese Figuren entziehen sich der typisierenden Festlegung – und setzen sich doch ständig gegen eine solche zur Wehr. Der Erzähler Fontane verweigert ihnen jede Einsinnigkeit und Eindeutigkeit, wie die Differenzierung und Vielschichtigkeit seiner Charakterisierungskunst belegt, in der verschiedene erzähltechnische Mittel einander ergänzen, sich gegenseitig beleuchten und relativieren. Über Figurencharakterisierung bei Fontane sprechen heißt daher stets auch, über den ganzen Roman sprechen, ist sie doch in vielfacher Brechung und Spiegelung mit dem Erzählkontext und Handlungsnexus des ganzen Romans verflochten.

Die Charakterisierung der Figuren und die Bestimmung ihrer Position im Roman geschieht nur in einem sehr geringen Maße durch deskriptive Elemente. So setzt sich das Bild der Figuren, das sich der Leser im Verlauf der Romanlektüre

---

5 An Josef Viktor Widmann, 27. April 1894 (*Briefe in zwei Bänden* – s. Anm. 2 – II,330).
6 Grundlegend zu dieser Frage: Müller-Seidel, S. 169 ff.

aufbaut, weniger aus »Äußerlichkeiten« zusammen, sondern vor allem aus charakteristischen Eigenheiten ihrer Sprechweise: Der Sprachhabitus einer Romanfigur ist ein konstitutives Element ihrer Gestaltung.[7] Zwar schickt der Erzähler auch hier noch dem ersten Auftritt seiner Personen eine im weitesten Sinne biographische Einführung en bloc voraus – die Mitglieder des »engeren Zirkels« etwa werden dem Leser auf diese Weise vorgestellt (4. Kap., 19 ff.) – oder läßt neu auftretende Personen zunächst von anderen Romanfiguren schildern (van der Straaten über Rubehn, 15 ff.), doch lassen sich diese Schilderungen kaum auf die rein äußerlichen Identitätsmerkmale des abbildenden Portraits ein. Jene Präsentation wird vielmehr überlagert und ergänzt durch ein sprachliches und psycho-logisches Portrait: Darstellung und Selbstdarstellung der Personen verifizieren und relativieren die Prämisse der Einführung auf höchst anschauliche und differenzierte Weise.

So wird der Einführung des Kommerzienrates Ezechiel van der Straaten am Anfang des Romans besondere Aufmerksamkeit zuteil. Nachdem er die geschäftliche Stellung und das gesellschaftliche Ansehen des Kommerzienrates knapp skizzierte, widmet sich der Erzähler einer subtilen Analyse seines »sprachlichen Ansehens«. Van der Straatens »Vorliebe für drastische Sprüchwörter und heimische ›geflügelte Worte‹ von der derberen Observanz« illustrieren die Zitate »seiner Lieblingswendungen« (3). Der Erzähler übernimmt gleichsam nur bis zu einem gewissen Grade die Verantwortung für die Vorstellung seiner Figur und zieht sich dann zurück, indem er diese selbst zu Wort kommen läßt. Der charakteri-

---

7 Daß die individuelle Gestaltung der Redeweise der Figuren und ihr sprachliches Verhalten im gesellig-gesellschaftlichen Gespräch ein mit großer Kunstfertigkeit eingesetztes dominierendes Mittel der Figurencharakterisierung ist, gehört zu den alten, aber immer noch aktuellen Erkenntnissen der Fontane-Forschung. Vgl. dazu neben Wandrey (S. 178 u. ö.), Ohl (S. 156 ff.) und v. a. Mittenzwei auch: Mary-Enole Gilbert, *Das Gespräch in Fontanes Gesellschaftsroman*, Leipzig 1930, sowie Herman Meyer, *Das Zitat in der Erzählkunst*, 2. Aufl., Stuttgart 1967, S. 155 ff.

stische van der Straatensche »Sprechanismus«[8], präsent in
den der Beschreibung integrierten Redezitaten und den in
indirekter Rede wiedergegebenen bezeichnenden Ansichten,
bestimmt die Färbung dieses »Sprechbildes«[9]: das Zitat einer
sprachlichen Selbstdarstellung, gebrochen in der Vermittlung
des Erzählers. Dieses ebenso konzentrierte wie humoristisch
differenzierte psychologische und sprachliche Bild ist mehr
als nur die Einführung einer der Hauptfiguren zu Beginn des
Romans, erscheinen in ihm doch bereits all jene Züge, die im
Fortschreiten des Erzählens subtil entfaltet werden und die
für den Handlungsnexus und die psychologische Motivierung von Bedeutung sind. Insofern ist es nur folgerichtig, wenn es nicht die Hauptfigur Melanie[10] ist, deren Vorstellung den Roman eröffnet, sondern van der Straaten, dessen sprachliches (Selbst-)Portrait ja die Vorbedingung für
das Verständnis eines wichtigen Movens der Handlung bildet. Folgerichtig auch, daß weder Melanies noch Rubehns
»Sprechbild« in vergleichbarer Ausführlichkeit dargelegt
wird, die Charakterisierung dieser Figuren sich vielmehr
indirekt aus ihrem Gesprächsverhalten erschließt oder mit
symbolischen Motiven verknüpft ist.[11] Die indirekte Selbst-
charakterisierung aller Figuren durch ihre Sprechweise wird

8 In Romanentwürfen verwendet Fontane diese anschauliche berlinische Kon-
   tamination mehrfach für eine den Sprecher bezeichnende Ausdrucksweise.
   In *Frau Jenny Treibel* (Kap. 9) macht sich Treibel seine Gedanken über den
   wirkungsvollen Sprechanismus Vogelsangs.
9 Nach Kurt Wölfel, »›Man ist nicht bloß ein einzelner Mensch‹. Zum Figurenentwurf in Fontanes Gesellschaftsromanen«, in: *Zeitschrift für deutsche
   Philologie* 82 (1963) S. 156.
10 Van der Straaten wurde lange Zeit als der eigentliche Held des Romans
   apostrophiert, dessen Verschwinden an der Handlung sich nachteilig aus-
   wirke. Dem hat Gerhard Friedrich nachdrücklich und überzeugend widersprochen (»Das Glück der Melanie van der Straaten«, in: *Jahrbuch der Deutschen Schillergesellschaft* 12, 1968, S. 360).
11 Bedeutungsvoll in diesem Zusammenhang sind z. B. die Details von Melanies Zimmereinrichtung, besonders ihr Portrait, oder die Verbindung dieser
   Figur mit Märchenmotiven, mit Motiven des Spiels und des Glücksspiels,
   gespiegelt auch in den Bismarckgesprächen (vgl. dazu Friedrich – s. Anm. 10
   – S. 369).

ergänzt und relativiert durch die Art und Weise, wie ihre Sprache und sprachliche Selbstdarstellung auf andere wirkt und wie andere über sie sprechen.

Auf van der Straatens Schwäche für »das Einstreuen lyrischer Stellen, ganz besonders solcher, die seinem echtberlinischen Hange zum bequem Gefühlvollen einen Ausdruck« geben (4), wird der Leser mehrfach verwiesen. Es genügt indes nicht, diese sentimentalen oder ironischen Anlehnungen an lyrischen Stil und metrisch gebundene Rede nur im Zusammenhang mit den Konversationsgepflogenheiten des Kommerzienrates zu verstehen. Denn es sind ja gerade jene »sprachlichen Marotten«, seine nonchalant formulierten »Bonmots und scherzhaften Repartis« (4), die in ihrer scheinbaren Heiterkeit und Leichtigkeit gewichtige Substanz anrühren – jene Form und Gestaltung des sprachlichen Ausdrucks also, auf die einzugehen Melanie van der Straaten immer weniger bereit ist. Unter diesem doppelten Aspekt – Durchsetzung der sprachlichen Individualität und Typisierung oder Verkennung der Individualität der anderen, die damit in Kauf genommen wird – erschließt sich die pointierende Funktion der »lyrischen Stellen«, die van der Straaten ausgerechnet in prekären Gesprächssituationen bevorzugt einzustreuen pflegt. Die Tischgespräche beim Diner (5. Kap., 28 ff.) und auf der Landpartie (9. Kap., 62 f.) geben dafür aufschlußreiche Beispiele.[12] Dennoch, die Sprache, die in diesem Roman gesprochen wird, ist eine ernste Sprache. Denn die joviale Heiterkeit der Konversation des Kommerzienrates, mag sie auch noch so sehr mit lyrischen Anflügen, geflügelten Worten und im doppelten Sinne »treffenden« Zitaten garniert sein, trifft bei den wenigsten seiner Gesprächspartner auf verständnisvolle Gegenliebe. Sein sprachliches und gesellschaftliches Verhalten werden als ungehobelt und oft rücksichtslos empfunden. Daß gerade der sonst so rigorose »Negationsrat« Duquede ihn verteidigt

12 Vgl. dazu Plett, S. 56 ff.

(37 ff.) und das arme Fräulein Friederike von Sawatzki, das selbst eine schlichte und aufrichtige Sprache spricht, dies als genuinen Ausdruck der Substanz der Person zu erkennen vermag (43), relativiert dieses Bild. Für die anderen Personen und besonders für Melanie ist es schwierig, Form und Ton dieser Sprache und damit auch die Individualität dessen, der sie spricht, zu tolerieren, läßt sie doch oft genug das vermissen, was in Konversation und gesellschaftlichem Umgang als Takt und Diskretion gefordert ist. Die Reibungen und Brüche zwischen dem Anspruch des Individuums auf die (sprachliche) Bezeugung seines So-Seins – »Ich darf das sagen und jedenfalls *will* ich es sagen, und was ich gesagt habe, das habe ich gesagt« (64) – und dem Anspruch der gesellschaftlichen Konvention und Konversation auf das »So-Sein-Sollen« bedingen die Konflikte in diesem Roman, die sich in und zwischen den Zeilen der Gespräche der Figuren entwickeln. Daß van der Straaten mit dem im doppelten Sinne »guten Ton« der Gesellschaft »auf dem Kriegsfuß steht, trägt wesentlich dazu bei, daß sich seine Gattin von ihm entfremdet«.[13] Insofern sind die Konflikte in dieser Ehe und die Umstände, an denen sie sich entzünden, nicht rein privater Natur, sondern stehen in einem gesellschaftlichen Kontext. Die Ansprüche, die »die Gesellschaft« an die Einhaltung von Form, Konvention und an das auch sprachliche Wohlverhalten stellt, beeinflussen als implizites Regulativ den Umgangston und die »formgerechte« Gestaltung der Partnerbeziehung, die Melanie in ihrer Ehe mit van der Straaten berücksichtigt sehen möchte. Die gesellschaftlich abgesicherten und geregelten Formen des Miteinanderumgehens sollen die Wahrung der Form in einer leidenschaftslosen Ehe zwischen ungleichen Partnern sichern, doch enthüllt gerade diese ihnen zugeschriebene Funktion ihre unzulängliche Tragfähigkeit. Die letztlich die Trennung herbeiführenden Konflikte entzünden sich an dem Verstoß gegen die gesellschaftlichen For-

13 Mittenzwei, S. 34.

men, gerade weil die Ehe nur noch die äußere Form wahrt. In
der Ehe mit Rubehn dagegen kann sich Melanie über die
gesellschaftlichen Normen und Ansprüche hinwegsetzen,
weil die Durchsetzung des individuellen Anspruchs auf
Glück und Selbstverwirklichung die gesellschaftlichen Forderungen zurückdrängt.

Was van der Straaten auf andere und besonders auf seine Frau
mit Beharrlichkeit anwendet, das lehnt er für seine eigene
Person kategorisch ab: die einengende Festlegung auf Präfi-
gurationen und typisierende Vergleiche. Der Kommerzienrat
hat zwar einen berühmten Namensvetter, den Juden Manasse
Vanderstraaten in Karl Gutzkows Drama *Uriel Acosta*
(1846); der »nie ausbleibenden Frage nach seinen näheren
oder ferneren Beziehungen« (4) zu dieser Dramenfigur[14]
pflegt er aber ebenso humorvolle wie energische Gegenargumente entgegenzuhalten. Seine Ablehnung »jeder Verwandtschaft mit dem von der Bühne her so bekannt gewordenen
Manasse Vanderstraaten« (4) wirft ein bezeichnendes Licht
auf die Einstellung zum eigenen Namen und die über die
Charakterisierung weit hinausgehende Funktion der Namen-
gebung in diesem Roman. Bezeichnenderweise unterschlägt
van der Straaten die äußerlichen Gemeinsamkeiten mit Gutzkows Manasse, der ebenfalls als »reicher Handelsherr« hohes
Ansehen an der Börse genießt und sich in Florenz und Venedig Kopien bekannter Kunstwerke anfertigen läßt,[15] um die
Unterschiede um so deutlicher hervorzuheben. Ruft man sich
die eingangs erwähnten Wesenszüge van der Straatens in
Erinnerung, dann zeichnet sich ab, daß die in der paragra-
phenweisen Abhandlung angeführten Unterscheidungs-
merkmale dem Kern der Aussage ausweichen, dieser aber

---

14 Fontane hatte als Theaterkritiker des Königlichen Schauspielhauses zwischen 1872 und 1886 fünf Aufführungen des Stückes besprochen, davon
   allein drei in der ersten Hälfte des Jahres 1879, also kurz vor Beginn der
   Niederschrift von *L'Adultera*.
15 Vgl. *Uriel Acosta* I,1,90 ff. (*Gutzkows Werke*, hrsg. von Peter Müller, Leip-
   zig/Wien [o. J.], Bd. 2, S. 44).

stets als tertium comparationis mitgedacht ist. Mehr als alle
äußerlichen Verknüpfungen scheint der Umstand, daß Gutzkows Figur eine Rolle in einem *Trauer*spiel innehat, van der
Straaten zu bestimmtem Widerspruch gegen den Vergleich zu
motivieren. In diesem Zusammenhang darf man wohl auch
seinen Hinweis, daß »er seit längerer Zeit des Vorzugs
genieße, die Honneurs seines Hauses nicht durch eine Judith,
sondern durch eine Melanie machen lassen zu können« (4), in
der Weise verstehen, daß er selbst keineswegs geneigt ist, eine
Rolle in einem »Trauerspiel« zu übernehmen. Denn Judith,
die Tochter des reichen Manasse, endet tragisch; sie nimmt
sich das Leben, nachdem sie, um den geschäftlichen Ruin des
Vaters abzuwenden, den Mann geheiratet hat, dem sie versprochen war, statt den von der jüdischen Gemeinde geächte-
ten Uriel Acosta, den sie liebt. Indem Fontane van der Straaten den Namen der Judith und die damit verbundene Asso-
ziation von sich weisen läßt, um nachdrücklich den Namen
Melanies an diese Stelle zu setzen, wird bereits in dieser frühen Phase des Romans ein verhaltener Hinweis darauf gegeben, daß ein tragisches Ende dessen, was noch folgen wird,
weder im Willen noch in der Veranlagung der beteiligten Personen liegt.[16] Der zum Lyrischen neigende Kommerzienrat
hegt eine dezidierte »Abneigung gegen tragische Manieren« (59) und heroische Posen. Mit diesem Bekenntnis, das
zunächst am Beginn des Romans und im scherzenden
Gespräch auf der Landpartie[17] spielerisch zur Diskussion
gestellt wird, macht eine entscheidende Szene des Romans
Ernst: Das Abschiedsgespräch zwischen Melanie und van der

16 G. Friedrich weist darauf hin, daß der Name Melanie auf eine Figur in einem
anderen Werk Gutzkows, nämlich auf Melanie Schlurck in dem Roman *Die
Ritter vom Geiste* und damit auf eine Entwicklung zur Ruhe und Ausgeglichenheit hindeutet (Friedrich – s. Anm. 10 – S. 364).
17 Kap. 9: Löbbeckes Kaffeehaus, bes. S. 59 f., wo sich van der Straaten »in
allem was Heroismus angehe, ganz zu der Schule seines Freundes Heine«
bekennt, »der, bei jeder Gelegenheit, seiner äußersten Abneigung gegen
tragische Manieren einen ehrlichen und unumwundenen Ausdruck gegeben
habe«.

Straaten (16. Kap.) verzichtet auf tragische Manieren und dramatische Wirkungen.

Dem Erzähler ist nicht an »großen Leidenschaftsgeschichten«[18] gelegen, und er läßt auch seine Figuren eine distanzierte Haltung zu Tragik, Pathos und Passion einnehmen. Eine scheinbar beiläufige Feststellung Melanies bestätigt bisherige Vorausdeutungen über den Ausgang und unterstreicht die Erzählerintention. Während seines ersten Besuches bei Melanie (7. Kap.) klärt diese Ebenezer Rubehn über die Rollenverteilung in ihrer Ehe auf, die für den Leser bereits im Verlauf des Tischgesprächs beim Diner mit dem »engeren Zirkel« (27 ff.) in aufschlußreicher Weise entfaltet wurde. »Sie müssen nämlich wissen, Herr Rubehn, daß wir hier in zwei Lagern stehen und daß sich das van der Straatensche Haus, das nun auch das Ihrige sein wird, in bilderschwärmende Montecchi und musikschwärmende Capuletti teilt. Ich, tout à fait Capulet und Julia. Doch mit untragischem Ausgang.« (48)

Melanie identifiziert sich nicht zufällig mit der Julia Capulet aus Shakespeares früher Tragödie, ist diese doch, wie später Melanie selbst, ebenfalls fähig, alle Familienrücksichten und konventionellen Moralbegriffe zugunsten des geliebten Mannes hinter sich zu lassen. Die in den heiteren Plauderton eingefügte Anspielung antizipiert also bereits bei der ersten Begegnung der späteren Liebenden eine Entwicklung, die sich in dieser Phase des Romans erst abzuzeichnen beginnt. Daß sie auf einem betont »untragischen Ausgang« besteht,[19] weist nicht nur, wie die entsprechende Äußerung van der Straatens, auf das glückliche Ende hin, sondern auch darauf, daß das dezidiert Untragische eine spezifische Qualität ihrer

---

18 An Wilhelm Hertz, 17. Juni 1866, über den geplanten Roman *Vor dem Sturm* (*Briefe in zwei Bänden* – s. Anm. 2 – II,323).

19 Anders als Franziska in *Graf Petöfy*, deren Hochzeitsreise nach Verona führt, »aber doch nur unter dem Zugeständnis, daß ihr das Haus und Grab der Julia Capulet gezeigt werde, ›weil Liebesgeschichten mit *tragischem Ausgang* nun mal ihre *Passion* seien‹« (A IV,89; Hervorhebungen B. P.).

Selbstverwirklichung bezeichnet. Denn nicht nur der glückliche Ausgang des Romans unterstreicht den Abstand vom
Tragischen, auch die Entschiedenheit und praktische Vernunft, mit denen Melanie ihr Leben mit Rubehn gestaltet,
kennzeichnen den deutlichen Gegensatz zu schicksalhafter
Tragik und Ergebenheit. Die Konflikte in ihrer Ehe entsprin-
gen aus anderen Quellen als aus Leidenschaft und »tragischen« emotionalen Verwicklungen. Die Anspielung auf die
Konstellation in Shakespeares Drama umschreibt die gegensätzlichen Temperamente und Interessenschwerpunkte im
Hause van der Straaten. Bezeichnend, daß Melanie jene beiden tödlich verfeindeten Veroneser Familien anführt: Bereits
eine Reihe von Hinweisen, die der Erzähler schon früher
eingeflochten hatte, und nicht zuletzt Melanies erleichtertes
»Wohlgefühl«, während des Sommeraufenthaltes in der Tier-
gartenvilla, »Ruhe« von van der Straatens »Liebesbeweisen«
und »Ungeniertheiten« zu haben (40), sind Anzeichen dafür,
daß die Unvereinbarkeit von Musik- und Gemäldeliebhabe-
rei so oberflächlich nicht ist, vielmehr ein Symptom mit
»Stellvertreterfunktion« für tiefergehende Differenzen in dieser Ehe darstellt.[20] Da ihr direktes Eingeständnis nicht möglich ist, werden Ausdruck und Aussprache des Konflikts auf
diese »kultivierte Ebene« verschoben.[21] Das Verhältnis Melanies und van der Straatens zueinander wird so mit der Charakterisierung der Gegensätzlichkeit auch der Kunstinteressen umschrieben, während sich zwischen den Zeilen ihrer
Gespräche die psychologische Zustandsbestimmung ihrer
Ehe entfaltet.

20 »Auf indirekte Weise werden so durch ihre Kunstinteressen die unterschiedlichen erotischen Temperamente des Bankiers und seiner 25 Jahre jüngeren
Frau und die sich daraus ergebenden Spannungen und Frustrationen signalisiert« (Christian Grawe, »Crampas' Lieblingsdichter Heine und einige damit
verbundene Motive in Fontanes *Effi Briest*«, in: *Jahrbuch der Raabe-Gesellschaft*, 1982, S. 148).
21 Zur tiefenpsychologischen Interpretation der Beziehung zwischen den Ehe-
partnern vgl. Dirk Mende, »Frauenleben. Bemerkungen zu Fontanes
L'Adultera nebst Exkursen zu *Cécile* und *Effi Briest*«, in: Fontane aus heutiger Sicht, S. 183–213, hier S. 192–194.

Mit dem Tischgespräch über »Madonnen-Einteilung« (28) werden die Grenzen konventioneller geselliger Unterhaltung weit überschritten, indem hier nicht allein die »Temperatur« der Madonnen Murillos und Tizians zur Diskussion steht, vielmehr vor allem die Temperatur der ehelichen Beziehungen »gemessen« wird. In der gutwilligen Absicht, van der Straaten »von dem heiklen Murillo-Thema« abzulenken (28) – heikel, weil die Ausführungen zum künstlerischen Thema besonders gern mit erotischen Konnotationen verknüpft werden –, wagt es Melanie, »in Bild- und Malerfragen eine Meinung haben zu wollen« (28) – und begibt sich gerade damit auf gefährliches und nicht weniger schlüpfriges Terrain. Denn Ton und Formulierung ihrer Argumente liefern van der Straaten das so ergiebige Stichwort der »Behexung« (30). Sein hitziger Gegenangriff gegen den »Ritter von Bayreuth«, einen »Behexer, wie es nur je einen gegeben hat« (31), attackiert zwar formal den übersteigerten Wagner-Kult,[22] dem sich auch die meisten seiner Tischgenossen verschrieben haben, trifft aber vor allem die Wagner-Schwärmerin Melanie, die sich ihrem Mann auf dem Wege des gegensätzlichen künstlerischen Mediums und des anderen Zugangs zu ihm entzieht. Die spätere Entwicklung der Beziehung Melanies zu Rubehn bestätigt dieses Auseinanderstreben der Temperamente: Ihre erste Begegnung steht im Zeichen der Musik Richard Wagners (46 ff.), die die Erkenntnis innerer Übereinstimmung motiviert. Der »von nun an in eine neue, gesteigerte Phase tretende Wagner-Kultus« (49) leitet die Phase fortschreitender Distanzierung Melanies von ihrem Mann und die Hinwendung zu Rubehn ein. Die musikalische Harmonie entzieht sie den ehelichen Dissonanzen und antizipiert die erotische Harmonie. Insofern ist das Spiel mit dem Widerspruch in diesem Kunstgespräch durchaus doppelbö-

---

22 Frühere Entwürfe dieser Szene zeigen, daß van der Straatens Wortwahl und Wagner-Kritik ursprünglich erheblich drastischer sein sollten. Vgl. dazu Käthe Scherff-Romain, »›N.N.‹ ist nicht Gottfried Kinkel, sondern Richard Wagner«, in: *Fontane-Blätter*, Bd. 5, H. 1 (1982) S. 27–50, hier S. 42–46.

dig. Melanie verweigert sich zwar explizit der bildhaft-plasti-
schen Erotik der darstellenden Kunst, die von ihrem Mann
ins Bildhaft-Drastische überführt wird, öffnet sich aber der
sublimierten erotisch-lasziven Wirkung der Musik Wagners.
»Behexung« und »Bezauberung« bezeichnen somit nicht so
sehr die Qualität einer unkritischen Musikrezeption, sondern
werden vor allem, da die Musik des »Venusberg-Mannes«
ihre Zuhörer eben nicht auf »Ozon« und »Keuschheit« (31)
verpflichten will, mit erotischen Konnotationen assozi-
iert.[23]

Auch der Erzähler selbst spielt mit der »Stellvertreterfunktion« der kultivierten Ebenen, indem Anspielungen auf und
Gespräche über Gemälde, Musik und Literatur ein vielfältig
verzweigtes Beziehungsgeflecht herstellen, das das Motiv der
Untreue in mehrfacher Brechung spiegelt und die Motivierung des Ehebruchs nuanciert und differenziert. Das promi-
nenteste und »gewichtigste« Beispiel für diese Technik der
symbolischen Verknüpfung bildet das Tintoretto zugeschriebene Gemälde, das dem Roman seinen Titel gab: *L'Adultera*
(Die Ehebrecherin vor Christus, nach Joh. 8,3–11). Konzeption und Motiventfaltung des Romans waren offenbar von
Beginn an auf das engste mit dem Gegenstand des Gemäldes
verknüpft. So erläutert Theodor Fontane 1880: »Der Titel

23 Die Funktion der Wagner-Anspielungen kann indes nicht eindeutig auf sol-
   che »atmosphärische« Zeichenhaftigkeit festgelegt werden. Es lassen sich
   darüber hinaus Parallelen zu Handlungsmuster, Figurenkonstellation und
   Szenerie verschiedener Wagner-Opern aufzeigen. Vgl. Heide Eilert, »Im
   Treibhaus. Motive der europäischen Décadence in Theodor Fontanes Ro-
   man *L'Adultera*«, in: *Jahrbuch der Deutschen Schillergesellschaft* 22 (1978)
   S. 496–517. Zur Bedeutung der Wagner-Anspielungen in *L'Adultera*: Dieter
   Borchmeyer, *Das Theater Richard Wagners. Idee – Dichtung – Wirkung*,
   Stuttgart 1982, S. 319 ff. Allerdings befinden sich die bürgerlich-untragi-
   schen Figuren Fontanes in krassem Gegensatz zur »heroischen« Welt der
   Wagner-Opern. Auch sollte dabei Fontanes höchst kritische Einstellung zu
   Wagner und Wagner-Kult als mögliche Folie für ironische Relativierung
   nicht vergessen werden (Hans-Otto Horch, »Ansichten des 19. Jahrhunderts. Theodor Fontanes Verhältnis zu Richard Wagner und dem Wagnerismus«, in: *Fontane-Blätter*, Bd. 6, H. 3, 1986, S. 311–324).

>L'Adultera< bezieht sich nicht auf meine Heldin, sondern auf
den berühmten Tintoretto dieses Namens, mit dem die
Geschichte (im 2. Kapitel) beginnt und auf der letzten Seite
schließt. Die Beziehungen ergeben sich von selbst. Ich
bedurfte dieses Apparats, um die Geschichte nicht bloß auf-
hören, sondern auch kunstgemäß (Pardon) abschließen zu
lassen.«[24]

Nicht ohne Selbstsicherheit begründet Fontane diese Wahl
mit seinen Ansprüchen an das »Kunstgemäße« seines erzählerischen Verfahrens; allerdings scheint er das mit einer gewissen Ironie als »Apparat« bezeichnete Instrument selbst nicht
ohne Zwiespältigkeit zu betrachten. So kommen ihm bald
Bedenken, daß »der Titel als *Buch*titel zu schreiig« sein
könnte,[25] weshalb er schließlich doch für den schlichteren
Titel »Melanie van der Straaten« plädiert.[26] Bekanntlich hat
sich Fontane von seinem Verleger dazu bestimmen lassen,
statt des dezenteren doch den zugkräftigeren Titel zu wählen,
eine offensichtlich als notwendig erachtete Konzession des
Künstlerischen an das Kommerzielle. Die von Fontane selbst
vorgebrachten Einwände beziehen sich nun allerdings vorrangig auf die indiskrete Direktheit des Titels, während
spätere Kritiker den forcierten und überdeutlichen Symbolcharakter des Bildes in seiner deutenden und vorausdeuten-
den Funktion monierten.[27] In der Tat mag die explizite

---

24 An Julius Grosser, 4. oder 5. April 1880 (Dichter, II,263 f.).
25 An Wilhelm Friedrich, 19. Februar 1881 (ebd., S. 264).
26 »Zu ›L'Adultera‹ ließ ich mich bestimmen, weil das Spiel mit dem L'Adul-
   tera-*Bild* und der L'Adultera-*Figur* eine kleine Geistreichigkeit, ja was mehr
   ist: eine rundere Rundung in sich schließt [!]. In dieser Gegenüberstellung
   und Parallele lag etwas Verlockendes, das mich anderweite Bedenken zurückdrängen ließ. Aber freilich, diese Bedenken sind mir immer wiederge-
   kommen und haben ihren Grund darin, daß es mir aufs äußerste widerstand
   und noch widersteht, einer noch lebenden und trotz all ihrer Fehler sehr
   liebenswürdigen und ausgezeichneten Dame, das grobe Wort ›L'Adultera‹
   ins Gesicht zu werfen.« (An Salo Schottländer, 11. September 1881; Dichter,
   II,266.)
27 »Durch den dauernden Bezug auf Tintorettos Bild der Ehebrecherin
   bekommt das Werk etwas gewollt Symbolisches, was dem realistischen

Direktheit erstaunen, mit der der Erzähler bereits im zweiten
Kapitel des Romans auf die Installation des »Apparates«
zusteuert, werden auf diese Weise doch scheinbar überdeut-
lich Bezüge formuliert und Zusammenhänge hergestellt, die
das Verständnis der weiteren Entwicklung als Bedingungs-
kontext stark determinieren.[28]

Gleich nach dem Eintreffen der Gemäldekopie aus Venedig
führt van der Straaten seiner Frau das Bild vor, und diese
betrachtet es nachdenklich: »Es ist eigentlich ein gefährliches
Bild [. . .]. Und ich kann mir nicht helfen, es liegt so was
Ermutigendes darin. [. . .] Und daß ich dir's gestehe, sie wirkt
eigentlich rührend auf mich. Es ist so viel Unschuld in ihrer
Schuld . . . Und alles wie vorherbestimmt.« (9 f.) Nun denn,
mag sich der Leser nach der Lektüre solcher Kommentare
sagen, komme, was kommen mag, es ist deutlich genug, was
das Bild an dieser Stelle »be-deutet«. Erst recht läßt van der
Straatens schicksalsfürchtige Erläuterung, er wolle das Bild
»so als Memento mori« vor Augen haben (11), an Klarheit
nichts zu wünschen übrig. Wie steht es aber wirklich mit der
überdeutlichen Symbolträchtigkeit des Bildes? Ist die gezielte
Phasen- und Ausgangsvorausdeutung die einzige bzw. zentrale Absicht seiner Einfügung? Wie geht der Erzähler damit
um, und wie läßt er seine Figuren damit umgehen?

Bedeutsam ist hier, daß das Gemälde von den Hauptpersonen
des Romans gleichsam »privatisiert« wird. Man besichtigt es
nicht im Museum – das ist vor Beginn des Romans in Venedig
geschehen –, also an öffentlicher Stelle, vielmehr hat van der
Straaten es in die intime Atmosphäre des Wohnzimmers

Grundcharakter störend zuwiderläuft« (Wandrey, S. 172). Noch I. Mittenzwei spricht von einem »nahezu zentnerschweren Symbol« und einem »be-
mühten symbolischen Arrangement« (S. 32).

28 Die »symbolische« Integration von Gemälden und Gesprächen über sie ist in
anderen Romanen Fontanes eher durch das Subtile der impliziten Verwei-
sung gekennzeichnet. Ein Beispiel hierfür ist etwa die Bedeutung des Qued-
linburger Portraits der Aurora von Königsmark für Cécile, deren Implikationen durch literarische Assoziationen differenziert werden. Vgl. dazu
Plett, S. 175 ff.

geholt – und zwar als *Kopie*. Erst mit diesem Stichwort ist das eigentlich »zentrale Motiv der Erzählung« angesprochen.[29] Die wesentliche Frage ist somit nicht, *ob* oder wann das angedeutete Geschehen eintreffen wird, sondern *in welcher Weise* die betroffenen Personen sich damit auseinandersetzen: Handelt Melanie und versteht sie ihr Handeln als individuell oder als »Kopie der Kopie«?

Zudem steht nicht das Gemälde als Gegenstand im Mittelpunkt dieser Szene; auch wird dem Leser keine sachlich-objektive Bildbeschreibung vermittelt, die sich mit der Präsentation des Tatsächlichen befaßte. Was hier diskutiert wird, ist vielmehr ein »sekundäres« Bild: Das Gespräch erörtert die subjektiv gefilterte Wahrnehmung und Auffassung der Figuren von diesem Bild, Einstellungen, die sie als Voraussetzungen an die Interpretation des Gemäldes herantragen oder die sich im Laufe der Auseinandersetzung mit ihm entfalten. Diese Form der »indirekten Präsentation« eines künstlerischen Gegenstandes ist vergleichbar mit Fontanes Technik, ein Theaterstück als Korrelativ in die Romanhandlung zu integrieren.[30] Hier wie dort liegt der Schwerpunkt der Gestaltung auf der Ebene der Rezeption durch die Romanfiguren: ihren Reaktionen und Reflexionen, Kommentaren und Gesprächen gilt die Aufmerksamkeit der erzählerischen Vermittlung. Wie das Bühnengeschehen, so konzentriert und reflektiert auch die im Gemälde dargestellte Szene Emotionen und Handlungen im Romangeschehen und löst selbst wiederum Emotionen und Handlungen aus, die die weitere Entwicklung beeinflussen. Die Konfrontation mit der im Kunstwerk repräsentierten Wirklichkeit bedeutet für die Figuren Fontanes die Konfrontation mit dem Spiegelbild ihrer eigenen Realität, die sublimierte Abstraktion oder das pointierte

29 Müller-Seidel, S. 172.
30 Z. B. Zacharias Werners Lutherdrama *Die Weihe der Kraft* in *Schach von Wuthenow*, *Ein Duell unter Richelieu* von Lockroy/Badon in *Graf Petöfy* oder Shakespeares *Heinrich IV.* in *Unwiederbringlich*.

Abbild eines durchlebten oder künftigen Dilemmas.[31] Van
der Straaten sieht die Bedeutung der Bildaussage in der möglichen Parallele und Entsprechung – für ihn selbst ist in diesem
Falle nicht das Gemälde als künstlerischer Gegenstand an sich
wichtig, sondern seine subjektiv interpretierte Funktion als
Mahnung und Vorausdeutung. Indem Fontane die Romanfigur selbst diese Uminterpretation zur Vorausdeutung vornehmen läßt, werden Ernst und Gewichtigkeit der Antizipa-
tion relativiert, ihre Eindeutigkeit mit einem Fragezeichen
versehen. Melanie setzt sich unmittelbarer mit der subjektiven Wirkung der Bildaussage auseinander; sie versucht sich
nachdenklich in den Ausdruck einzufühlen und bringt der
Ehebrecherin Verständnis und Mitgefühl entgegen, eine Haltung, die ihre Einstellung zu ihrem eigenen Ehebruch antizipiert. Zur möglichen Identifikationsfigur wird Tintorettos
Ehebrecherin jedoch erst durch van der Straatens Intention
stilisiert. Melanie selbst weist eine solche einsinnige Gleichsetzung nicht nur in diesem Gespräch mit ihrem Mann
zurück, sondern lehnt sie auch später, in ihrem Verhalten
nach dem Ehebruch, ab.

Das Gespräch über die an das Bild geknüpften Assoziationen
wird in einem Ton und in einer Form geführt, in denen
»Scherz und Ernst geschickt zusammen[klingen]« (4). Für
beide ist hier die Notwendigkeit gegeben, »einmal aus sich
herauszugehn« (11), so daß »das Gespräch eine viel persön-
lichere Richtung nahm als bei früheren Gelegenheiten« (13).
Doch die schlagfertigen Reparties und das geistreiche Spiel
mit der Anspielung lassen sich nicht auf pessimistischen Fatalismus ein; sie umspielen die lastende Schwere des Ernstes,
stellen sie in Frage und heben sie schließlich auf: »das
Medium des Gesprächs, der geistreichen Konversation, fil-
tert das Implizierte [. . .] und bewirkt dadurch, daß das Kapi-

31 Vgl. dazu auch Werner Schwans grundsätzliche Ausführungen über »das
   Problem der Kommunikation zwischen Werk und Adressat«: »Die Zwie-
   sprache mit Bildern und Denkmalen bei Theodor Fontane«, in: *Literatur-
   wissenschaftliches Jahrbuch* N.F. 26 (1985) S. 151–183.

tel, das dieses Symbol so emphatisch in den Mittelpunkt stellt, gerade nicht ›ernst und schwermütig‹ wird.«[32]

Das L'Adultera-Gespräch schließt mit einem bewußten erneuten Aufgreifen der inhaltsschweren Worte und der Rückkehr in den heiter neckenden, scheinbar oberflächlichen Konversationston. Melanie verläßt die Szene, die keine »Szene« werden sollte, mit den in scherzhaftem Pathos gesprochenen Worten: »Und nun gehab dich wohl, mein Dänenprinz, mein Träumer. Sein oder Nichtsein … Variationen von Ezechiel van der Straaten!« (12) Die van der Straatenschen Variationen kreisen stets um einen eng begrenzten Aspekt des Themas Sein oder Nichtsein: die von ihm wie von Hamlet in Zweifel gezogene Fähigkeit der Frauen zur Treue. Nicht auf der Ebene der Figuren, wohl aber auf der Ebene des Erzählers präludiert die Anspielung die literarisch verbrämte Modulation des Untreuemotivs, mit der van der Straaten ungewollt selbst die Wendung beschleunigt. Des Kommerzienrats Monologe, die die Struktur der Gespräche in Löbbeckes Kaffeehaus prägen, beschäftigen sich stets aufs neue mit der verführerischen weiblichen Erotik und steuern immer wieder auf sein Kardinalthema zu: Unstetigkeit und Schwäche der Frauen und ihre Unfähigkeit zur Treue. Noch vor seinen indezenten Überlegungen zum Inhalt »eines wundervollen Kallipygos-Epigramms« (63), die den Aufbruch der Gesellschaft in einem doppelten Sinne veranlassen, führt sein kompromißloses Festhalten an Lieblingsthema und Lieblingsredeweise jene Situation herbei, in der sich die Ablösung und innere Distanzierung Melanies von ihrem Mann endgültig vollzieht. Die »in einer absichtlich spöttischen Singsangmanier« gesprochenen Reimzeilen – »Aber sei weiß wie Schnee und weißer noch. Ach, die Verleumdung trifft dich doch« (62) – vereinen in fataler Sorglosigkeit die Anfangs-

---

32 Mittenzwei, S. 32. Ähnlich argumentiert auch Peter Wessels, »Konvention und Konversation. Zu Fontanes *L'Adultera*«, in: *Dichter und Leser. Studien zur Literatur*, hrsg. von Ferdinand von Ingen [u. a.], Groningen 1972, S. 163–176.

verse eines niedlich-sentimentalen Kinderliedes mit dem erbitterten Angriff Hamlets auf die Treue der Frau.[33] Die mißratene Pointe des redseligen Monologs entfaltet ihre unbeabsichtigte Wirkung im Schweigen. Rubehn wendet sich ab, und Melanie, die sein Mißfallen bemerkt, schämt sich zutiefst ihres Mannes. Rubehn und Melanie wenden sich im gleichen Augenblick von van der Straaten ab; Rubehn äußerlich durch seine Geste, Melanie innerlich durch ihre Scham. Mit der Bootsfahrt im folgenden Kapitel wird dieses gemeinsame Sich-Abwenden im Einander-Zuwenden fortgeführt. Die Erinnerung an die taktlose Bemerkung, die Atmosphäre, in der sie entstand und die Auswirkungen, die sie hatte, ruft van der Straaten unbedacht selbst wach, wenn er ausgerechnet dann eine sehr ähnliche Formulierung zu Hilfe nimmt, als er Melanie zum Bleiben bewegen will (102). Auch diese ungeschickte Reminiszenz also ein Element der verletzenden »Form, in die sich seine Nachsicht kleidete« (102).

Da Analysen des L'Adultera-Gesprächs in diesem 2. Kapitel bislang das Augenmerk vor allem auf den Symbolcharakter des Gemäldes richteten, wurden andere Bezüge und Anspielungen meist eher beiläufig behandelt. Eben jene Elemente der geistreichen Konversation, Zitate, Anspielungen und Anklänge, präsentieren und umspielen jedoch weitere wichtige Motive, deren »eigentliche« Bedeutung über den unmittelbaren Gesprächskontext hinaus im Fortgang des Erzählens erhellt und differenziert wird.[34] Die weiterführenden Spuren, die im L'Adultera-Gespräch angelegt sind, können hier

---

33 Friedrich J. Bertuchs Kinderlied *Das Lämmchen* beginnt »Ein kleines Lämmchen weiß wie Schnee«; »sei so keusch wie Eis, so rein wie Schnee, du wirst der Verleumdung nicht entgehen« ist ein Teil der zynischen Mitgift, die Hamlet Ophelia mit auf den Weg gibt (III,1). Vgl. dazu auch Meyer (s. Anm. 7) S. 164 f.

34 So z. B. Melanies Beobachtung der tanzenden Schneeflocken (vgl. Demetz, S. 182 f.) oder der kurze Wortwechsel über Wieland den Schmied als Auftakt der Wagner-Diskussion im Roman sowie die Einführung des vielschichtigen Venedig-Motivs. Vgl. Grawe, 1980, S. 237, sowie Eilert (s. Anm. 23) S. 513 ff.

nur teilweise aufgegriffen und nur ansatzweise verfolgt werden. Doch selbst in dieser Verkürzung illustrieren sie wesentliche Elemente Fontanescher Erzählkunst. Die »bedeutungsvolle Beweislast« liegt nicht allein auf einem zentralen Symbol und seinen mehr oder minder deutlichen Implikationen. Anspielungen und Motivanklänge, deren modifizierende und relativierende Funktion erst in der Entfaltung des Erzählvorgangs angemessen erfaßt werden kann, differenzieren die zunächst scheinbar eindeutige Akzentuierung und verlagern ihre Gewichtung. Im Eröffnungskapitel und im L'Adultera-Gespräch sind die für den Roman zentralen Themenkreise und Motivkomplexe in nuce vorgezeichnet. Sie schaffen eine »Vorbedingung«, die im weiteren Verlauf des Erzählens immer wieder eingeholt und überprüft, diskutiert und korrigiert wird. Gespräche und Handlungsweisen der Figuren setzen sich explizit oder implizit mit der Verbindlichkeit der so gegebenen Vorbedingungen auseinander und führen auch in dieser Dimension das Spiel mit Vor-Bild und Kopie fort.
Auch die sich unter den Augen des Lesers entwickelnde Beziehung zwischen Melanie und Rubehn hat sich mit solchen »Vorbedingungen« und Erklärungsmustern auseinanderzusetzen. Die Art und Weise aber, wie der Erzähler die Konfrontation mit Muster und Klischee gestaltet, verlangt nicht nur eine aufmerksame Überprüfung ihrer Stimmigkeit und Überzeugungskraft, sondern fordert gleichzeitig dazu auf, nicht das Klischee an sich, wohl aber seine erzähltechnische Funktion und Integration ernstzunehmen. Die oft erhobenen Vorwürfe gegen Motivierung und Vermittlung der Liebesgeschichte mit Rubehn gründen in dem bloß vordergründigen Konstatieren scheinbar banaler Inszenierungen. Annäherung und Bekenntnis bei abendlicher Bootsfahrt, untermalt von schwermütigem Gesang (66–68) – romantisierende Idylle; »Palmen, Orangerie, ironisierter Wagnerkultus, Küsse und Schwüre«[35] –, aufdringliche Sentimentalität,

35 Demetz, S. 138; die folgenden Zitate ebd., S. 135.

die in die »Niederungen des Kitsches« sinkt; Versöhnung, ungetrübtes Glück in der zweiten Ehe und happy ending – »billige Gartenlauben-Konzilianz«. Soweit die oberflächliche Diagnose – allerdings sind die Symptome so eindeutig nicht. Denn auch in dieser Hinsicht entspricht die Konfrontation mit und Spiegelung in Prädisposition und Präfiguration »Fontanes Tendenz, Parallelfälle zu schaffen«[36]. Das Prinzip der Parallelisierung ist über den situativen und charakterisierenden Vergleich von Präfiguration und Realisierung bzw. »Original« und »Kopie« hinaus in der kompositorischen Zuordnung einzelner Szenen aufzuzeigen.

Mit der stimmungsvollen Bootsfahrt greift Fontane ein »trivialliterarisches Szenenmuster«[37] auf, doch exponiert er es bewußt als ein Klischee. Das »Romantische« der Situation wird merklich gedämpft und leise ironisiert durch die vorher formulierten Voraussetzungen, die dieses Szenenmuster auch als ein Klischee der geselligen Landpartie zu erkennen geben. Bei der Vorbereitung des Ausflugs wird die Absicherung des vertrauten Musters gleichsam vorweg inszeniert, indem van der Straaten die erforderlichen »Requisiten« einplant: »Arnold und Elimar verstehen sich von selbst. Eine Wasserfahrt ohne Gesang ist ein Unding. Dies wird selbst von mir zugestanden.« (51) Der Hinweis auf dieses unentbehrliche Versatzstück wird rückblickend zur Prämisse, die das Kommende ironisch relativiert.[38] In der Tat sind es, wie vorhergesehen, die beiden Maler, die die Lieder anstimmen. Während die Lieder für Melanie und Rubehn gleichsam die »akustische Kulisse« bilden, vor deren Hintergrund sich das verschwiegene Geständnis der Zuneigung vorbereitet, wird dem Leser verweigert, in lyrisierender Stimmungsuntermalung zu

---

36 Friedrich (s. Anm. 10) S. 363.
37 Gottfried Zeitz, *Die poetologische Bedeutung des Romans »L'Adultera« für die Epik Theodor Fontanes*. Diss. Frankfurt a. M. 1977, S. 145.
38 Eine weitere ironische »Vorbedingung« bildet das vor der Bootsfahrt stattfindende Gespräch zwischen van der Straaten und Friederike von Sawatzki über Rubehn (66).

schwelgen, werden ihm doch Text und Inhalt der vertonten Gedichte[39], die Melanies Gefühle unterstreichen und Reaktionen hervorrufen, verschwiegen. Erst das Einsetzen des hier Ausgesparten und kryptisch Angedeuteten läßt deutlich werden, daß die Lieder kaum geeignet sind, eine bloß sentimentale Stimmung der Szene zu unterstreichen, vielmehr Melanies individuelle Gestimmtheit und ihre psychologische Disposition in dieser Situation sehr subtil nachzeichnen und reflektieren. Besonders das zweite Lied, in dem das lyrische Ich durch den Wunsch, der Geliebten schützend beistehen zu können, Verehrung und Zuneigung ausdrückt, muß Melanie als positives Gegenbild zu der oft gefühlsseligen, aber kaum sehr einfühlsamen Redeweise ihres Mannes erscheinen, dessen Verhalten in der eben erlebten Szene dem Ideal des Liedes aufs äußerste widerspricht. Wiederum werden »Parallelfälle« geschaffen, deren Angemessenheit und Stimmigkeit zur Diskussion gestellt wird. – Die mit den Liedern eingeführten Motive klingen erneut in der Treibhausszene an (83), als Rubehn die Erinnerung an die Bootsfahrt und die für Melanie damit verbundenen Assoziationen wachruft. Melanies Verhalten gibt hier die Antwort auf Rubehns Frage, die am Ende der Bootsfahrt offengeblieben war. Doch ist nicht nur die Form, in die sich das Liebesgeständnis kleidet, bereits vertraut; auch die Szenerie, in der sich die Liebesbegegnung abspielt, wurde in einem Gespräch, in dem »Scherz und Ernst geschickt zusammenklingen«, entworfen. Melanies scherzhafte Phantasie über die feierliche Hochzeit des Gärtners Kagelmann im Palmenhaus (81) hat tiefere Bedeutung und bereitet die Bühne für ihren eigenen Auftritt in gleicher Szene (82) vor.[40] Feierlich auch das von dem ahnungslosen van der Straaten gesprochene Schlußwort der Szene: »von diesem

39 Thomas Haynes Bayly, *Long, long ago*; Robert Burns, *O wert thou in the cauld blast* (*Oh säh ich auf der Heide dort*); Eduard Mörike, *Schön-Rohtraut.*
40 Vgl. dazu auch Mittenzwei, S. 42.

Tag an datiert sich eine neue Ära des Hauses van der Straaten« (84).

Als ein Spiel mit der Ernsthaftigkeit von Anspielung und Klischee erweist sich auch der vom Erzähler mit distanzierender Ironie dargebotene Versuch einiger »Esoterischer«, eine chemisch-literarische Formel für das anhaltende Glück der Eheleute Rubehn zu finden, indem sie »den ganzen Fall auf die Wahlverwandtschaften zurück[führen]« (142). Der Versuch, Vergleichbares zu finden, Geschehen und Ergebnis als gesetzmäßig unaufhaltsam ablaufenden Vorgang einzuordnen, zu kategorisieren und als Parallele mit einem »Original« in Beziehung zu setzen, ignoriert jedoch den für Melanies Selbstverständnis wesentlichen Punkt: ihre Entscheidung und Handlungsweise als individuell bestimmten und aktiv gestalteten Prozeß aufzufassen. Dem symbolischen Paradigma der Wahlverwandtschaften, wie es Goethes Eheroman zugrunde liegt,[41] sind als Erklärungsmuster für Melanies Ehebruch und Neubeginn enge Grenzen gesetzt. Nicht naturmagische Affinität und übermächtige Leidenschaft bestimmen ihre Beziehung zu Rubehn, sondern die bewußte Entscheidung für die Verwirklichung des individuellen Glücks, der Versuch der Selbstfindung und Selbstbestimmung als Befreiung aus Muster, »Kopie« und Präfiguration. Hatte Melanie sich dem mahnend »Vorbildhaften« der L'Adultera-Präfiguration noch mit unbestimmtem Unbehagen entzogen, so weist sie das oberflächlich tolerante, aber verletzend nivellierende Identifikationsmuster des »Alles ist schon einmal dagewesen«, das van der Straaten als »goldne Brücke« anbietet (103), um so entschiedener zurück. Der Anspruch, »mich vor mir selber wieder herzustellen« (104), beinhaltet auch das Bestreben, sich *als* sich selber wieder herzustellen und sich von Vorbildern und Abbildern jeglicher

---

41 Zum Motiv der Wahlverwandtschaften und seiner Übertragung bzw. Umkehrung in *L'Adultera* vgl. Jürgen Kolbe, *Goethes »Wahlverwandtschaften« und der Roman des 19. Jahrhunderts*, Stuttgart/Berlin/Köln 1968, S. 156 ff.

Art zu emanzipieren. Erklärungsmuster und Vergleichsfiguren – sei es die Figur der büßenden Magdalena (103) oder die Formel der Wahlverwandtschaften – erweisen sich am Ende des Romans als unangemessen und überholt: »so geht es nicht. Ich bin doch anders« (97) – Melanies Einwand, mit dem sie den Vergleich mit dem scheinbar ähnlich gelagerten Fall der Vernezobres widerlegt, wird damit bestätigt.

Der glückliche Schluß des Romans erscheint in mehrfacher Hinsicht untypisch. Untypisch ist er in der entschiedenen Distanzierung Melanies vom Typus der »gefallenen Frau«, untypisch auch im Hinblick auf den Erwartungshorizont der zeitgenössischen Gesellschaft innerhalb und außerhalb des Romans, wie die Reaktionen vieler Leser und Rezensenten zeigten. Man brachte kein Verständnis dafür auf, daß der glückliche Ausgang den Ehebruch gleichsam sanktioniere, indem er sich über den Dualismus von Schuld und Sühne hinwegsetzte. Fontane mokierte sich über »diesen öden Sittlichkeitsstandpunkt«,[42] der ihm »viel Ärger und Angriffe« eintrug.[43] Untypisch ist der Schluß schließlich im Vergleich mit den Schlußwendungen späterer Fontanescher Romane – ein »Ausnahmefall« also.[44] Der Romanschluß trägt zweifellos Züge des sentimentalen und des märchenhaften Idylls[45]; bedarf jedoch der Vorwurf der Unglaubwürdigkeit und der Trivialität nicht der Überprüfung? Melanie verdankt die Wendung ihres Schicksals nicht einem zu ihrer Rettung herbeizitierten deus ex machina, sondern ihrer eigenen Tat-

---

42 An Wilhelm Hertz, 16. Januar 1882 (Dichter, II,268).

43 An Joseph V. Widmann, 27. April 1894 (*Briefe in zwei Bänden* – s. Anm. 2 –
    II,329). – Zur zeitgenössischen Wirkung vgl. den Überblick in A
    III,559–565.

44 Vgl. Fontanes Brief an Georg Friedlaender vom 28. März 1889: »So gut wie
    mit der Frau Ravené, die als Frau Simon ein neues, besseres Leben anfing, –
    so gut schließt es nicht immer ab. Ja der Frau Ravené-Fall ist ein Ausnahmefall.« (Dichter, II,272)

45 Zur Funktion des Idylls in *L'Adultera*, »eine Entwicklung in der Beziehung
    zwischen Individuum und Gesellschaft zu kommentieren«, vgl. Kahrmann,
    S. 103–109.

kraft[46] und Entschlossenheit, die Verwirklichung ihres Glücks selbst in die Hand zu nehmen – *und* der nun versöhnlichen Haltung der Gesellschaft, die sie zuvor verurteilt hatte. Die Verwirklichung des individuellen Glücksanspruchs läuft den Normen und Konventionen der Gesellschaft zuwider, führt aber am Ende zur Reintegration in eben diese Gesellschaft – nicht als resignative Affirmation, sondern mit einem deutlichen Zug von praktischem Selbstbewußtsein, der sich gegen den Verdacht der Sentimentalität und Trivialität behaupten kann.[47] Die Gestaltung des Romanschlusses fügt sich nicht mit bruchloser Kontinuität in den im Erzählverlauf angelegten Motivationsnexus ein,[48] darf aber zumindest als konsequente Einlösung dessen verstanden werden, was die Figuren und ihr Erzähler von Beginn an unterstrichen: ihre distanzierende Haltung zum tragischen Pathos.[49] Diese Vor-

46 Demetz' Polemik gegen das »Märchen vom Auslandskorrespondenten Rubehn und der Sprachlehrerin Melanie« (S. 135) ist mit H. Eilert entgegenzuhalten, »daß Fontane hier die einzige Möglichkeit beruflicher Tätigkeit wählte, die einer Frau aus der bürgerlichen Gesellschaft damals offenstand« (Eilert – s. Anm. 23 – S. 517). Vgl. in diesem Zusammenhang auch Reuters Ausführungen zur »Frauenthematik« in Fontanes Romanen (S. 640 ff., 677 ff.) sowie Hanni Mittelmanns streckenweise, allerdings nicht hinreichend begründete Wertung des Schlusses als »konkrete Utopie« (*Die Utopie weiblichen Glücks in den Romanen Theodor Fontanes*, Bern / Frankfurt a. M. / Las Vegas 1980, S. 76).

47 Mende verteidigt den Roman energisch gegen den Vorwurf der Trivialität und kommt zu dem Schluß: »Anstatt über das angeblich Triviale zu klagen, wäre es besser gewesen, darüber nachzudenken, warum Glückszustände, dazu noch andauernde, soviel schwerer (in Prosa) zu fassen sind als solche des Unglücks. Der Bruch im Roman ist der Widerstand, den der Stoff der ästhetischen Transformation objektiv setzt, und daher notwendig.« (Mende – s. Anm. 21 – S. 209) Vgl. auch Pierre Banges Überlegungen zu »Tentation d'un retour à l'harmonie« (Bange, S. 161 ff).

48 Zur Kritik an der »ideologischen und ästhetischen Inkonsistenz« der »idyllischen Lösung« vgl. Gerhard R. Kaiser (»›Das Leben, wie es liegt‹ – Fontanes *L'Adultera*. Realismuspostulat, Aufklärung und Publikumserwartung«, in: *Text, Leser, Bedeutung. Untersuchungen zur Interaktion von Text und Leser*, hrsg. von Herbert Grabes, Großen-Linden 1977, S. 107–110) sowie die Entgegnung H. Eilerts (s. Anm. 23; S. 511).

49 Bereits Reuter (S. 687) hat in einem ähnlichen Zusammenhang für eine vorsichtigere Beurteilung des Schlusses plädiert: »Vorbereitung, Katastrophe

bedingung, die Motivierung und Disposition der Handeln-
den, und nicht zuletzt ihre Bereitschaft, sich mit den gesell-
schaftlichen Gegebenheiten zu arrangieren, macht diesen
Schluß für den Gesellschaftsroman *L'Adultera* noch möglich.
Daß die Hoffnung auf die Versöhnlichkeit und Toleranz der
Gesellschaft hier bestätigt wird und die Aussöhnung der
Gegensätze unter diesen Vorzeichen gelingen kann, macht
L'Adultera zum »Ausnahmefall« unter den Romanen Fon-
tanes.

und Lösung verlaufen grundsätzlich anders [als in anderen Romanen Fonta-
nes], untragisch. Man sollte es sich überlegen, daraus, insbesondere aus dem
Schluß des Werkes – wie es oft geschehen ist –, auf eine noch ›mangelhafte
Gestaltungskunst‹ zu schließen [. . .]. Bereits die Art der Exposition müßte
stutzig machen.«

Literaturhinweise

Beck, Konrad: Die Ravenés. In: Mitteilungen des Vereins für die Geschichte Berlins 81 (1985) S. 310–313.

Eilert, Heide: Im Treibhaus. Motive der europäischen Décadence in Theodor Fontanes Roman »L'Adultera«. In: Jahrbuch der Deutschen Schillergesellschaft 22 (1978) S. 496–517.

Friedrich, Gerhard: Das Glück der Melanie van der Straaten. Zur Interpretation von Theodor Fontanes »L'Adultera«. In: Jahrbuch der Deutschen Schillergesellschaft 12 (1968) S. 359–382.

Kaiser, Gerhard R.: »Das Leben, wie es liegt« – Fontanes »L'Adultera«. Realismuspostulat, Aufklärung und Publikumserwartung. In: Text, Leser, Bedeutung. Untersuchungen zur Interaktion von Text und Leser. Hrsg. von Herbert Grabes. Großen-Linden 1977. S. 99–119.

Mende, Dirk: Frauenleben. Bemerkungen zu Fontanes »L'Adultera« nebst Exkursen zu »Cécile« und »Effi Briest«. In: Fontane aus heutiger Sicht. Hrsg. von Hugo Aust. München 1980. S. 183–213.

Wessels, Peter: Konvention und Konversation. Zu Fontanes »L'Adultera«. In: Dichter und Leser. Studien zur Literatur. Hrsg. von Ferdinand van Ingen [u. a.]. Groningen 1972. S. 163–176.

Zeitz, Gottfried: Die poetologische Bedeutung des Romans »L'Adultera« für die Epik Theodor Fontanes. Diss. Frankfurt a. M. 1972.

JOHN OSBORNE

Schach von Wuthenow

»Das rein Äußerliche bedeutet immer viel . . .«

Er »ist ein schöner Mann, und ich begreife die Damen vollkommen, die zu seiner hellen und heiteren Erscheinung auf-
sehn. [. . .] Imposant und doch zugleich in gefälliger Weise
für sich einnehmend, routiniert und von einem nicht unge-
rechtfertigten Selbstbewußtsein getragen, wird er in seinem
Rollenfache, das das des Helden und Liebhabers in sich vereinigt, nie ganz fehlgreifen und billigen Ansprüchen allemal
genügen.«[1]
So schrieb Fontane 1884 – nicht über den Titelhelden seiner
zwei Jahre vorher erschienenen Novelle *Schach von Wuthenow*, sondern über den Schauspieler Josef Nesper. 1874–84
war Nesper ein führendes Mitglied des Meininger Hoftheat-
ers, dem solch repräsentative Rollen wie Julius Caesar und
der Große Kurfürst in Kleists *Prinz Friedrich von Homburg*
anvertraut wurden. Da die Meininger in privaten Theatern
gastierten, traf der kritische Blick Fontanes ihn zunächst
nicht; 1884 aber wurde er am Königlichen Schauspielhaus
engagiert, und sofort begann Fontane über sein Spiel zu
schreiben, in Worten, in denen der von Bülow gegenüber
Schach angeschlagene Ton nachklingt: »Wir haben nichts als
den stattlichen, eine bestimmte Kraft repräsentierenden
Mann, aber diese ›bestimmte Kraft‹ ist nicht *die*, worauf es in
der Kunst ankommt«;[2] »Herr Nesper ist eine Art Bühnen-
Wildenbruch: äußre Wirkung über alles«.[3] Genau wie Schach

---

1 N XXII/2,284 f. (Rezension von Heinrich Laubes *Graf Essex*, Aufführung
  vom 4. Februar 1884).
2 Ebd., S. 318 (Rezension von Heinrich Laubes *Essex*, Aufführung vom 4. September 1884).
3 Ebd., S. 289 (Rezension von Ernst von Wildenbruchs *Die Karolinger*, Aufführung vom 10. Februar 1884).

habe Nesper jedoch seine Anhänger, namentlich, so deutet
Fontane an, unter den weiblichen Zuschauern; anders als
Bülow konnte Fontane aber letzten Endes nicht umhin, ihr
Urteil gelten zu lassen, denn einen Schauspieler wie Nesper
umgebe schon durch seine physische Erscheinung eine Aura,
die auf der Bühne viel wirkungsvoller sei, als die technisch
überlegene Kunst eines Akteurs wie Maximilian Ludwig:
»Bei der großen Macht, die das *Bild* ausübt, weil es, von der
Bühne her, unausgesetzt auf uns wirkt, möchte ich die Frage
beinahe zugunsten [Nespers] entscheiden. Das rein Äußerliche bedeutet immer viel und mitunter alles«.[4]

Schach von Wuthenow ist ein sehr theatralisches Werk: Die
Personenzahl ist beschränkt, Akte bzw. Szenen sind deutlich
markiert, Auftritte und Abgänge haben fast immer einen dra-
matischen Charakter, Gespräche werden deklamatorisch
vorgetragen, gleichen häufig einem Rededuell und scheinen
manchmal einem Publikum zu gelten, das größer ist als das
unmittelbar angesprochene; es gibt präzise Anweisungen,
was Beleuchtung, Kostüm und stummes Spiel betrifft. Abgesehen von wenigen Szenen bleibt man im Innenraum, sozusagen bei der geschlossenen Zimmerdekoration des realistischen Gesellschaftsdramas; die Handlung wird hauptsächlich durch Dialog vorangetrieben. Vor allem findet die
Geschichte in einer ausgesprochen theatralischen Umgebung
statt: »Das Theater ist die Stadt«, erklärt Prinz Louis Ferdinand (57); und dies wird durch das Regiment Gensdarmes
bestätigt, indem es durch seine Parodie von Zacharias Werners *Die Weihe der Kraft* das Theater auf die Straße bringt.[5]

Auf dieser Bühne spielt der schöne Schach seine Rolle; und es
kann kaum überraschen, daß Fontane in seiner Rolle als Kritiker ihm gegenüber die gleiche Ambivalenz zeigt wie in seiner Beurteilung des Schauspielers Nesper.

4 Ebd., S. 519 (Rezension von Goethes *Egmont*, Aufführung vom 5. November
  1887).
5 Vgl. Gerhard Kaiser, »*Schach von Wuthenow* oder Die Weihe der Kraft«, in:
  Jahrbuch der Deutschen Schillergesellschaft 22 (1978) S. 489 f.

Als eine von nur zwei in engerem Sinne historischen Erzählungen läßt sich *Schach von Wuthenow* neben *Vor dem Sturm* als Fontanes Antwort auf die Erwartungen einer Epoche verstehen, die in antiquarischer Manier an den konkreten Einzelheiten ihrer Vergangenheit fasziniert war und sich zugleich bemühte, jene Vergangenheit zu aktualisieren, indem man sie als Parallele oder gar als Vorgeschichte zu dem Deutschland darstellte, das siegreich aus dem Krieg von 1870–71 hervorgegangen war.[6] Conrad Ferdinand Meyer, Zeitgenosse Fontanes und in viel engerem Sinne historischer Novellist, bemerkte dazu in einem Brief vom 16. Januar 1871: »Die unabweisliche Aufgabe, einen historischen Stoff mit dem Leben der Gegenwart zu durchdringen, ist eben die schwerste von allen«.[7] Fontane machte es sich in seinen beiden historischen Erzählungen leichter, denn er wählte Ereignisse aus der Zeit eines früheren Napoleon und in Zusammenhang mit einem früheren preußisch-französischen Konflikt, der nach 1870 ins Zentrum des literarischen Blickfelds rückte. Auch lag der Stoff der beiden Erzählungen innerhalb des Erinnerungsvermögens der Großeltern, wenn nicht der Eltern der Zeitgenossen, dem Prinzip gemäß, worauf sich Fontane in Anlehnung an Scott in seiner Besprechung von Freytags Romanzyklus *Die Ahnen* berief: »Der Roman soll ein Bild der Zeit sein, der wir selber angehören, mindestens die Widerspiegelung eines Lebens, an dessen Grenze wir selbst noch standen oder von dem uns unsere Eltern noch erzählten«.[8]

Hinzu kommt die Tatsache, daß in beiden Werken den Lesern (namentlich den Berlinern) durch die präzise Beschreibung der nächsten Umgebung die besondere Freude des Wiedererkennens bereitet wurde: »es ist so spannend,

---

6 Vgl. Georg Jäger, »Stiftungslegenden des Kaiserreichs«, in: *Realismus und Gründerzeit: Manifeste und Dokumente zur deutschen Literatur, 1848–1880*, hrsg. von Max Bucher [u. a.], Bd. 1, Stuttgart 1976, S. 97–101.

7 *Briefe Conrad Ferdinand Meyers*, hrsg. von Adolf Frey, Leipzig 1908, Bd. 1, S. 33 (an Georg von Wyß).

8 N XXI/2,242 (Rezension von Gustav Freytags *Die Ahnen*).

man kennt ja alle Straßennamen«,[9] bemerkte die Frau von Professor Michael in Norderney, schon während die Novelle in Fortsetzungen in der *Vossischen Zeitung* erschien. Verständlicherweise, aber sehr zur Verstimmung Fontanes, fanden solche topographischen Aspekte am unmittelbarsten Anklang, und die deskriptiven Episoden wurden besonders hervorgehoben. Durchaus charakteristisch für diese Art von Rezeption war der Schluß der in der *Deutschen Litteraturzeitung* erschienenen Rezension:

> Am meisten [...] glückt ihm die Schilderung des Zuständlichen: wie er die Weinstube des Sala Tarone beschreibt, nicht äußerlich, sondern so, daß man alles sinnlich vor sich hat, den Geruch der Maibowle und des Hummers zu spüren meint; wie er die märkischen Landschaften von Tempelhof und Wuthenow in ebenso einfachen wie glücklichen Stimmungsbildern dem Leser vors Auge rückt, ist bewundernswert und zeigt den Autor der »Wanderungen durch die Mark« mit allen seinen Vorzügen.[10]

Mit seinem Lob hatte der Rezensent teilweise recht, denn in der sinnlichen Präsenz des Geschilderten liegt die Überlegenheit der Charakterisierungskunst Fontanes über diejenige Freytags, von dessen Gestalten Fontane, mit Blick auf *Die Ahnen* selbst sagte, sie seien »wie alles nicht auf eigenem Grund und Boden Gewachsene, schattenhaft«.[11] Dennoch irritierte Fontane eine solch selektive Anerkennung, war er doch darum bemüht, sich von seinem Ruf als Lokalhistoriker bzw. Wanderbuchautor zu befreien und sich als Romancier zu behaupten. In einem Brief vom 19. Januar 1883 klagt er gegenüber seinem Verleger:

> Die gesamte deutsche Presse verfolgt mir wie andern gegenüber, beständig den Zweck, einen bestimmten Schrift-

9 Propyläen Briefe, I,176 (an Emilie Fontane, 14. August 1882).
10 Zit. nach: *Erläuterungen und Dokumente: Theodor Fontane, »Schach von Wuthenow«*, hrsg. von Walter Wagner, Stuttgart 1980 [u. ö.], S. 84 f.
11 N XXI/2,245 f. (Rezension von Gustav Freytags *Die Ahnen*).

steller an eine bestimmte Stelle festnageln zu wollen. Es ist das das Bequemste. *Mein* Metier besteht darin, bis in alle Ewigkeit hinein, »märkische Wanderungen« zu schreiben; alles andre wird nur gnädig mit in den Kauf genommen. Auch bei Schach tritt das wieder hervor, und so lobt man die Kapitel: Sala Tarone, Tempelhof und Wuthenow. In Wahrheit liegt es so: von Sala Tarone hab ich als Tertianer nie mehr als das Schild über dem Laden gesehn. In der Tempelhofer Kirche bin ich *nie* gewesen und Schloß Wuthenow existiert überhaupt nicht, hat überhaupt nie existiert. Das hindert aber die Leute nicht zu versichern: »ich hätte ein besonderes Talent für das Gegenständliche«, während doch *alles*, bis auf den letzten Strohhalm, von mir erfunden ist, nur gerade *das* nicht, was die Welt als Erfindung nimmt: *die Geschichte selbst.*[12]

Zugleich protestiert Fontane auch gegen eine gewisse Verharmlosung seiner Arbeit. Durch den Versuch, die Aufmerksamkeit des Lesers vom unveränderten, anscheinend zeitlosen Milieu ab- und auf die offensichtlich zeitbedingte Geschichte hinzulenken, zumal durch das Hervorheben ihrer historischen Authentizität, gibt ihr Fontane jene kritische Dimension wieder, die seiner Intention nach erklärtermaßen an vorderster Stelle stand. Als er zwecks Veröffentlichung von *Schach von Wuthenow* an den Herausgeber der Zeitschrift *Nord und Süd*, Julius Grosser, eine Zusammenfassung schickte, schrieb er über die Novelle:

Sie [. . .] spielt in der Zeit von 1805 auf 6 und schildert den *schönsten* Offizier der damaligen Berliner Garnison, der, in einem Anfall von Übermuth und Laune, die liebenswürdigste, aber häßlichste junge Dame der damaligen Hofgesellschaft becourt. *So*, daß der Skandal offenbar wird. Alles tritt auf die Seite der Dame, so daß sich v. Schach anscheinend freudig zur Hochzeit entschließt, nachdem er vorher

12 Hanser Briefe, III,230 (an Wilhelm Friedrich).

durch allerlei Kämpfe gegangen. Die Kameradschaft vom Regiment Gensdarmes aber lacht und zeichnet Karikaturen, und *weil er dies Lachen nicht ertragen kann*, erschießt er sich unmittelbar nach dem Hochzeitsmahl, an dem er in heiterer Ruhe theilgenommen. Alles ein Produkt der Zeit, ihrer Anschauungen, Eitelkeiten und Vorurtheile.[13]

Die Unzweideutigkeit, mit der Fontane auf die zeitgeschichtliche Tendenz der Novelle verweist, und seine scheinbare Voreingenommenheit gegen den eigenen Helden spiegeln sich in zahlreichen Briefen an seine Zeitgenossen wider, ebenso in den alternativen Titeln, die erwogen wurden, als Fontane dieses Thema mit seinem Verleger erörterte: »*Gezählt, gewogen und hinweggetan* ist doch wohl am besten. Im Falle Sie derselben Meinung sind, würd' ich in das vorletzte Kapitel (Brief Bülows an Sander) diese Worte aufnehmen und dadurch den Titel eigens noch rechtfertigen«.[14]

Die Verharmlosung des Werks war die abwehrende Reaktion einer Gesellschaft, die eine dunkle Ahnung hatte, daß sie selbst durch diese angeblich historische Novelle angegriffen wurde. Auch dort, wo die Zeitnähe anerkannt wurde, wie in der Besprechung der zweiten Ausgabe durch Alfred Friedemann, will der Rezensent offenbar der Kritik die Spitze abbrechen oder an ihrer Schärfe vorbeisehen: »man möchte glauben, [Fontane] geißele, lächelnd, seit damals unverändert gebliebene Zustände der heutigen Zeit. So, wenn er auf das Verhältnis von Österreich und Preußen zu sprechen kommt; wenn einem Schauspieler ein Orden verliehen werden soll und gewisse Parteien sich ereifern [. . .].«[15] Doch das Zweite

---

13 Ebd., S. 176 (an Julius Grosser, 31. Januar 1882); vgl. Müller-Seidel, S. 135–137.

14 Ebd., S. 217 (an Wilhelm Friedrich, 5. November 1882). In Betracht kamen auch: *1806, Vor Jena, Et dissipati sunt, Vor dem Niedergang* und *Vanitas Vanitatum*; vgl. die Briefe an Gustav Karpeles (14. März 1880), Emilie Fontane (19. Juli 1882) und Wilhelm Friedrich (5. und 8. November 1882), Hanser Briefe, III, 65 f., 196 f., 216 f.

15 *Erläuterungen und Dokumente* (s. Anm. 10) S. 85.

Deutsche Kaiserreich hatte schwerwiegendere Mängel aufzu-
weisen als diese, und seit den frühen Gründerjahren wurde
Fontane sich deren zunehmend bewußt. In einem Brief vom
15. Januar 1880 an Mathilde von Rohr, die ihm zuerst das
Material zu *Schach* gegeben hatte, klagte er über die Entwer-
tung des Ehrbegriffs unter seinen Zeitgenossen: »Ich hab' in
dem Verkehr mit Hof und Hofleuten ein Haar gefunden; sie
bezahlen nur mit ›Ehre‹, und da diese ganze Ehre auch noch
nicht den Werth einer altgebackenen Semmel für mich hat, so
wird es mir nicht schwer darauf zu verzichten«.[16] Zehn Jahre
vorher hatte er aus französischer Gefangenschaft über jene
Borniertheit gespottet, auf welcher die maßlose Selbstüber-
schätzung seiner preußischen Zeitgenossen und ihre Verachtung der Leistungen anderer Nationen beruhten;[17] in *Vor
dem Sturm* findet diese Einstellung ihren Ausdruck in der
Kühle, mit der Hirschfeldt auf eine Napoleon-feindliche
Scharade seiner übermütigen Berliner Bekanntschaft reagiert:
»Hirschfeldt schwieg; er hatte sich draußen in der Welt im
Kampfe gegen den ›großen Feind der Menschheit‹ einen
Respekt vor ebendiesem Feind erworben, der ihn an Szenen,
in denen der renommistische Ton des Regiments Gensdarmes
nachklang, wenig Gefallen finden ließ«.[18] Zehn Jahre nachher wird Fontane beim Lesen der Memoiren des Ge-
neralstabsoffiziers Verdy du Vernois gewahr, wie knapp jene
Siege von 1870–71 errungen wurden und auf was für einer
fragilen Grundlage das damalige Selbstbewußtsein beruhte:
»Immer hing es am Haar. Und auch nur eine einzige Niederlage zu ertragen, waren wir kaum in der Lage«.[19] In seiner
vom Hofbuchdrucker Rudolf von Decker veröffentlichten,
aber vom Hof kühl rezipierten Geschichte jenes Krieges hatte
Fontane eine der wichtigsten, in der späteren Erzählung
gegen Preußen erhobenen Kritiken schon vorweggenommen.

16 Hanser Briefe, III,60.
17 N XVI,48 (*Kriegsgefangen*).
18 N I,418.
19 Hanser Briefe, IV,470 (an Julius Rodenberg, 12. August 1895).

Dort hatte er im Sedan-Kapitel in einer schwer durchsichtigen Folge von Zitat, Fußnote und Anmerkung zur Fußnote Auf- und Niedergang der militärischen Legende unter zwei feindlichen Nachbarn ironisch dargestellt:

»Mit dem 2. September«, so schrieb Karl Frenzel in der National-Zeitung, »beginnt ein neues Zeitalter, die Hegemonie des germanischen Geistes auf Erden. In ein Symbol, das Jeder begreift, hat das Geschick diese Thatsache gekleidet. Der Anspruch der Franzosen auf die Weltherrschaft stützte sich einzig und allein noch auf ihre Legionen und deren Unbesieglichkeit.* Diese Legionen, sie haben jetzt unterlegen [. . .].«

*An diese »Unbesieglichkeit« und den krankhaften Glauben daran, knüpfte General *Trochu* später die beherzigenswerthen Worte: In einem gesunden, ordentlichen Volke muß die Idee Gottes von der Idee des Vaterlandes unzertrennlich sein. . . . Jede Armee, welche eine »Legende« hat und cultivirt, geht an derselben unter. Die Legende von Louis XIV. wurde bei Roßbach, die von Friedrich II. bei Jena,** die Napoleon's I. bei Sedan zerstört.

**Unsere* »Legende« hieß damals: »die Welt ruht nicht sicherer auf den Schultern des Atlas, als der preußische Staat auf den Schultern seiner Armee.«[20]

Der knapp angedeutete Vergleich zwischen Frankreich und Preußen scheint zunächst ihrer jeweiligen Vergangenheit zu gelten, und die Kritik scheint rückwärts orientiert zu sein. Wie bei *Schach von Wuthenow* ist es leicht, die implizite Kritik der Gegenwart zu übersehen, aber in einer für die siegreiche Nation verfaßten Auftragsarbeit darf man weder den Standpunkt noch den polemischen Stil eines Zola erwarten. Es kann aber kein Zweifel bestehen, daß Fontane sich schon damals der Ähnlichkeit zwischen Frankreich und

20 *Der Krieg gegen Frankreich, 1870–1871* Bd. 1, München 1971 (Nachdr. der Ausg. von 1873), S. 605.

Preußen/Deutschland in der Kultivierung der militärischen
Legende vollkommen bewußt war. Die ihm aufgezwungene
Muße seiner französischen Gefangenschaft hatte ihm Gelegenheit gegeben, über diese schlechte Tradition auch selbst-
kritisch nachzudenken. Beim Lesen von Charles Rabous
Buch über die Feldzüge Napoleons, *La grande Armée*, hält er
plötzlich inne: »›Solche Bücher‹, sagt ich mir, ›schreibst du
selbst. Sind sie *ebenso*, so taugen sie nichts. Die bloße Ver-
herrlichung des Militärischen, ohne sittlichen Inhalt und großen Zweck, ist widerlich‹«.[21]

Derartige Bedenken müssen es gewesen sein, die die tiefgrei-
fendste Änderung verursachten, die Fontane an den historischen Tatsachen vornahm, denn der Selbstmord von Otto
Friedrich Ludwig von Schack fand 1815 statt. Trotz Fontanes
Behauptung, er brauche »die Gewißheit [. . .]: die Dinge vollzogen sich wirklich zu *dieser* Zeit und zu keiner andern«,
konnte er schließlich den beunruhigenden und hemmenden
Gedanken überwinden, »Du schilderst jetzt 1805, es ist aber
vielleicht 1809 gewesen«,[22] und die Ereignisse auf das Jahr
1805 vorverlegen. Auf diese Weise wurde es ihm möglich,
den Einzelfall zum Symbol der Dekadenz Preußens am Vorabend der Schlacht von Jena zu machen.

»Jede der beiden Epochen läßt sich gut verwenden«,[23]
behauptete Fontane. Seine Gleichgültigkeit ist aber nicht
leicht zu verstehen, denn bis ins kleinste Detail (und darin
Thomas Manns *Tod in Venedig* sehr ähnlich) ist *Schach von
Wuthenow* die Geschichte einer drohenden Katastrophe, die
nur am Vorabend einer großen Niederlage hatte stattfinden
können. Im Eröffnungssatz erwähnt der Erzähler die Hitze-
welle, die schon im April das Wetter Berlins bestimmt; und
im dritten Kapitel kommt er darauf zurück, denn diese vor-
zeitige sommerliche Witterung gestattet einer Gruppe von
überzeugten politischen Gegnern sich (Nero-ähnlich?) der

21 N XVI,69 (*Kriegsgefangen*).
22 Hanser Briefe, II,612 (an Mathilde von Rohr, 11. August 1878).
23 Ebd.

sorgfältigen Vorbereitung einer Maibowle zu widmen, während die Hauptstadt gleichsam brennt.[24] Häufig stockt der Erzählfluß, während der Erzähler schöne Ansichten, zumal Beleuchtungseffekte, beschreibt; aber es ist immer eine fragile, gespensterhaft bedrohte Schönheit, auf welche die Aufmerksamkeit des Lesers gelenkt wird, wie bei der nachdenklich-schweigsamen Rückkehr aus Tempelhof: Die Stadt »lag schon im Dämmer, als man bis an den Abhang der Kreuzberghöhe gekommen war, und nur die beiden Gensdarmentürme ragten noch mit ihren Kuppeln aus dem graublauen Nebel empor« (43); oder nach der Soiree bei Prinz Louis Ferdinand, als der Prinz und seine Gäste in den Abendhimmel hinaussehen: »Vor dem gelben Lichtstreifen standen schwarz und schweigend die hohen Pappeln, und selbst die Schloßkuppel wirkte nur noch als Schattenriß.« (66) Gelegentlich bricht die dünne Fassade zusammen, und die Beleuchtung wird wie bei der Luther-Maskerade ausgesprochen infernalisch: »wieder war es, als ob sich schwarze, phantastische Gestalten in dem glühroten Scheine jagten und haschten. ›Ist es nicht wie die Hölle?‹ sagte Victoire, während sie nach dem Schattenspiel an der Decke zeigte.« (88 f.)

Wenn die Handlung in die Zeit nach der Schlacht von Jena versetzt worden wäre, hätten die Personen entweder stumpf und resigniert sein müssen oder wach und energisch, eifrig bemüht, die Freiheit und den Stolz der Nation wiederherzustellen. Das waren die Einstellungen, die vier Jahre vorher in *Vor dem Sturm* vorgeführt wurden; aber bis 1882 war Fontane offensichtlich skeptischer über die Ausdauer jener politischen Kräfte geworden, die sich in den Befreiungskriegen behaupten konnten. Es ist nicht ohne Bedeutung, daß niemand in *Schach von Wuthenow*, Bülow am allerwenigsten, ein Verfechter der Ansichten der preußischen Reformbewegung ist, in der sich nach 1806 die nationalen Erneuerungsbestrebungen konzentrierten. In der Nachkriegssituation hätte

---

24 Vgl. die direkten Hinweise auf Nero in Kap. 7, S. 58, 59.

Bülow den privaten Aspekten der Geschichte, dem Fall
Schach, nicht so überzeugend eine symptomatische Bedeutung beimessen können. Diese gewinnt der Fall nur in jener
Atmosphäre von intellektueller Mittelmäßigkeit und Kon-
ventionalität, die nur durch gelegentliche Ausbrüche von an
Hysterie grenzendem Übermut unterbrochen wird und die
ihren vollkommensten Ausdruck im Benehmen der Offiziere
des Regiments Gensdarmes findet.

Die Gelegenheit für den geschmacklosen Ausbruch solcher
Überheblichkeit bietet die Theatersensation der Saison: eine
Aufführung von Zacharias Werners Drama *Die Weihe der
Kraft*, denn seine mystisch-katholische Tendenz wird als
Affront gegen die protestantisch-preußische Sensibilität
empfunden. Es ist beinahe ein Strukturprinzip dieser
Novelle, daß die Diskussion der Handlung vorausgeht;[25] in
der Diskussion um das Luther-Drama ist es Alvensleben
überlassen, das traditionelle Bild Luthers mit uncharakteri-
stischer Eloquenz zu verteidigen. Seine Aufrichtigkeit wird
sogar von Sander anerkannt, aber Frau von Carayon, die im
vollen Bewußtsein ihres eigenen Mangels an Prinzipien handelt und dadurch die Dekadenz auch der besten Mitglieder
dieser Gesellschaft verdeutlicht, läßt sich nicht davon abbrin-
gen, ins Theater zu gehen: »Wir werden ihn uns ansehen,
trotzdem es uns Anstoß gibt. Victoire hat recht, und wenn bei
Iffland die Eitelkeit stärker sein darf als das Prinzip, so bei *uns*
die Neugier.« (15) Von Aufrichtigkeit oder Prinzipien ist in
den unter den Offizieren des Regiments Gensdarmes stattfindenden Gesprächen überhaupt nicht die Rede: »Sie sahen
alles ausschließlich auf seine komische Seite hin an und fanden
[...] einen unerschöpflichen Stoff für ihren Spott und Übermut« (81). Hier redet der Erzähler ausnahmsweise dazwischen und äußert sich ironisch über das beim Regiment herr-
schende Verständnis seiner patriotischen Pflicht, »sich mal
wieder ›als es selbst‹ zu zeigen«, denn gerade dadurch zeigt es

25 Vgl. Demetz, S. 137 f.

seine Oberflächlichkeit: »Daß es sich dabei lediglich um eine Travestie der *Weihe der Kraft*, etwa durch eine Maskerade, handeln könne, stand von vornherein fest« (81).[26]

Weder Schach noch Alvensleben nehmen an der Maskerade teil, aber ihre Einstellung dazu ist für die Einschätzung ihrer Persönlichkeit symptomatisch. Ehe Nostitz den Brief vorgelesen hat, in welchem Schach sich vom Vorhaben seiner Kameraden distanziert, behauptet der ihm feindlich gesinnte Zieten voller Zuversicht, bei Schach werde die Eitelkeit überwiegen, und er werde deswegen die Rolle Luthers übernehmen; während sie die vorbeifahrende Schlittenfahrt ansieht, fürchtet Victoire, Schach habe tatsächlich diese Rolle übernommen. Alvensleben weist die Rolle anscheinend mit gleicher Entschiedenheit zurück, aber nachher gibt er zu, er habe sie beinahe angenommen; nicht jedoch aus irgendwelcher Begeisterung für die Sache, sondern weil er genau wie Schach »abhängig [ist] von dem Urteile der Menschen, speziell seiner Standesgenossen« (22), und er gesteht: »Nachgerade widersteht es mir, immer wieder und wieder in seine [Schachs] Fußtapfen zu treten. Gibt es ihrer doch ohnehin schon genug, die mich einfach als seinen Abklatsch bezeichnen« (117). Trotz ihrer Ablehnung versucht weder der eine noch der andere, seine Kameraden auf irgendeine Weise zurückzuhalten, sondern beide lehnen es strikt ab, das »Gewissen des Regiments« (84) bzw. »Spielverderber« (85) zu sein; diese Unterlassungssünde wird allerdings nur von Victoire zur Kenntnis genommen: »er war doch immer ein Mitschuldiger in diesem widerlichen Spiele, das er gutgeheißen oder wenigstens nicht gehindert hatte« (88).

Dieser Mangel an moralischer Kraft ist das Kennzeichen des ganzen Kreises um Prinz Louis Ferdinand, wie er in den beiden sich ergänzenden Kapiteln 6 und 7 vorgeführt wird. Sowohl in der Auseinandersetzung über die politische Situation als auch im Gespräch über gesellschaftliche Angelegen-

---

26 Vgl. Kaiser (s. Anm. 5) S. 489.

heiten merkt man die gleiche Frivolität. Der Zweck der Soiree ist ausschließlich Unterhaltung, was der Prinz im Einladungsbrief nicht verhehlt: »Bülow und sein verlegerischer Anhang haben zugesagt, auch Massenbach und Phull. Also lauter Opposition, die mich erquickt, auch wenn ich sie bekämpfe.« (48) Von Bekämpfung ist aber seitens des Prinzen wenig zu sehen, denn er läßt seinen politischen Standpunkt zu sehr durch Laune bestimmen; mit Bezug auf seinen Gegner Lombard heißt es: »er [hat] eine Form des Witzes, die mich entwaffnet« (50); mit Bezug auf seinen Verbündeten, den Kaiser Alexander, redet er mit ausgesprochener, neidbedingter Gehässigkeit (54). In der ungleichen Debatte zwischen Bülow und Schach applaudiert er nicht nur den brillanten, amoralischen Paradoxien Bülows anstatt den konventionellen Moralsätzen Schachs (55), sondern er läßt sich auch dadurch zu seinen eigenen zynischen Bemerkungen über Stereotypen der weiblichen Schönheit und dann zu seinem für Schach fatalen Lob von Victoire aufmuntern: »Ein paar Grübchen in der Wange sind das Reizendste von der Welt [. . .]. Das paradoxe ›le laid c'est le beau‹ hat seine vollkommene Berechtigung« (65). Obgleich er den Ton, in welchem der Prinz über Kaiser und Freundin spricht, äußerst beleidigend findet und sich keine Illusionen über die Skrupellosigkeit seines »Helden- und Debauchenprinzen« (72) macht, ist Schach ebenso wenig dazu fähig, seine eigenen Prinzipien gegen den Prinzen wie gegen seine Regimentskameraden zu verteidigen. In dieser Gesellschaft bestehen »Freundschaften [. . .] am besten ohne Freunde« (62) und Überzeugungen ohne Folgen in Form von Taten.

Der schärfste und konsequenteste Kritiker dieser Gesellschaft ist Bülow, der wie Bninski und Hirschfeldt in *Vor dem Sturm* das ausspricht, was die lose aneinandergereihten Szenen, die zusammen die Erzählung bilden, nur implizieren. Bülow wird oft für das Sprachrohr Fontanes genommen und nicht ganz ohne Berechtigung, denn nicht nur ist seine Analyse des Falles durchaus stichhaltig, sie entspricht auch des

Dichters eigenen Aussagen zu seiner Erzählung. Er ist der
einzige der – auch hierin Hirschfeldt und selbstverständlich
dem Dichter ähnlich – »draußen« war, und von seinem höheren, internationalen und geschichtlichen Standpunkt vermag
er der Erzählung eine Perspektive zu geben, der sie ihre
Aktualität verdankt. Er ist es, der auf die Leere des miß-
brauchten und entwerteten Ehrbegriffs hinweist (147), der
die selbsttäuschende Unterschätzung des Napoleonischen
Genies durch Prinz Louis Ferdinand korrigiert (52 f.), der die
äußerst prekäre Beschaffenheit eines Militärstaats betont:
»Kriege führen dürfen nur solche Länder, die Niederlagen
ertragen können« (51), und er ist es, der über die gefährliche
Selbstzufriedenheit der für Schach verbindlichen Legende
spottet: »Die Welt ruht nicht sicherer auf den Schultern des
Atlas, als der preußische Staat auf den Schultern der preußischen Armee« (23; vgl. 36).[27]
Schach hat jedoch seine Verteidiger. Alvensleben, offensichtlich ein anständiger und aufrichtiger Mann, Träger eines
Namens, der, wie Fontane wußte, unter den Lesern der achtziger Jahre Respekt hervorrufen würde, besteht auf der Echt-
heit der »Ritterlichkeit« seines Freundes. Darin wird er von
dem sonst andersdenkenden Nostitz unterstützt, der kein
Freund Schachs ist (23 f.). Schachs Vorrangstellung im Salon
der Frau von Carayon beruht auf der gleichen Eigenschaft;
und obgleich sie durch das kühle und schwankende Verhalten
ihres Freundes nach der Verführung und dem Heiratsver-
sprechen erschüttert wird, ist Frau von Carayon immer nur
zu bereit, ihr Vertrauen in Schach wiederherstellen zu lassen.
Ihre letzte Begegnung mit ihm schließt damit, daß *sie* sich bei
ihm wegen ihrer durchaus berechtigten Zweifel über seinen
Mut und seine Beständigkeit entschuldigt (144). All diese
Menschen sind Zeugen der verheerenden Kritik Bülows, und
es bleibt zunächst kaum verständlich, daß sie sich nicht
dadurch bewegen lassen. Dies trifft auch für Victoire zu.

---

27 Vgl. die oben, S. 99, zitierte Stelle aus dem *Krieg gegen Frankreich*.

Schwerer als jeder andere wird sie durch die unritterlichen
Episoden in Schachs Benehmen verletzt: daß er nicht bereit
war, bei der Rückkehr aus Tempelhof mit ihr und an ihrem
Arm unter den Gästen zu erscheinen (46); daß er sich nach der
Verführung nach Wuthenow am See zurückzieht. Bülows
Kritik wird für Victoire auch durch den Brief der klarsichti-
gen Lisette von Perbandt unterstützt: »Solche Widersprüche
gibt es nicht. Man ist entweder ein Mann von Ehre, oder man
ist es nicht.« (70) Victoire hat aber das letzte Wort; und es ist
ein Wort des Verständnisses und der Vergebung.

Angesichts solcher Gegensätze gewinnt das Urteil Wandreys
an Überzeugungskraft, Fontane zeige gewisse Widersprüche
in Schach wie auch in den beiden Damen, es sei ihm aber nicht
gelungen, zu einer ästhetisch befriedigenden Synthese zu
gelangen.[28] Im Vergleich mit der handlungsarmen Breite der
Eröffnungskapitel wirkt die Schlußphase der Handlung in
der Tat etwas überstürzt. Während der Erzähler sich zunehmend auf Zusammenfassung verläßt, um einen formalen
Abschluß herbeizuführen, verliert er offensichtlich das Interesse an der Geschichte selbst. Der Hauptfigur scheint im allgemeinen die psychologische Tiefe zu fehlen.[29] Immerhin
bietet der Dichter genügend Material, um nicht nur darzule-
gen, *daß* Schach Eigenschaften besitzt, die Bülow übersieht,
sondern auch anzudeuten, *warum* Bülow sie übersieht. Die
Doppelperspektive des Schlusses folgt konsequent daraus
und bedeutet also keine artistische Kapitulation.

Obgleich Fontane Bülow als Sprachrohr zu verwenden
scheint, wird dieser vom Erzähler nicht immer sympathisch
behandelt. In *Vor dem Sturm* war Hirschfeldt nie Gegenstand
irgendwelcher Ironie; Bülow darf dagegen kaum erscheinen,

---

28 Wandrey, S. 159, 162 f., 166.
29 Vgl. jedoch die psychoanalytischen Aspekte (Furcht vor Heirat und Begründung einer Familie) in der Interpretation Kaisers (s. Anm. 5) S. 476 f. und zur
subtilen Gestaltung von Schachs Tod Christian Grawe, »Wuthenow oder
Venedig. Analyse von Schachs Reisefantasie im Fontaneschen Kontext«, in:
Wirkendes Wort 30 (1980) S. 258–267.

ohne eine ironische Bemerkung hervorzurufen. Schon in der direkten Charakterisierung des Eröffnungskapitels wird der Ton angegeben: »Er konnte, wie seine Freunde sagten, nur sprechen, um Vortrag zu halten, und – er sprach eigentlich immer« (3 f.), und das Erzählte dann mit der Ankunft Schachs sofort in Handlung umgesetzt: »›Ich fürchte, Herrn von Bülow unterbrochen zu haben . . . .‹ ›Ein allerdings unvermeidlicher Fall‹, antwortete Sander« (7). Als intelligenter und redegewandter Mann hat er sich gerade durch seine Beredsamkeit eine dominierende Stellung in der Gesellschaft erkämpft; er redet, um sie zu verteidigen. Sobald Alvensleben durch seine Luther-Rede Beifall gewinnt, erhebt Bülow, »der nicht gern neue Götter neben sich duldete« (13), erneut den Anspruch auf die führende Rolle in der Diskussion. Bezeichnenderweise schießt er hier aber über das Ziel hinaus. Während sich seine »Prophezeiung« der baldigen Niederlage Preußens als berechtigt erweisen wird, stimmt dies nicht für alles, was er »voraussagt«. Bülow behauptet zum Beispiel: »Der nationale wie der konfessionelle Standpunkt sind hinschwindende Dinge, vor allem aber ist es der preußische Standpunkt und sein alter ego, der lutherische« (14); aus der Perspektive der achtziger Jahre war eine derartige Behauptung schlicht falsch. Auch führen die brillanten Paradoxien Bülows zwangsläufig zum Selbstwiderspruch: Einmal kann er die »wundervolle Moral« Friedrichs des Großen kritisieren, ein anderes Mal spielt er die amoralische Größe desselben Friedrichs gegen die von Schach geschätzte Güte des Kaisers Alexander aus: »Ich bitte Sie. Welche Augen wohl König Friedrich gemacht haben würde, wenn man ihn den ›guten Friedrich‹ genannt hätte.« (55) Bülow ist ein Abenteurer, der trotz seiner Rolle als Kritiker der dekadenten Gesellschaft eigentlich nur innerhalb einer Gesellschaft, wo Überzeugungen nicht mehr tief reichen, fungieren kann, sozusagen als Hofnarr.

Wenn man auch andeutet, daß Bülows Urteile möglicherweise seine subjektiven Bedürfnisse widerspiegeln, heißt das nicht, daß diese Urteile in sozial-politischer oder geschichtlicher Hinsicht notwendig falsch sind. Victoire selbst läßt seine Diagnose gelten: »So sagt die Welt, und in vielem wird es zutreffen«; aber indem sie die Diagnose in ihrer primitivsten Form zusammenfaßt, betont sie ihren schematischen Charakter: »Er sei, so versichern die Leute, der schöne Schach gewesen, und ich, das mindeste zu sagen, die nicht-schöne Victoire – das habe den Spott herausgefordert, und diesem Spotte Trotz zu bieten, dazu hab' er nicht die Kraft gehabt. Und so sei er denn aus Furcht vor dem Leben in den Tod gegangen.« (150) Aber was die Welt *sagt*, ist viel einfacher als das, was Victoire *sieht*: »Ich seh es in einem andern Licht« (150); und sie fährt fort, ein viel differenzierteres Porträt von Schach zu geben. Sie gibt zu, daß seine geistige Mittelmäßigkeit nicht genügte, das Gute, das er wollte (152), gegen die Schärfe und die Schlagfertigkeit Bülows zu verteidigen, aber sie besteht darauf, daß seine geistigen Mängel durch eine beinahe physische Ausstrahlung ausgeglichen waren, die jenes Gute »nicht bloß zu seiner persönlichen Freude, sondern auch zum Glück und Segen anderer, ja vieler anderer« (152) adäquat verkörpern konnte.

Kaum weniger als diejenigen Bülows lassen sich die Urteile Victoires durch ihr subjektives Bedürfnis nach einer Idee relativieren, an der sie sich aufrichten kann, nach dem Gefühl, sie wurde für einen Augenblick geliebt; darin gleicht sie der ebenfalls entsagenden Renate in *Vor dem Sturm*.[30] Aber in der Behandlung dieser beiden jungen Damen tritt Fontanes mißtrauisch-skeptischer Trieb hinter verständnisvoller Einfühlung zurück. Victoires Urteil wird nämlich durch die dargestellte Wirkung Schachs auf die nebengeordneten Personen, die im Hintergrund bleiben, unterstützt: durch die Treue und Achtung von Menschen wie Krist und Mutter Kreepschen, Ordonnanz Baarsch und dem Groom Ned und (bei Fontane immer von besonderer Bedeutung) dem Hund

30 Vgl. Osborne, S. 118.

Hektor (103). Dies ist keine bloße Formalität; das durchaus gegenseitige Verhältnis zeugt von einer Wärme, die vor allem im Wuthenow-Kapitel dargestellt wird und die durch wiederholte kleine Akte der Rücksichtnahme lebendig gehalten wurde.

Solch feinfühlig gespürte, verständnisvoll angedeutete Eigenschaften lassen sich nicht durch die abstrakte Kritik Bülows wegwischen; aber sie lassen sich auch nicht in analytischer Sprache erklären, ohne ziemlich oberflächlich auszusehen. Das weiß die sensible Victoire, und deswegen der apologetische Ton, als sie Schach vor ihrer rationalistischen Freundin Lisette verteidigt: »Er war seiner ganzen Natur nach auf Repräsentation und Geltendmachung einer gewissen Grandezza gestellt, auf mehr *äußerliche* Dinge, woraus Du sehen magst, daß ich ihn nicht überschätze.« (151) Aber Victoire besteht auf dem Wert Schachs als plastischer Verkörperung gewisser bedrohter, vielleicht sogar verschwindender Ideale. Durch sein Verkörperungspotential entspricht er bestimmten, real vorhandenen Bedürfnissen, denn es sind vor allem – wie Fontane ohne Herablassung andeutet – anschauliche Symbole, durch welche einfache Leute ihre Ideale und ihren Glauben verdeutlichen, während Prinz Louis Ferdinand das Ausmaß seiner Dekadenz durch seine Mißachtung von Äußerlichkeiten zeigt: Auch Bülow wird wie die anderen Gäste durch den Hinweis des Prinzen auf die öffentliche Rolle seiner Geliebten, Pauline, schockiert (65 f.).

Es gehört entschieden zu den Vorzügen Bülows, daß er die konventionelle Welt des Scheins so verachtet, daß er Victoires Makel übersieht: »Jeder mußt' es sehen, und der einzige, der es *nicht* sah, oder, wenn er es sah, als absolut gleichgültig betrachtete, war Bülow« (6); aber dies wäre noch eindrucksvoller gewesen, wenn er ebenso bemüht wie sein Verleger um die Weiße seiner Wäsche gewesen wäre! Könnte es sein, daß seine moralische Überlegenheit wenigstens teilweise auf sinnlicher (visueller) Unempfindlichkeit beruht? »Was doch die Gelehrten, und wenn es gelehrte Militärs wären, für schlechte

Beobachter sind« (21), bemerkt Nostitz. Hierin zeigt sich Bülow wieder als Gegenteil von Schach, der die bildende Kunst kennt und liebt (Dürer, Meister von Soest, Kupferstiche) und der von den gegen ihn gerichteten Karikaturen im Innersten getroffen wird.[31] Aber hierin ist Bülow auch das Gegenteil von Victoire, und ihre visuelle Empfindlichkeit läßt sich nicht so leicht als »Götzendienst« abtun.

Nur selten nimmt Victoire unmittelbar an den Diskussionen im Salon ihrer Mutter teil, denn das lediglich Polemische gefällt ihr nicht (47). Einmal drückt sie jedoch spontan Beifall aus, und zwar nachdem Alvensleben erklärt, wie sehr ein *Bild* Luthers auf ihn als Kind gewirkt habe, ganz anders als die *Worte*, die damals das Bild begleiteten: »Und links neben dem Altar, da hing unser Martin Luther in ganzer Figur, die Bibel im Arm, die Rechte darauf gelegt, ein lebensvolles Bild, und sah zu mir herüber. Ich darf sagen, daß dies ernste Mannesgesicht an manchem Sonntage besser und eindringlicher zu mir gepredigt hat als unser alter Kluckhuhn« (12). Es ist die gleiche visuelle Sensibilität, die im Schlußteil der Novelle triumphiert und die Victoire bei der Krankheit ihres (und Schachs) kleinen Sohnes von der medizinischen Wissenschaft zur Bilderwelt der römisch-katholischen Kirche führt. Wie bei ihrer Einschätzung Schachs wird ihre theoretische Intelligenz durch die Aura des Phänomens überwunden; sie vertraut sich einer Macht an, die ihr das bringt, was sie dringend braucht: »Denn nicht nur *alt* ist Araceli, sondern auch trostreich und labevoll, und kühl und schön.« (153)

Letzten Endes hängt die Interpretation von *Schach von Wuthenow* von der jeweiligen Bedeutung ab, die dem Schlußbrief Bülows bzw. Victoires beigemessen wird. Der Brief

---

31 Otto Friedrich Ludwig von Schack, Vorbild des Schach, war Mitglied der gleichen Familie wie Fontanes Zeitgenosse, der Kunstsammler, Mäzen und Begründer der Münchner Schack-Galerie, Baron Adolf Friedrich von Schack; vgl. Eduard Berend, »Die historische Grundlage von Fontanes Erzählung *Schach von Wuthenow*«, in: *Deutsche Rundschau* 200 (1924) S. 173. Zu Fontanes eigener Bildersprache vgl. Ohl, S. 210–222.

Victoires scheint nicht nur deswegen schwerer zu wiegen, weil er an der bedeutenderen Stelle steht und die Novelle abschließt, sondern weil er den Brief Bülows in sich aufnimmt (»in vielem wird es zutreffen«), um weiteres hinzuzufügen. Für Bülow war der Fall Schach eine exemplarische Begebenheit, das heißt der Stoff einer Novelle; als Novelle wurde *Schach von Wuthenow* entworfen, und in Fontanes eigenen Erläuterungen herrscht die Bülow-Tendenz beinahe zwangsweise. Die Härte dieser Tendenz wird jedoch in der Ausarbeitung wesentlich gemildert, indem das Ethisch-Abstrakte an sinnlicher Konkretheit gewinnt.[32] Wie der Kritiker Wilhelm Jensch erkannte, ist *Schach von Wuthenow* eine »bald nach der rein malerischen, bald nach der mehr epischen Seite liegende [. . .] Erzählung«.[33] Was die Ausgeglichenheit der beiden Aspekte stört und trotz der Gültigkeit aller Gegenargumente Schach und seinem Standpunkt viel Sympathie gesichert hat, ist die Tatsache, daß die schöpferische Kraft, das Interesse und die Liebe des Dichters vor allem in den Tableaux, den Genreszenen und den Bildern ihren Ausdruck gefunden haben. Schließlich hat Fontane der einen Hälfte seines »allereigensten Publikums«, den *»Kreuzzeitungs*-Leuten« zuviel und den »Lesern der Vossin« zu wenig gegeben.[34] Oder liegt es vielleicht daran, daß ›das rein Äußerliche immer viel bedeutet und mitunter alles‹?

32 Vgl. die These Brinkmanns, Fontane sei als Romancier immer konzilianter gewesen denn als urteilender Bürger (Brinkmann, S. 27–33, 117).
33 Zit. nach A III,627; vgl. die in der *Deutschen Rundschau* erschienene Besprechung in *Erläuterungen und Dokumente* (s. Anm. 10) S. 80.
34 Vgl. Dichter, II,313 (an Wilhelm Friedrich, 23. November 1882).

Literaturhinweise

Berend, Eduard: Die historische Grundlage von Fontanes Erzählung »Schach von Wuthenow«. In: Deutsche Rundschau 200 (1924) S. 168–182.

Erläuterungen und Dokumente: Theodor Fontane, »Schach von Wuthenow«. Hrsg. von Walter Wagner. Stuttgart 1980 [u. ö.].

Grawe, Christian: Wuthenow oder Venedig. Analyse von Schachs Reisefantasie im Fontaneschen Kontext. In: Wirkendes Wort 30 (1980) S. 258–267.

Günther, Walter P.: Preußischer Gehorsam. Theodor Fontanes Novelle »Schach von Wuthenow«. Text und Deutung. München 1981.

Kaiser, Gerhard: »Schach von Wuthenow« oder Die Weihe der Kraft. Variationen über ein Thema von Walter Müller-Seidel, zu seinem 60. Geburtstag. In: Jahrbuch der Deutschen Schillergesellschaft 22 (1978) S. 474–494.

Müller-Seidel, Walter: Der Fall des Schach von Wuthenow. In: Theodor Fontanes Werk in unserer Zeit. Symposium zur 30-Jahr-Feier des Fontane-Archivs. Potsdam 1966. S. 53–66.

Reuter, Hans-Heinrich: »Die Weihe der Kraft«. Ein Dialog zwischen Goethe und Zelter und seine Wiederaufnahme bei Fontane. In: Studien zur Goethezeit. Festschrift für Lieselotte Blumenthal. Hrsg. von Helmut Holtzhauer und Bernhard Zeller. Weimar 1968. S. 357–375.

Sagave, Pierre-Paul: Schach von Wuthenow. Vollständiger Text. Dokumentation. Frankfurt a. M. / Berlin 1966.

Wruck, Peter: »Schach von Wuthenow« und die »Preußische Legende«. In: Frieden, Krieg, Militarismus im kritischen und sozialistischen Realismus. Berlin [Ost] 1961. S. 55–83.

GERHARD FRIEDRICH

Unterm Birnbaum

Der Mord des Abel Hradscheck

Fontane wußte, daß sich die Qualität eines Romans auf den ersten Seiten, ja mit den ersten Zeilen entscheidet, daß hier die Grundlagen für alles Kommende gelegt werden müssen, und er hat deshalb versichert, daß ihm die Formgebung dieser ersten Seiten in besonderer Weise am Herzen liege.[1] Natürlich arbeitete der Dichter immer mit ungewöhnlicher Sorgfalt. Wenn ihm auch, eigenem Eingeständnis nach, die erste Niederschrift sehr leicht fiel, war, was dann folgte, stets eine mühsame »Pusselei«, die Monat um Monat verschlang, ohne daß er mit dem Erreichten je voll zufrieden gewesen wäre. Bis zum letzten Augenblick nutzte er jede Gelegenheit, um zu feilen.

Man kann sich deshalb schlecht vorstellen, daß der stilistisch ungeschickt wirkende Anfang dieser Kriminalerzählung – »Vor dem in dem« – aus bloßer Unachtsamkeit, also gleichsam zufällig stehengeblieben sein sollte. Nimmt man den Titel *Unterm Birnbaum* hinzu, so drängen diese auf engstem Raum gehäuften präpositionalen Fügungen den Eindruck auf, der Leser solle verwirrt werden und, solchermaßen provoziert, fragen: Ja, wo denn nun? Unter? Vor? In? Der Erzähler erregt offenbar absichtlich die Vermutung, daß er sich zuviel aufbürdet, daß der Erzählverlauf gar kein Nacheinander zuläßt, sondern der besonderen Bedeutung aller Umstände wegen ein Nebeneinander verlangt, ein Aufeinandertürmen aller genaueren Bestimmungen im ersten Satz. Das steigert die Ungewißheit und Verunsicherung des Lesers,

1 Vgl. Hanser Briefe, III,101 (an Gustav Karpeles, 18. August 1880).

aber zugleich sein Verlangen nach einer ersten klaren Aussage
als einem notwendigen Ruhe- und Sicherungspunkt.

Das »große und reiche Oderbruchdorf Tschechin«: das ist
eine deutliche Feststellung, die einen Rahmen für die Erzählung schafft. Das Geschehen spielt inmitten reicher Großbauern, die für die Geschichte in der Tat mehr bedeuten als nur
Staffage. – Eingeschaltet sei (was jede Interpretation als Hin-
tergrundinformation bietet): Tschechin ist dem Ort Letschin
im Oderbruch nachgebildet, in dem Fontanes Vater eine
Apotheke besaß, wo sich Fontane mehrmals längere Zeit auf-
gehalten hat, von wo er 1844 zum Militärdienst eingezogen
wurde und wo sich die ehelichen Verhältnisse seiner Eltern
schließlich so unerträglich gestalteten, daß die Mutter Fontanes sich von ihrem Mann, der das Familienvermögen verspielt
hatte, trennte und mit ihrer Tochter Elise nach Neuruppin
zog – ein Ort also, den der Dichter genau kannte, dessen
Bewohnern er aber, vermutlich ihres krassen Materialismus
wegen, nicht sehr wohlwollend begegnete. Darüber gibt
seine erste Korrespondenz für die belletristische Zeitschrift
Die Eisenbahn Auskunft.[2] Unter den Großbauern lebt Abel
Hradscheck als Besitzer eines Gasthauses und eines dazu
gehörenden Materialwarengeschäfts. Abel Hradscheck – der
Name wirft dunkle Schatten. Zwar ist es Abel, der von Kain
erschlagen wird, aber wer kann sagen, daß die Rollen immer
gleich verteilt sind? Und Hradscheck? Ein ungewöhnlicher
Name für ein Oderbruchdorf, in dem man Quaas, Mietzel
oder Kunicke heißt, in dem man aber als Hradscheck immer
Außenseiter bleiben wird.

Die Szene ist denkbar einfach: Säcke werden verladen. Doch
sogleich stehen sich Anspruch und Wirklichkeit gegenüber.
Der Wagen wird von zwei Schimmeln gezogen: der Beson-
derheit und der Auffälligkeit halber, wie man vermuten darf,
denn Hradscheck muß durch Äußerlichkeiten ersetzen, was
ihm an Substanz fehlt. Doch die Tiere sind mager, stehen

2 N XIX,7 ff.

schlecht im Futter, auch sind die Säcke nachlässig gebunden und haben Ritzen und Löcher, so daß der Rapssamen herausfällt. Nicht nur eine armselige Wirtschaft also, sondern eine schlampige obendrein. Denkbar wäre immerhin noch, daß der Besitzer seiner Aufsichtspflicht nicht nachkommt oder gar nachkommen kann und daß das uninteressierte Personal für die Mißwirtschaft verantwortlich ist, aber Fontane wischt diese Annahme beiseite, indem er mit einem unerwarteten »Aber« Abel Hradscheck neben sein Fuhrwerk auf die Dorfstraße stellt. Alles geschieht unter seinen Augen, und wenn er die Dinge treiben läßt, so erhebt sich die Frage: warum? Jedenfalls mag er sich auf anderes verlassen als auf eine sparsame, den Pfennig ehrende Wirtschaftsführung, obwohl gerade diese notwendig zu sein scheint, denn das Geschäft muß mit offensichtlicher Dringlichkeit abgewickelt werden: »bis Ende der Woche müßt' ich das Öl haben, Leist in Wrietzen warte schon« (3), das soll der Knecht dem Müller ausrichten. Verpflichtungen also drücken ihn, deren Charakter noch deutlicher wird, wenn es heißt: »Hier sah er jetzt nachdenklich auf die Stelle, wo vor einer halben Stunde noch die Rapssäcke gestanden hatten, und in seinem Auge lag etwas, als wünsch' er, sie stünden noch am selben Fleck oder es wären neue statt ihrer aus dem Boden gewachsen. Er zählte dann die Fässerreihe, rief, im Vorübergehen, einen kurzen Befehl in den Laden hinein und trat gleich danach in seine gegenüber gelegene Wohnstube.« (6)

Im übrigen tritt an die Stelle einer ordentlichen Geschäftsführung eine leicht zynische Kunst der Menschenbehandlung: »[. . .] bestelle der Frau meinen Gruß und sei hübsch manierlich. Du weißt ja Bescheid. Und weißt auch, Kätzchen hält auf Komplimente.« (3) Daß der Herr den Knecht in die zwischen den Herrschaften möglichen und üblichen Vertraulichkeiten einbezieht, bezeugt den fehlenden Sinn für Abstand. Daß der Knecht nur nickt und die Vertraulichkeit des Herrn unerwidert läßt, zeigt ihn in jener Blödigkeit, die für Abel Hradschecks gesamtes Personal typisch ist. Seine dienenden Geister sind allesamt von einer beinahe sonderbaren Beschränktheit, die Fontane für den Erzählgang freilich benötigt: Der Mord wird im Dachstuhl begangen, die Leiche im Keller vergraben, und niemand bemerkt etwas davon. (Allerdings hilft ihm auch der nächtliche Sturm.) Aber natürlich kann der in einer wirtschaftlichen Klemme steckende Hradscheck sich seine Leute nicht aussuchen: Da er am schlechtesten bezahlt, bleiben ihm nur die Stupidesten und Ungeschicktesten. Das läßt ihn auch kaum zur Entfaltung seiner Autorität kommen; er beklagt sich fortwährend über die Dummheit und Nachlässigkeit Edes. Daß es dem ganzen Haus an Schwung und zupackender Tatkraft fehlt, verdeutlicht das schläfrige »Hüh«, mit dem der Knecht die Pferde antreibt, »wenn überhaupt von antreiben die Rede sein konnte« (3). Trägheit und Dumpfheit liegen über der Szene, in die nur Hradschecks Bemerkung »Kätzchen hält auf Komplimente« einen Farbtupfer bringt. Und wenn dann der Wagen davon »klappert«, so wird das Morbide und Hinfällige von Hradschecks Welt deutlich. Daß der Wirt dem Wagen nachsieht, bis er verschwunden ist, läßt ahnen, wie klein der Zuschnitt von Gasthaus und Laden ist: Es reiht sich nicht Geschäft an Geschäft, mit Energie betrieben, sondern es bleibt Zeit für Pausen. Am Ende des Kapitels, als Hradscheck seiner Frau nachsieht, die den Kindern Kränze auf die Gräber legen will, wiederholt sich diese Szene noch einmal und erweist: der Leser begegnet einem Mann, dem die Umstände die Initiative aus der Hand genommen haben und der nach Wegen sucht, sie zurückzugewinnen. Ihm bleibt Zeit zum Nachdenken, zum Ausbrüten von Plänen.

Und so schließt er folgerichtig eine Pause an die nächste und begibt sich in den Garten, sich seinen Gedanken überlassend, wodurch der Leser, von vorbereitenden Hinweisen längst eingeweiht, zum ersten Male expressis verbis von Hradschecks Notlage erfährt: »Da lag es [sein Haus], sauber und freundlich, links die sich von der Straße her bis in den Garten hinziehende Kegelbahn, rechts der Hof samt dem Küchenhaus, das er erst neuerdings an den Laden angebaut hatte. Der kaum vom Winde bewegte Rauch stieg sonnenbeschienen auf und gab ein Bild von Glück und Frieden. Und das alles war sein! Aber wie lange noch? Er sann ängstlich nach [. . .].« (5) Eben an dieser Stelle des Textes erscheint, noch vor Hradschecks Frau, die alte Jeschke, die eigentliche Gegenspielerin Hradschecks, offensichtlich, wie dieser selbst, durch das Aufschlagen einer Malvasierbirne aufgeschreckt; und sie spricht, als hätte sie Hradschecks Gedanken mitgedacht, ihren ersten Satz: »Joa, et wahrd nu Tied.« (5) Ein Schicksalssatz in der Tat: Es wird Zeit, wenn sich Hradscheck auf seinem Platze behaupten will. Er muß handeln, Entscheidungen treffen, mit dem bloßen Planen und Brüten ist es nicht mehr getan.

Schon das zweite Kapitel zeigt einen Hradscheck, dessen Gedanken sich in einer bestimmten Richtung verfestigt haben. Je näher der gefährliche Augenblick der Rechenschaftslegung kommt, um so finsterer werden seine Überlegungen. Er kann sich, nachdem seine Hoffnungen auf das Lotterieglück zerronnen sind, kaum verhehlen, daß nur eine Gewalttat ihn retten kann. Noch freilich ist seine moralische Widerstandskraft groß genug, um die in ihm aufsteigenden Versuchungen, die sich in seiner Seele mit dem Bild des erwarteten Weinreisenden aus Krakau mischen, mit einem doppelten »Es geht nicht« (10) zurückzuweisen. Dann aber drängen ihn die Umstände entschieden zu einer konkreten Aktion. Er findet, verscharrt in seinem Garten, einen toten Soldaten, und daran entzündet sich seine planende Kraft. Ohne daß der Leser die Einzelheiten erführe, erkennt er doch, daß mit dem geheimnisvollen Fund für Hradscheck die Würfel gefallen sind. Er nimmt indessen zugleich wahr, daß der Gastwirt ein Mann der Phantasie ist, denn was eben als Gedanke in ihm entstand, das nimmt Form an, umdrängt ihn »so faßbar und leibhaftig, daß er sich wohl fragen durfte, ob nicht andere da wären, die diese Gestalten auch sähen«, »unheimlich verzerrte Gestalten (und eine davon er

selbst)« (13). Er tanzt mit in einem höllischen Reigen, den
seine eigene Phantasie beschwört und den niemand sieht als
er, der aber doch so wahr und wirklich ihn umgibt, daß er
unwillkürlich um sich blickt, ob die Szene Zeugen habe. Der
Jeschke traut er zu, seine Pläne zu kennen, nur weil er sie
gedacht. Nicht übersehen darf man dabei, daß Fontane den
Wirt beinahe passiv verharren und ihn keineswegs als einen
souveränen Herrn über seine Entschlüsse erscheinen läßt. Er
hing »all jenen Gedanken und Vorstellungen nach, wie sie seit
Wochen ihm immer häufiger kamen. Kamen und gingen.
Heut aber gingen sie nicht, sondern wurden Pläne, die Besitz
von ihm nahmen und ihn, ihm selbst zum Trotz, an die Stelle
bannten, auf der er stand.« (13) »Ihm selbst zum Trotz«:
Seine Willenskraft unterliegt an dieser Stelle seiner Einbildungskraft. Diese Schwäche wird ihm am Ende zum Verhängnis werden. Wenn überhaupt irgendwo, dann erscheint
Hradschecks Schuld an dieser Stelle als relativiert, als das
Ergebnis der Einmischung verführerischer dämonischer
Mächte, die ihn auf den Weg des Verbrechens drängen.
Erscheint er auch bei der weiteren Planung und Durchfüh-
rung seines Verbrechens als Herr seiner Sinne, hier, wo seine
verbrecherischen Absichten ihn vorwärtstreiben, ist er schul-
dig-unschuldiges Opfer von Mächten, die seine Willenskraft
lähmen. Das entschuldigt ihn nicht, bestimmt den Leser noch
nicht einmal dazu, Verständnis oder auch nur ein dünnes
Mitleid zu entwickeln, schafft aber doch die Voraussetzungen zu einer aufmerksameren Betrachtung von Hradschecks
Schicksal.
Sehr viel besser wird von diesen Überlegungen aus auch
erkennbar, weshalb Fontane der Erzählung schließlich den
Titel *Unterm Birnbaum* gab. Es ist nicht nur der Ort, an dem
Hradscheck den toten Franzosen fand, sondern der Platz, an
dem sich sein Schicksal entschied. Weder »Fein Gespinst,
kein Gewinst« noch »Es ist nichts so fein gesponnen, 's
kommt doch alles an die Sonnen« konnten Fontane schließlich genügen, denn in beiden Titeln wäre Hradscheck als der

alleinige schuldbeladene Täter seiner Untaten erschienen.
Nichts würde von dem auch Fontane immer wieder faszinie-
renden Geheimnis jedes Verbrechens durchschimmern, jenes
Geheimnisses, das den Verbrecher trotz der Brandmarkung,
die ihm bleibt, doch auch zu einem heimgesuchten Opfer
macht. Daß es gerade der Pfarrer Eccelius ist, den Fontane
den ursprünglich einmal erwogenen Titel als Resümee in das
Tschechiner Kirchenbuch eintragen läßt, verdeutlicht, wie
weit er sich schließlich von dem alten Entwurf entfernt hat.
Eccelius wird nicht zum adäquaten Interpreten der Fontaneschen Erzählintention gemacht, sondern repräsentiert allenfalls eine frühe Stufe von des Dichters Reflexionen zu seiner
Erzählung. Über diese Sicht wächst Fontane beim Erzählen
weit hinaus. Am Ende ist kaum mehr etwas bemerkbar von
der nur moralisierenden und kleinbürgerlich ausgeklügelt
anmutenden Spruchweisheit des Dorfpfarrers.
Wenn man sich Fontanes Äußerungen zu seiner Kriminalgeschichte ansieht, so wird man (neben ihrer Spärlichkeit) vor
allem von der Tatsache überrascht sein, daß es nur einen einzigen Satz darin gibt, in dem Fontane so etwas wie eine
Selbstinterpretation versucht. In einem Brief an Georg Friedlaender vom 16. November 1885 schreibt der Dichter: »Daß
keine schöne, herzerquickliche Gestalt darin ist, wer dies
auch gesagt haben mag, ist richtig und keine üble Bemerkung,
das Schöne, Trostreiche, Erhebende schreitet aber gestaltlos
durch die Geschichte hin und ist einfach das gepredigte Evangelium von der Gerechtigkeit Gottes, von der Ordnung in
seiner Welt. Ja, das steht so fest, daß die Predigt sogar einen
humoristischen Anstrich gewinnen konnte.«[3]
Da ist kein Raum für einen Zweifel daran, daß Fontane die
Geschichte zu diesem und zu keinem anderen Ende bringen
wollte. Ob sich daran die Lebenskraft eines eigentlich über-
wundenen Denkschemas demonstrieren läßt, wie Müller-Seidel meint, dem ein Ende ohne die Wiederherstellung der irdi-

schen Gerechtigkeit lieber wäre, da es dem satirischen Element der Erzählung mehr entsprochen hätte, wenn der Mörder am Leben geblieben wäre, »womöglich in Reichtum,
Ansehen und Würden«,[4] ist nicht so sicher: Fontane will –
und dies allein bezeugt der einzige selbstinterpretatorische
Satz – die Wiederherstellung der göttlichen Ordnung in dieser Welt. Und wer immer eine Mordgeschichte schreibt, wird
sich – wie sehr er auch die verbrecherische Tat gesellschafts-
kritisch oder tiefenpsychologisch relativieren und d. h. verständlich machen mag – nach Fontanes Auffassung um eine
klare Schlußantwort nicht drücken dürfen. In der Mordgeschichte mit den ihr eigenen Gesetzen gehören Schuld und
Sühne (und wenn nicht Sühne, dann doch Aufklärung) unlös-
lich zusammen. Das Böse, solange es nur nicht im Mord
kulminiert, kann in vielen Formen weiterexistieren, der
Mord verlangt Sühne. Fontane ist sich dessen so sicher, daß er
– ein bislang kaum beachteter Satz – glaubt, der »Predigt«
darüber, mit welcher Sicherheit sich die Gerechtigkeit Gottes
in dieser Welt wiederherstellt, sogar einen »humoristischen
Anstrich« geben zu können. Die Aussage ist deutlich genug:
Das Humoristische durchdringt die Erzählung nicht, aber es
gibt ihr einen Anstrich. Wie wird es erkennbar? Der Blick
fällt zuerst auf den Dorfpfarrer Eccelius. Ein wohlmeinender
Mann von beschränkten Gaben und noch beschränkterer
Menschenkenntnis. Einer der Höhepunkte seiner geistlichen
Laufbahn scheint der Tag gewesen zu sein, an dem er Ursula
Hradscheck für die Landeskirche gewann. Die Initiative ging
freilich von ihr aus, aber es scheint doch, daß er sich ihre
»Abkehr vom Aberglauben« beinahe als eigenes Verdienst
anrechnet. Nun ist zwar von einem Pfarrer nicht mehr krimi-
nalistischer Scharfsinn zu erwarten als von jedem anderen
Menschen mit gesundem Verstand, aber komisch-humoristi-
sche Aspekte ergeben sich doch daraus, daß Eccelius, völlig in
seinen Vorurteilen befangen, mehr dafür tut, die Aufklärung

4 Müller-Seidel, S. 227.

des Verbrechens zu verhindern, als sie voranzutreiben. Dieser Sachwalter der göttlichen Ordnung auf Erden ist so verblendet durch Ursula Hradschecks »Bekehrung«, daß er in Brief, Predigt und Alltagsverhalten den Hradschecks immer erneut stützend und helfend zur Seite tritt. Seine geistliche Autorität schützt das Mörderpaar – in grotesker Verkehrung des eigentlich Notwendigen. Der Leser wird vom Autor gleichsam zu einer Art von Schadenfreude verführt, wenn der düpierte Eccelius am Ende vor einem Scherbenhaufen steht. Nicht nur erweist sich die Bekehrung der Hradscheck als Irrtum, sondern auch sein lebhaftes Eintreten für das Ehepaar. Wenn die göttliche Gerechtigkeit am Ende siegt, dann ohne den Beistand ihres weltlichen Arms, der ihrem Triumph nicht den Weg gebahnt, sondern ihm im Wege gestanden hat.

Es wäre indessen zu einfach, die komisch-humoristischen Elemente nur bei Eccelius zu suchen. Sie offenbaren sich nicht weniger bei der Betrachtung Hradschecks. Wenn man sein Leben überblickt, so wird man sich des Eindrucks nicht erwehren können, daß er erst nach dem Tode seiner Frau wirklich zu sich selber findet. Jetzt, da sich seine finanziellen Möglichkeiten verbessert haben und die einengenden Ansprüche seiner auf Vornehmheit drängenden Frau weggefallen sind, wird er ganz er selbst. Reue und Gewissensnöte, an denen seine Frau zerbricht, sind nicht seine Sache. Das einzige, was ihn ängstigt, ist die Entdeckung seiner Untat. Wenn er seiner Frau vor deren Tod versichert: »Ich denke, leben ist leben, und tot ist tot« (90), so ist das nicht nur eine Façon de parler, sondern eine Grundüberzeugung seines eigenen Lebens (und daß er erschrickt, als ihm seine Frau die drohende Auferstehung des Ermordeten ankündigt, ändert daran nichts). Weder der auf ihm lastende Mord noch der Tod seiner Frau bedrücken ihn lange. Die dienstbaren Geister seines Hauses, die sich darüber wundern, daß er nach der Errichtung des Grabkreuzes erneut in eine kurze »Trauer« versinkt, treffen in ihrem Gespräch den Nagel ausnahms-

weise auf den Kopf: »Drei Tag' und nich länger. Und paß auf,
Male, diesmal knappst er noch was ab.« (99) Es mag ein Zweifel bleiben, ob er der Auferstehung wegen Bedenken trägt,
wie es ihm die Jeschke im Gespräch mit Geelhaar unterstellt,
wenn sie behauptet, Hradscheck habe seine Frau nicht bei
den Kindern beigesetzt, damit sie am Jüngsten Tage, »wo's
losgehe« (98), nicht nach ihnen greife, sondern ihren eigenen
Weg gehen müsse. Aber selbst wenn Reste religiöser Skrupel
ihn gelegentlich beunruhigen sollten, sie tun seiner Gemüts-
ruhe im ganzen keinen Abbruch. Sein Leben nimmt einen
bemerkenswerten Aufschwung. Je mehr er Abstand gewinnt
von der Mordnacht und dem Tode seiner Frau, um so rascher
wächst seine Sicherheit, und in seinem Leichtsinn beginnt er
förmlich Kapriolen zu schlagen. So denkt er daran, seinem
Leben ein neues Gerüst zu geben und zu heiraten. Natürlich
darf es keine Tschechinerin sein, denn sie wäre mit dem
Geschwätz vergangener Tage zu vertraut und würde seinem
Verlangen nach etwas Apartem nicht gerecht. Aber eine Voll-
blutberlinerin – sie entspräche seinen Wünschen. Daß sie aus
einem Destillationsgeschäft kommt, hätte auch wirtschaftliche Vorteile, aber vor allem brächte sie Hradscheck in den
Genuß der allgemein anerkannten Berliner Superiorität, auf
die schon der Schulze Woytasch anspielt, als Hradscheck im
Freundeskreis seine Eckenstehergeschichte darbietet: »Ja, die
Berliner! Ich weiß nicht! Und wenn mir einer tausend Taler
gäbe, so was könnt' ich nich machen. Es sind doch verflixte
Kerls.« (104) Nichts anderes aber will Hradscheck sein: ein
verflixter Kerl, der es mit allen aufnimmt und vor keiner
Provokation zurückschreckt. Je höher die Wogen seines
Übermuts gehen, um so aggressiver wird sein Verhalten. Er
hat Geelhaar mit einer dummen Bemerkung ja schon einmal
herausgefordert und dadurch zu seinem Feind gemacht –
jetzt, da er sich ungefährdet wähnt, versucht er wieder, den
alten Gegner der Lächerlichkeit preiszugeben, indem er die
Geschichte eines dummen Berliner Polizisten erzählt, von
dem er bis an sein »Lebensende geschworen« hätte, »daß er

Geelhaar geheißen haben müsse« (105). Wie er selbst sich
letzten Endes sieht, wird deutlich an seiner Lieblingsge-
schichte vom Seilspringer Kolter, der in gefährlichster und
bedrängtester Lage sein eigenes Leben und das seines Kontra-
henten durch einen Sprung rettete, der von einmaliger
Geschicklichkeit und Kühnheit zeugte. Das »sei mehr als
Napoleon« (115) gewesen, hatte das Publikum laut weinend
versichert.

So erträumt sich Hradscheck seine eigene Existenz: ein mit
allen Wassern gewaschener Tausendsassa, der alles kann: »›Is
doch ein Mordskerl!‹, sagte Kunicke. ›Was er will, kann er.
Ich glaub, er kann auch einen Hasen abziehn und Sülze
kochen.‹« (88) In der Tat ein »*Mords*kerl« – im eigentlichsten
Sinne des Wortes. Aber je gewagter und tolldreister die
Kapriolen und Salti werden, die Hradscheck schlägt, um so
näher rückt seine Entlarvung. Während er in der Gaststube
seine Saufkumpane mit seinen schauspielerischen Darstellungen begeistert und allesamt bezaubert, bahnt sich, ohne
daß ein eigentlicher Gegenspieler sichtbar würde, der Umschwung an. Hradscheck zieht eine Berliner Trumpfkarte
nach der anderen aus dem Ärmel, doch das Schicksal rückt
näher. Er spielt den Clown, wo doch längst an seinem Grabe
geschaufelt wird. Die Unaufhaltsamkeit, mit der sich dieser
Prozeß vollzieht, gibt den »Bockssprüngen« Hradschecks
einen komödienhaften Charakter. Wie kunstvoll und kapri-
ziös er auch springt, seinem Verhängnis springt er damit nur
näher.

Nicht die staatlichen Ordnungsmächte sind es, die ihn über-
führen oder wenigstens dabei behilflich sind. Pfarrer, Justiz-
rat, Dorfschulze, Polizist – sie alle werden von ihm an der
Nase herumgeführt. Er hat die weltliche Gerechtigkeit über-
listet und glaubt sich nun frei zu einem neuen Leben; aber die
göttliche Gerechtigkeit läßt ihrer nicht spotten, und während
er als schillernder Komödiant auf der Bühne des Lebens agiert
und den Berliner Witz in seiner Tschechiner Wirtsstube beinahe berauscht zelebriert, bereitet sie seinen Untergang vor.

Die entscheidenden Anstöße kommen von der Jeschke. Die göttliche Gerechtigkeit bedient sich der als Hexe verschrieenen, verhöhnten und an den Rand gedrängten Alten, um sich zur Geltung zu bringen. Das gibt der Erzählung in der Tat einen zusätzlichen humoristischen Anstrich, denn mit dem Mörder werden zugleich diejenigen in ihrer Torheit und Leichtgläubigkeit entlarvt, die zum Schutze der Rechtsordnung bestellt sind. Während der Mörder, sich in Sicherheit wiegend, seine Pirouetten dreht und zwischen Tschechin, Frankfurt und Berlin faxenhaft hin- und herspringt, seinem Lebenshunger frönend und dabei jeder Gerechtigkeit spottend, wird der Boden unter ihm ausgehöhlt. Er tanzt gleichzeitig auf der Nase seiner Mitmenschen und auf einem Vulkan. Die abrupte Demaskierung läßt schließlich nur Bloßgestellte zurück. Auf den Täter selber blickt der Leser eher mit einem gewissen mitleidsvollen Schrecken.

Schon Conrad Wandrey hat bezweifelt, daß man Hradscheck den Mord auch wirklich zutrauen könne. Er sagt:

> Man glaubt Fontane seinen Verbrecher nicht recht, dazu ist er zu sehr Bonvivant und hat zuviel von des Verfassers angeborenem Wohlwollen mitbekommen. Was als raffinierte Verstellung wirken soll, die den Verdacht der Täterschaft von ihm ablenkt, seine Gutmütigkeit und Ruhe, wirkt gegen Fontanes Willen als Ausdruck von *Wesen*. Fontane war unfähig, einen mit allen Wassern gewaschenen Halunken zu zeichnen, was seinem bürgerlichen Menschentum zur Ehre gereicht, aber seine Kriminalnovelle beeinträchtigt. Sie scheitert an dem vornehmen Schriftsteller, der den lauten Wirkungen aus dem Wege geht, und an dem disziplinierten, wohlanständigen Menschen.[5]

Das sind Sätze, die zum Nachdenken herausfordern. Verraten sie einerseits viel Kenntnis von Fontanes Persönlichkeit,

5 Wandrey, S. 319.

so scheinen sie doch andererseits an Fontanes Absichten vorbeizugehen. Lag es wirklich außerhalb der Fähigkeiten des Dichters, einen mit allen Wassern gewaschenen Halunken zu zeichnen? Interessierte ihn ein solch perfektes Halunkentum überhaupt? Oder glaubte er gar nicht recht daran? So wenig er an die große Liebesleidenschaft glaubt, so wenig glaubt er an den unbedingten Willen zum Bösen. Alles behält ein gewisses mittleres Maß. Natürlich bleibt Liebe Liebe, wie ein Mord ein Mord bleibt, doch Fontane ist weit davon entfernt, in seinen Werken eine Inkarnation des vollkommen Bösen zu schaffen; es gibt keinen Jago, keinen Richard III. und keinen Franz Moor. Aber es gibt den kleinen Dorfgastwirt Abel Hradscheck, der, um seiner wirtschaftlichen Notlage ein Ende zu machen, weil sie ihn in den totalen Ruin führen müßte, einen Weinreisenden aus Polen ermordet: bei günstiger Gelegenheit und unter Aufbietung seiner ganzen Schläue. Kein rabenschwarzer Halunke also, sondern ein kleiner, infamer Bösewicht, der seine Existenz retten will und gerade genug kriminelle Energie besitzt, um einmal ein Verbrechen zu begehen und es zu verschleiern. Er ist nicht der Mann, bei dem *eine* böse Tat fortzeugend Böses gebiert. So ist er sich der Gefährlichkeit der alten Jeschke durchaus bewußt, versichert er doch im Selbstgespräch: »Die verdammte Hexe! Warum lebt sie? Wäre sie weg, so hätt' ich längst Ruh' und brauchte diesen Unsinn nicht.« (116) Doch trotz dieser Einsicht, die nicht neuesten Datums zu sein scheint, kommt ihm der Gedanke an einen weiteren Mord nicht. Gleichgültig, wie man die Ausführbarkeit eines zweiten Verbrechens in dem kleinen Ort einschätzt, für Hradscheck ist aufschlußreich, daß Fontane ihn diesen Gedanken noch nicht einmal denken läßt. Der darauf folgende Satz: »Wer A sagt, muß B sagen«, ist als Einleitung zu einer neuen Untat so brauchbar wie zur endgültigen Beseitigung der Spuren der schon begangenen, aber Hradscheck bleibt innerhalb seiner Grenzen.

Das ganz große Grausen wird dem Leser natürlich auch dadurch erspart, daß die Mordtat unbeschrieben bleibt. Die

Umstände des Verbrechens sind so im ungewissen gehalten, daß der beste Interpret der Romane Fontanes auf den Gedanken kommen kann, die Tat sei im Keller vollbracht worden. Daß man des blutbefleckten Hradscheck niemals ansichtig wird, beläßt diesen Teil seiner Natur im verschwimmend Vagen, was zwar die Phantasie des Lesers anregen mag, aber die Konturen des Mörders weniger plastisch hervortreten macht.

Im übrigen bietet Fontane noch andere Mittel auf, um Hradscheck das unbegreiflich Furchtbare, das entsetzlich Einmalige, das jedem Verbrecher anhaftet, zu nehmen. Hans-Heinrich Reuter hat *Unterm Birnbaum* eine »historische Erzählung«[6] genannt, eine Bezeichnung, die so ähnlich schon Paul Schlenther in der Vossischen Zeitung benutzt hatte[7] und die auch Rudolf Schäfer in seiner ausführlichen und vielseitigen Interpretation aufgreift.[8] Alle diese Aussagen dienen dazu, den Nachweis zu führen, daß Fontane mit dieser Mordgeschichte so etwas wie ein »soziales Zeitbild« (Schlenther) habe geben wollen. Und wirklich spielt Historisches in diesem Werk – es bleibt ein Nebenwerk, wie intensiv Fontane daran auch gearbeitet hat – eine Rolle. Die Insurrektion der Polen von 1830 wird relativ breit abgehandelt, und die Berliner Theaterverhältnisse der dreißiger Jahre »wirken frisch vermittels der ihnen zugrunde liegenden, lebendig gebliebenen Jugendeindrücke des Dichters aus seinen ersten Berliner Jahren«.[9] Fontane hat seine Erzählung also angereichert mit Hinweisen auf zeitgenössische Ereignisse und Gestalten. Aus seinen Bemerkungen während der Entstehung von *Schach*

---

6 Reuter, II,633.

7 Schlenther sagt: »auch hier umspielt und begründet den verbrecherischen Fall ein soziales Zeitbild« (Beilage der *Vossischen Zeitung*, 29. Dezember 1889; zit. nach A IV,554).

8 Rudolf Schäfer, *Theodor Fontane: Unterm Birnbaum, Frau Jenny Treibel, Interpretationen*, München 1974, S. 32 (»es wird zum authentischen Zeitbild«).

9 Reuter, II,633.

von Wuthenow[10] wissen wir, wie sehr ihm daran gelegen war, seine Romane mit dem Geist der jeweiligen Zeit zu erfüllen. Indessen, so begreiflich es ist, daß Fontane den Freitod Schachs nicht in das Jahr 1815 verlegen kann (was der historischen Wahrheit entspräche), so wenig begreiflich ist es, daß Abel Hradscheck seinen Mord nur 1830 begangen haben kann und daß kein Jahr davor und kein Jahr danach in Frage kommt. Natürlich läßt sich *alles* konstruieren, aber die Interpreten haben doch bislang allesamt darauf verzichtet, den von Hradscheck begangenen Mord in demselben Weise wie den Tod Schachs als Zeitzeichen zu verstehen. Gleichwohl, die historische Verankerung der Erzählung bleibt unbestreitbar. Daß sich jedoch die Mentalität der Oderbruchbauern oder eines bankrotten Gastwirts zwischen 1831 und 1881 geändert haben sollte, ist unwahrscheinlich. Welchem Zweck also dienen, um bei einem konkreten Beispiel zu bleiben, die grausamen Geschichten von der Niederwerfung des polnischen Aufstands durch die Russen im 5. Kapitel der Erzählung? Wenn Rudolf Schäfer meint, daß »nicht behauptet werden« kann, »Hradschecks Entschluß zum Verbrechen sei in irgendeiner Form von diesem Hintergrund mitbestimmt«,[11] so stimmt dies doch kaum, denn ohne Zweifel sind die Zeitgenossen durch die polnische Insurrektion zutiefst erregt worden, und dies trifft für die Tschechiner um so mehr zu, als sie beinahe in der Nachbarschaft des blutigen Aufstands und seiner noch blutigeren Unterdrückung leben. Für sie ist Szulski nicht der Mann, der ihnen völlig Neues berichtet, sondern nur einer, der als vermeintlicher Augenzeuge das Grauenhafte bestätigt und es durch Detailkenntnisse anreichert. Tausende sterben in blutigen Metzeleien, denen jede kriegerische Notwendigkeit fehlte. Der Haß treibt seine Blüten. Alle moralischen Maßstäbe geraten in Gefahr und zerbrechen. Das strahlt weithin aus, und wenn Hradscheck den Gedanken, daß es in einer solchen Welt auf einen Mord nicht

10 Vgl. Hanser Briefe, II,612 (an Mathilde von Rohr, 11. August 1878).
11 Schäfer (s. Anm. 8) S. 32.

ankommt, vielleicht auch nicht denkt, er liegt doch in der Luft. Und er muß sich bestärkt vorkommen, wenn der »Pole« erzählt, daß das polnische Volk in jenem Aufstand vielleicht triumphiert hätte, wäre es nicht von seinem Adel verraten worden, der nicht an das Gemeinwohl, sondern an die Erhaltung seines Besitzes gedacht habe. Um nichts anderes will ja auch Hradscheck kämpfen. Und schließlich, wäre es je anders gewesen?

Lieselotte Voss hat überzeugend dargelegt, daß Fontanes Kriminalerzählung Shakespeares Macbeth nachgebildet ist oder zumindest eine Fülle von Einzelzügen daraus entnommen hat.[12] Fontane hat damit nichts anderes getan, als was Keller in *Romeo und Julia auf dem Dorfe*, Lesskow in *Eine Lady Macbeth aus Mzensk* oder Turgenjew in *Ein König Lear aus dem Steppenland* getan haben. Offenkundig teilt Fontane die allgemeine Überzeugung, daß nirgends in der Dichtung so viel von der menschlichen Natur enthüllt wird wie in Shakespeares Dramen. Dort ist der Mensch – mag er immerhin auch das Produkt der historischen Verhältnisse sein – zunächst einmal Mensch in einem allgemeinsten Sinne. Wie immer auch Shakespeare den Menschen gesehen hat, gestaltet er ihn so, daß nicht das Zeit- und Ortsbestimmte an ihm dominierend scheint, sondern daß ein Menschliches an ihm prävaliert, das keiner Veränderung unterliegt. Indem Shakespeare den Grundantrieben des Menschen nachfragte, gelang ihm die Gestaltung von Figuren, in denen sich die Menschen der folgenden Jahrhunderte an allen Orten wiedererkannten. Aber so deutlich wie Shakespeare ist Fontane dabei bewußt, daß bestimmte politisch-historische Umstände zu ganz verschiedenen Zeiten durchaus ähnliche Auswirkungen auf den menschlichen Charakter haben. Denken wir zurück an *Macbeth*. Die Ermordung Duncans hat den gleichen Hintergrund wie die Ermordung Szulskis. Auch in *Macbeth* tobt ein blutiger Bürgerkrieg. Auch hier zerbrechen die alten Maßstäbe;

12 Voss, S. 193 ff.

der Than von Cawdor, eben noch in hohem Ansehen, erweist sich als Verräter, und so wird Macbeth, der sich im Bürgerkrieg gerade aufs neue bewährte, zum Mörder seines Königs. Macbeth wie Hradscheck sind durch die blutigen Metzeleien, die sie um sich her geschehen sehen oder von denen sie hören, in ihrer moralischen Widerstandskraft geschwächt, sind dem Zugriff der Dämonen ungeschützter ausgeliefert, als sie es in einer friedvollen Welt wären. In ihrer Welt scheint erfolgreiche Selbstbehauptung nur möglich zu sein mit Hilfe von Gewalt. Beide sind also in gleicher Weise auch Kinder und Opfer ihrer Zeit. Geht man von der Abhängigkeit des Menschen von den historischen Gegebenheiten aus, so sind der Königsmord Macbeths und Hradschecks Mord dem Verständnis des Lesers gleich nahegerückt.

Wie ansteckend die revolutionäre Atmosphäre auf ungefestigte Geister wirkt, macht Fontane noch einmal im Gespräch der bei Hradscheck verkehrenden Offiziere deutlich, als diese sich über die Folgen der Revolution in Frankreich unterhalten. Daß Hradscheck selber dabei das Herz aufgeht, ist verständlich: Jede neue Unordnung, jede neue Bluttat lenkt ihn von seiner eigenen Schuld ab, verkleinert seine Missetat zumindest in seinen Augen, kann er doch sein Tun mit dem in der Welt vergleichen. Und da wird seine Untat zu einem Scharmützel auf einem Nebenkriegsschauplatz. Aber die Stimmung greift noch über ihn hinaus, denn selbst der dumme Ede wird infiziert und übertrifft den Blutdurst seines Herrn noch: »Nur von Ede sah er sich noch übertroffen, und wenn dieser durch die Weinstube ging und ein neues Beefsteak oder eine neue Flasche brachte, so lag allemal ein dümmliches Lachen auf seinem Gesicht, wie wenn er sagen wollte: ›Recht so, ’runter mit ihm; alles muß um einen Kopf kürzer gemacht werden.‹ Ein paar blutjunge Lieutenants, die diese komische Raserei wahrnahmen, amüsierten sich herzlich über ihn [...].« (80) Ein Beweis mehr dafür, wie die wilden Bewegungen der Zeit durch das Innere des einzelnen gehen und den schwachen Geist enthemmen und zu schuld-

vollem Tun verleiten. Das Bestimmende bleibt die besondere
Grausamkeit der Bürgerkriege, das schonungslose Blutvergießen, die grausigen Massaker und deren Wirkung auf
das ebenso schlichte wie verdorbene Gemüt Hradschecks.
Nur so gewinnen jedenfalls die ausführlichen Schilderungen
Szulskis von dem Blutvergießen in Polen für die Erzählung
einen kompositorischen Sinn. Sie sind mehr als stimmungs-
volle Erinnerungsbilder Fontanes aus jugendlicher Zeit. Sie
bilden einen unentbehrlichen, den Handlungszusammen-
hang konstituierenden Bestandteil des Romans.

Mit dieser Argumentation könnten, so will es scheinen, die
Perspektiven verschoben werden, unter denen Hradscheck
zu betrachten ist. Wie sehr sich indessen einerseits seine
Eigenverantwortlichkeit beschränken läßt und wie sehr sich
andererseits im Leser angesichts des Kobolz schießenden
Hradscheck und der Dummheit seiner Umwelt das Gefühl
einer gewissen moralischen Lässigkeit durchzusetzen droht,
für Fontane bleibt, alles immoralistischen Verständnisses
ungeachtet, Hradscheck ein Mörder. Vielleicht hatte der
Dichter selber das Gefühl, daß er in seiner Erzählung zu viel
moralische Indolenz hatte aufscheinen lassen: Er läßt durch
den Roman einen Gegenstrom fließen, der einerseits so
unauffällig, andererseits so sehr gegen den Hauptstrom gerichtet ist, daß die Sekundärliteratur bislang keine Kenntnis
davon genommen hat.

In vieler Hinsicht ist Hradscheck in der von Fontane gezeich-
neten Welt ein Fremdkörper. Er paßt nicht in das Klischee,
das die Dorfbewohner von einem Durchschnittsgastwirt und
Materialwarenhändler haben. Irgend etwas an ihm soll – dem
Willen Fontanes nach – Argwohn wachrufen, den Verdacht
aufkommen lassen, daß er zu mehr fähig sei als zum Würfel-
spiel und zum Trinken. Seine Vergangenheit hat Flecken, die
die Phantasie der Dörfler wachruft und beschäftigt. Er hatte
ehedem eine Geliebte in Neu-Lewin. Als ihm das Verhältnis
unbequem wurde, beschloß er (und man beachte das Mißver-
hältnis von Anlaß und Folgerung!), nach Amerika auszuwan-

dern. Inkonsequent genug, gibt er seinen Plan wieder auf, als er seiner späteren Frau, einer »Katholischen« aus der Hildesheimer Gegend, begegnet, und kehrt mit ihr in die Heimat zurück. Die Verbindung zur alten Geliebten bricht indessen nicht ab, und seine Frau spart nicht mit Vorwürfen, als es darum geht, die finanziellen Verlegenheiten zu erklären, in denen Hradscheck steckt. Abel hat seiner Rese in Neu-Lewin zu viel zukommen lassen, statt die eigene Frau zu verwöhnen. Aber das ist Jahre her, und schließlich: Rese starb plötzlich. Schon damals kamen Gerüchte auf, daß Hradscheck an ihrem Tode nicht unschuldig gewesen sei: »Die Rese hat er sitzenlassen. Und mit eins war sie weg, und keiner weiß wie und warum. Und war auch von ausgraben die Rede, bis unser alter Woytasch 'rüberfuhr und alles wieder still machte.« (25) Solche Verdächtigungen sind nicht einfach als böswillige Klatschereien abzutun. Sie deuten auf etwas Unheimliches an demjenigen hin, dem sie gelten. Undurchsichtigkeit schafft Mißtrauen. Man traut Hradscheck einen Mord an der früheren Geliebten zu. Was sich (wir zitierten es bereits) auf der einen Seite komisch anerkennend äußern kann (»er kann auch einen Hasen abziehn und Sülze kochen«), führt auf der anderen Seite zu bösen Unterstellungen. Offenbar empfinden alle an ihm etwas Außergewöhnliches, etwas, das nicht nur aus seinen früheren Versuchen, die konventionellen Bahnen zu verlassen (Krämer statt Zimmermann, Auswanderungsabsicht, Heirat in der Fremde), stammen kann, sondern einen tieferen Grund hat. Vielleicht tut Fontane zu wenig, um dieses von Hradscheck ausgelöste Gefühl einer zum Bösen tendierenden, fremdartigen Natur ins Bild zu rücken, aber schließlich ist nur so das Gerücht zu verstehen, das unmittelbar nach dem Tod Szulskis in Tschechin aufkommt und dessen Ursprung niemand zu erklären vermag: »Im Dorfe gab es inzwischen viel Gerede, das allerorten darauf hinauslief: ›es sei was passiert, und es stimme nicht mit den Hradschecks. Hradscheck sei freilich ein feiner Vogel und Spaßmacher und könne Witzchen und Geschichten erzählen, aber er hab' es hinter den Ohren, und was die Frau Hradscheck angehe, die vor Vornehmheit nicht sprechen könne, so wisse jeder, stille Wasser seien tief. Kurzum, es sei beiden nicht recht zu traun, und der Polsche werde wohl ganz woanders liegen als in der Oder.‹« (48) Da sich das Gerede auch gegen Hradschecks Frau richtet, läßt sich sein Ursprung zwar z. T. aus der allgemeinen Abneigung der Dörfler gegen Fremde erklären, aber natürlich ist Hradscheck derjenige, den der eigentliche Argwohn trifft. Schäfer hat in seiner Interpretation die Züge zusammengestellt, die dazu führen, daß sich Hradscheck als moderner, unternehmender Geist gegenüber den Bauern, die am Alten festhalten, verstehen muß,[13] aber diese Züge allein reichen nicht aus, darin einen überzeugenden Grund dafür zu entdecken, daß die Leute im Dorf ihm ebenso wie seiner Frau jeden Mord zutrauen bzw. unterstellen. Seine Mobilität ruft offensichtlich den Eindruck der Unzuverlässigkeit in der Substanz hervor. Dabei ist er von aufreizender Gelassenheit und in der Art, wie er seine Lügengeschichte vorbringt und in seinem Sprechen und Verhalten die zu erwartenden Reaktionen der Menschen berücksichtigt, von bemerkenswerter Klugheit. Seine Kalkulationen gehen alle auf, gleichgültig, ob er in den Männern die Ehemänner anspricht oder zu seiner Verteidigung auf den Charakter der Bauern anspielt, den er (so seine Ausrede) in keiner Hinsicht außer acht lassen dürfe, wenn er sich als Kaufmann am Ort behaupten wolle. Und doch überschreitet er bei aller Welterfahrung die ihm durch seine enge Umwelt gesetzten Grenzen immer wieder so weit, daß sich mehr Aufmerksamkeit auf ihn richtet, als er in seiner Lage gebrauchen kann.

Wie sehr Abel Hradscheck aus jedem Rahmen fällt und durch sein einfaches Sosein ein beklemmendes Gefühl um sich verbreitet, wird am deutlichsten ablesbar an seinem Verhältnis zu seiner Frau. Er läßt es ihr gegenüber an Entgegenkommen, Rücksichtnahme und Freundlichkeit nicht fehlen. Der Dich-

---

13 Schäfer (s. Anm. 8) S. 45.

ter versichert sogar ausdrücklich, daß er selbst während der Zeit, da sie als Hilfe für seine Wirtschaft völlig ausfällt, in seinem Verhalten weder Ungeduld noch Verdrießlichkeit verrät: »[. . .] er blieb seiner alten Neigung treu, war überaus rücksichtsvoll und klagte nie, daß ihm die Frau fehle. Er wollt' auch von keiner andern Hilfe wissen und ordnete selber alles an, was in der Wirtschaft zu tun nötig war. Vieles tat er selbst.« (88) Und doch hat seine Frau ihn in schwärzestem Verdacht: Sie fühlt ihr Leben durch ihn bedroht. Sie, die sich nicht nur zur Mitwisserin seines Verbrechens machen ließ, sondern entscheidend zum Gelingen der Untat beitrug, indem sie das gefahrvolle Unternehmen wagte, die pferdbespannte Kutsche in die Oder zu steuern, sie hat Angst vor ihrem Mann: »Überhaupt war es jetzt öfter so, wie wenn sie sich vor ihm fürchte. Mal sagte sie leise: ›Wenn er nur nicht so glatt und glau wär'. Er ist so munter und spricht soviel und kann alles. Ihn ficht nichts an . . . Und die drüben in Neu-Lewin war auch mit einem Male weg.‹ Solche Stimmungen kamen ihr von Zeit zu Zeit, aber sie waren flüchtig und vergingen wieder.« (86) Es sind flüchtige Stimmungen, aber wer wollte leugnen, daß dieser Verdacht einen tiefen Schatten auf das Bild Hradschecks wirft? Freilich zeigt Ursula Hradscheck, daß sie in ihrer Gewissensnot kaum noch die Energie besitzt, das Verbrechen zu verheimlichen, und so liegt schon der Verdacht nahe, daß der Täter, der sich in der Gefahr sieht, entdeckt zu werden, das schwache Glied beseitigt, dessen Vorhandensein ihn bedroht. Und wer sollte ihn genauer kennen als seine Frau? Und wenn auch sie, wie flüchtig auch immer, den Verdacht in sich wachsen läßt, Hradscheck könne sie aus dem Wege räumen, welche abgründige Unverläßlichkeit muß sich in seinem Wesen offenbaren? So lange wie möglich zwar hält er am Respekt vor dem Gesetz fest, aber seine Mitmenschen spüren, daß er, wenn ihm das Messer an der Kehle sitzt, nur noch seine eigene Haut kennt und weder die Achtung vor dem Gesetz noch sein eigenes Gewissen stark genug ist, ihn von einem Verbrechen zurückzuhalten. Es umgibt ihn ganz offensichtlich eine Aura der Gewissenlosigkeit und vollkommenen Ichsucht. Selbst wenn sich in der Handlung diese Züge nicht zeigen, er wirkt auf seine Umgebung so, daß man ihn jeder Tat für fähig hält. Abel Hradscheck trägt ein Kainszeichen, und selbst seine Frau weiß: Keine Liebesbezeigung und keine Liebesbeteuerung schließt ein neues Verbrechen aus.

Freilich: ganz glaubwürdig gestaltet hat Fontane diese Züge nicht. Hradschecks Innenwelt zeigt davon zu wenig. Er erscheint in den negativen Äußerungen in einem viel ungünstigeren Licht als er es verdient – so erstaunlich das klingen mag, wenn es von einem Mörder gesagt wird. Aber vielleicht kommt seine Naivität seiner Kriminalität fast gleich. Wer soviel Hoffnung auf den Farnkrautsamen setzt, verrät zuletzt doch Mängel und Unzulänglichkeiten hinsichtlich seiner kriminellen Intelligenz.

Literaturhinweise

Gill, Manfred: Letschin in Fontanes Kriminalnovelle »Unterm Birnbaum«. In: Fontane-Blätter. Bd. 4. H. 5 (1979) S. 414–427.

Jahn, Jürgen: [Nachwort zu »Unterm Birnbaum«.] In: Theodor Fontane: Romane und Erzählungen. Hrsg. von Peter Goldammer [u. a.]. Bd. 4. Berlin [Ost] 1969. S. 541 ff.

Ruttmann, Irene: Nachwort. In: Theodor Fontane: Unterm Birnbaum. Stuttgart 1968 [u. ö.]. S. 129–136.

Schäfer, Rudolf: Theodor Fontane: »Unterm Birnbaum«, »Frau Jenny Treibel«. Interpretationen. München 1974.

Schober, Kurt: Theodor Fontane: In Freiheit dienen. Herford 1980. [Zu »Unterm Birnbaum«: S. 185 ff.]

Spremberg, H.: Fontanes »Unterm Birnbaum«. Nach mündlicher Überlieferung und handschriftlichen Aufzeichnungen. In: Brandenburg. Zeitschrift für Heimatkunde und Heimatpflege 6 (1928) H. 2. S. 26 f.

WALTER HETTCHE

Irrungen, Wirrungen

Sprachbewußtsein und Menschlichkeit: Die Sehnsucht
nach den »einfachen Formen«

Fontanes Berliner Roman *Irrungen, Wirrungen*, dessen erste
Auflage in den Jahren 1888 bis 1890 bei drei verschiedenen
Verlagen erschien,[1] war zuerst – in den Sommermonaten des
Jahres 1887 – dem Lesepublikum der *Vossischen Zeitung* als
Fortsetzungsroman vorgestellt worden. In dieser Erstveröf-
fentlichung trug das Werk den klassifizierenden Untertitel:
»Eine Berliner Alltagsgeschichte«. Eine räumliche oder zeit-
liche Einordnung solcher Art hat Fontane seinen Prosawer-
ken öfter mit auf den Weg gegeben. Der erste Roman, *Vor
dem Sturm*, ist in seinem Untertitel als »Roman aus dem
Winter 1812 auf 13« bezeichnet, die Chronik-Novellen *Grete
Minde* und *Ellernklipp* werden in der Mark und im Harz
angesiedelt, und *Schach von Wuthenow* gibt sich als eine
»Erzählung aus der Zeit des Regiments Gensdarmes« zu
erkennen. *Irrungen, Wirrungen* jedoch ist der erste Roman,
der sowohl den räumlichen als auch – indirekt – den zeitlichen
Ort des Geschehens im Titel zumindest des Vorabdrucks
nennt, und es ist gleichermaßen der erste Roman Fontanes,
der von seinem Autor ausdrücklich als *Berliner* Roman charakterisiert wird. Dieser lokalen Einordnung entspricht die
geographische Exaktheit, mit der der Hauptschauplatz der
Erzählung in den einleitenden Sätzen beschrieben wird. Stra-
ßen- und Ortsnamen werden genannt,[2] und für die ›hinzuge-

---

1 Über die Umstände der ersten Buchveröffentlichung unterrichtet im einzelnen der Kommentar von Jürgen Jahn in A V,541–543.
2 Vgl. dazu Gunter H. Hertling, *Theodor Fontanes »Irrungen, Wirrungen«.
 Die »Erste Seite« als Schlüssel zum Werk*, New York / Bern / Frankfurt a. M.
 1985.

dichteten‹ Örtlichkeiten hat Fontane eine Lageskizze angefertigt, deren Detailreichtum nichts zu wünschen übrig läßt;
sogar das Spargelbeet ist eingezeichnet.[3]

Gegenüber der Genauigkeit der Schauplatzbeschreibung, wie
sie sich im Untertitel andeutet und in den einleitenden Sätzen
der Erzählung Gestalt gewinnt, scheint die entsprechende
zeitliche Fixierung der Handlung in den Hintergrund zu treten. Zwar werden im Gang der Erzählung Jahreszahlen und
Daten genannt, die zeigen, daß der Roman zwischen Pfing-
sten 1875 und Sommer 1878 spielt. Doch bei aller Exaktheit,
was die äußeren, sozusagen historischen Daten angeht, sind
die ersten in der Dörrschen Gärtnerei spielenden Kapitel von
einer eigenartigen Zeitlosigkeit geprägt. Daß im Umkreis des
Dörrschen Anwesens auf genaue Zeitmessung niemand ach-
tet, wird bald deutlich, wenn der Erzähler den Blick auf den
Umstand lenkt, daß von dem Holztürmchen des Dörrschen
»Schlosses« das Zifferblatt halb weggebrochen ist und »von
Uhr selbst keine Rede« sein kann (3). Dementsprechend
monoton verläuft das Leben der hier wohnenden Menschen.
Beharrlich wird der Leser darüber informiert, daß die Dinge
»tagaus, tagein« geschehen (9 u. ö.), »wie gewöhnlich« (4),
»auch heute wieder« (9), daß sich »ähnliches jeden dritten Tag
wiederholte« (11) und »heute« Herrn Dörrs regelmäßiger
Kegelabend sei (4). Die Beschäftigungen, denen die Bewoh-
ner des »Schlosses« und seines Vordergebäudes nachgehen,
sind gewöhnlichster Art: Lene Nimptsch bügelt, die Gärt-
nersfrau bindet Spargel, ihr Mann verjagt den Nachbarshund
aus seinem Garten – alles erweckt den Eindruck einer uner-
schütterlichen Ordnung und Gleichförmigkeit. Für die
Geschichte, die Fontane erzählt, haben sowohl die genaue
Schilderung des Schauplatzes als auch die auffällige Zeitlosigkeit und Alltäglichkeit des Geschehens ihre strukturelle

---

3 Abbildung in: *Erläuterungen und Dokumente: Theodor Fontane, »Irrungen,
   Wirrungen«*, hrsg. von Frederick Betz, Stuttgart 1979 [u. ö.], S. 9. Vgl. auch
   Wolfgang E. Rost, *Örtlichkeit und Schauplatz in Fontanes Werken*, Berlin/
   Leipzig 1931, S. 129–131.

Bedeutung. Denn wie der Roman erstmals eine Geschichte erzählt, die auf den Schauplatz Berlin angewiesen ist, wendet sich Fontane zum ersten Mal in seinem dichterischen Schaffen der Problematik einer Liebesbeziehung zwischen Angehörigen verschiedener gesellschaftlicher Stände zu, wie sie gerade in Berlin, der modernen Großstadt mit ihren ausgeprägten Standesgegensätzen, aufeinandertreffen. Nicht nur zeitlich liegt damit die 1887 erschienene Erzählung zwischen den großen Eheromanen *L'Adultera* (1882), *Unwiederbringlich* (1892) und *Effi Briest* (1895). Zwar geht es um die Institution der Ehe auch in *Irrungen, Wirrungen*, und daß in der Schilderung des Ehelebens der Dörrs und der Rienäckers deutliche Kritik an diesen Erscheinungsformen des ehelichen Zusammenlebens geübt wird, steht außer Frage. In beiden Fällen hat man es mit sogenannten Vernunftehen zu tun, und auch die Ehe Lenes und Gideon Frankes zählt zu dieser Kategorie: In allen drei Fällen stellen die materiellen Gesichtspunkte – sei es die Versorgung der Ehefrau oder die finanzielle Sanierung des Ehemannes und seiner Familie – entscheidende Gründe für die Eheschließung dar. Aber im Mittelpunkt des Interesses stehen die drei Ehepaare Dörr, Rienäcker und Franke nicht. Vielmehr geht es um eine Liebesbeziehung, die, wie es zunächst scheint, allein deshalb nicht in eine Ehe mündet, weil die Liebenden unterschiedlichen Gesellschaftsschichten angehören.[4] Erst in der Gegenüberstellung mit der echten Herzensbindung zwischen Lene und Botho gewinnen die anderen Ehen ihre kompositorische Funktion im Roman.

Die Liebe zwischen Botho und Lene steht von Anfang an im Zeichen der Unsicherheit und des Wissens um die Endlichkeit des gemeinsamen Glücks. Von Dauer sind nur die »Alltäglichkeiten«, sowohl in Lenes als auch in Bothos Leben. An

---

4 Ob man wirklich davon sprechen kann, die Trennung sei ein »freiwilliger Verzicht«, scheint fragwürdig; vgl. Charlotte Jolles, »›Gideon ist besser als Botho.‹ Zur Struktur des Erzählschlusses bei Fontane«, in: *Festschrift für Werner Neuse*, hrsg. von Herbert Lederer und Joachim Seyppel, Berlin 1967, S. 76–93, hier S. 82.

der Brüchigkeit der Beziehung zwischen den beiden Hauptfiguren hat Fontane keinen Zweifel gelassen: Schon die erste Begegnung Bothos und Lenes trägt das Zeichen der Vergänglichkeit in sich. Man trifft sich, »bei Gelegenheit einer Kahnfahrt um die Treptower Liebesinsel herum« (144), auf dem Wasser, und die so zustandegekommene Verbindung erweist sich mithin »als ein transitorisches Zusammentreffen [...], eine momentane Verbindung jenseits dauerhafter Institutionen«.[5]

Von solcher Transitorik sind alle weiteren Begegnungen Bothos und Lenes geprägt. Der Eindruck des Brüchigen und Doppelbödigen wiederholt und verstärkt sich auf dem Spaziergang nach Wilmersdorf, den das Paar zusammen mit Frau Dörr unternimmt. Am Wegrand sieht man den »Schutt einer Bildhauerwerkstatt« (54) umherliegen, man bewegt sich auf einem »Sumpf«, der »bloß so tut, als ob es Wiese wäre« (55) – es ist in jedem Fall gefährliches Terrain, auf dem man sich befindet, und die zweideutigen Reden, die Frau Dörr über den Storch, über Matratzenfedern und »wuppende« Betten führt (55 f.), tragen zu dieser Atmosphäre der Unsicherheit bei. Frau Dörr spricht in Andeutungen von Konsequenzen, an die Lene und Botho nicht denken wollen und nicht denken dürfen.

Auch auf dem Ausflug nach Hankels Ablage, als dessen Vorwegnahme die Landpartie nach Wilmersdorf in vieler Hinsicht erscheint,[6] ist der Moment der Trennung in greifbarer Nähe, ohne daß sich die Liebenden dieser Nähe bewußt sind. Zwar hat Botho dem Gespräch mit seinem Onkel Kurt entnehmen können, daß die Familie der Braut, die man ihrer blühenden Vermögensumstände halber für ihn ausgesucht hat, ungeduldig zu werden beginnt. An seinem Entschluß, mit Lene zwei Tage außerhalb Berlins, außerhalb der gesell-

---

5 Karla Müller, *Schloßgeschichten. Eine Studie zum Romanwerk Theodor Fontanes*, München 1986, S. 39.
6 So verweist z. B. die Symbolik des »Kranzes« und der »Kette« (56) auf den Strauß, den Lene auf der Wiese bei Hankels Ablage bindet (71).

schaftlichen Zwänge verleben zu wollen, kann dieses Wissen
jedoch nichts ändern. An einem Freitag bricht man auf und
kehrt am Samstagabend nach Berlin zurück. Am nächsten
Tag erhält Botho einen Brief von seiner Mutter, der ihn mit
aller Deutlichkeit vor die Alternative zwischen Bankrott oder
Heirat mit Käthe von Sellenthin stellt. Der Brief ist auf den
29. Juni 1875 datiert, einen Dienstag: Schon drei Tage, bevor
Lene und Botho ihren Ausflug überhaupt antreten, ist der
Brief zu Papier gebracht, der das Ende ihres Zusammenlebens
besiegelt.

Während des Aufenthaltes in Hankels Ablage sind Botho und
Lene einander so nah und gleichzeitig so fern wie nirgends
sonst im Roman. Das ist nicht nur dem Leser bewußt, sondern auch den Romanfiguren selbst. Erinnert schon das Miß-
verständnis der Wirtsleute, die Botho und Lene für ein Ehepaar und Lene noch dazu für schwanger halten, Lene beständig an die »Kluft« (79) zwischen ihr und Botho, so wird ihr
am Interieur ihres Giebelzimmers nicht nur diese Distanz,
sondern auch die Nähe, ja die partielle Identität ihres Lebens-
kreises mit demjenigen Bothos erkennbar. An der Wand dieses Zimmers hängen zwei Stiche und eine Lithographie: Ema-
nuel Leutzes *Washington Crossing the Delaware* und Benja-
min Wests *The Last Hour at Trafalgar* auf der einen und
Villeneuves *Si jeunesse savait* auf der anderen Seite. Während
die beiden Schlachtbilder deutlich auf Bothos Vorliebe für
die Historienmalerei Andreas und Oswald Achenbachs verweisen – in seinem Arbeitszimmer hängt »ein Andreas
Achenbachscher Seesturm, umgeben von einigen kleineren
Bildern desselben Meisters« (34) –, kennt Lene die französische Lithographie aus der Dörrschen Wohnung. Wird sich
Lene angesichts ihrer Unfähigkeit, die englischen Bildunter-
schriften zu lesen, »der Kluft [...] bewußt [...], die sie von
Botho trennte« (79), so deutet die Zusammenstellung der Bilder gerade auf eine Verwischung dieses Unterschiedes hin,
die im Verlauf der Episode in Hankels Ablage noch mehrfach
zu beobachten ist.

Botho hatte, als er die Partie plante, Wert darauf gelegt, daß
Frau Dörr an dieser Fahrt nicht teilnimmt: »Frau Dörr, wenn
sie neben deiner Mutter sitzt oder den alten Dörr erzieht, ist
unbezahlbar, aber nicht unter Menschen. Unter Menschen ist
sie bloß komische Figur und eine Verlegenheit.« (66) Der
Zufall will es, daß in der Begleitung der überraschend an dem
Ausflugsort auftauchenden Offizierskameraden Bothos drei
»Damen« (84) erscheinen, die an Trivialität und Geschwät-
zigkeit Frau Dörr in nichts nachstehen. Es kommt diesen
Gesellschaftsdamen allemal mehr darauf an, daß überhaupt
geredet wird, als daß man Sinnvolles spricht; der Inhalt ihrer
Unterhaltung ist – wie Botho während seines Besuches bei
Nimptschs und Dörrs geschildert hat und wie Lene es nun
zum ersten Mal wirklich erlebt – tatsächlich völlig gleichgültig: »sie muß auch dumm sein, sie spricht ja kein Wort« (92),
sagt »Johanna« über Lene, während sich die Beschränktheit
der drei Offiziersdamen doch gerade in ihrer »Sprechfähig-
keit« (85) äußert, in der stattlichen Ansammlung von Platt-
heiten, die sie auf dieser Landpartie von sich geben:

> »Ach, die gute Dicke. Geh mir mit *der*. Die denkt, sie is es.
> Aber es is gar nichts mit ihr. Ich will ihr sonst nichts nach-
> sagen, aber falsch ist sie, falsch wie Galgenholz.«
> »Nein, Johanna, falsch is sie nu grade nich. Und sie hat dir
> auch öfter aus der Patsche geholfen. Du weißt schon, was
> ich meine.«
> »Gott, warum? Weil sie selber mit drinsaß und weil sie sich
> ewig ziert und wichtig tut. Wer so dick ist, ist nie gut.«
> »Jott, Johanna, was du nur redst. Umgekehrt is es, die
> Dicken sind immer gut.«
> »Na, meinetwegen. Aber das kannst du nicht bestreiten,
> daß sie 'ne lächerliche Figur macht. Sieh doch nur, wie sie
> dahinwatschelt; wie 'ne Fettente. Und immer bis oben 'ran
> zu, bloß weil sie sich sonst vor anständigen Leuten gar
> nicht sehen lassen kann.« (92)

Das unterscheidet sich in seiner Oberflächlichkeit und Unverbindlichkeit – ob »die Dicken« nun alle falsch oder alle gut sind, gilt gleichviel – nicht im mindesten von dem Geschwätz, das man von Frau Dörr gewohnt ist und vor dem Lene und Botho in Hankels Ablage gerade ihre Ruhe haben wollten. Das Ende des 13. Kapitels schließlich hebt die Unterschiede zwischen dem leeren Dauergeplauder der drei Freundinnen und dem bewußten Schweigen Lenes mit wünschenswerter Deutlichkeit hervor. »Isabeau« beobachtet den Wirt des Lokals beim Ansetzen der bestellten Bowle und bemerkt: »Schade [...], daß ich grade *das* sehen mußte. Das Schicksal hätte mir auch einen besseren Anblick gönnen können. Warum gerade Mosel?« (93) Der Gebrauch des Begriffs »Schicksal« in diesem trivialen Zusammenhang wirft ein klares Licht auf die Sprachbewußtheit Lenes, die selbst dann bei ihrer einfachen und natürlichen Sprache bleibt, wenn es *tatsächlich* um ein schicksalhaftes Erleben geht: »Du hast mir kein Unrecht getan, hast mich nicht auf Irrwege geführt und hast mir nichts versprochen. Alles war mein freier Entschluß. Ich habe dich von Herzen liebgehabt, das war mein Schicksal [...].« (106)

Zu dem Bewußtsein, daß mit dem Ausflug nach Hankels Ablage der Schlußpunkt unter ihr gemeinsames Glück gesetzt ist, wird Lene auf zweierlei Weise geführt. Zum einen ist es die »Kluft« zwischen ihr und Botho, die sie deutlich gewahr wird und die Botho noch vertieft, indem er Lenes Standeszugehörigkeit vor seinen Freunden verschleiert und ihr ebenfalls einen der in seinen Kreisen üblichen gesellschaftlichen Decknamen – »Agnes Sorel« (85) – verleiht.[7] Zum andern ist es gerade das Bewußtwerden ihres eigenen Standes angesichts der Magd, die man am Morgen beim Reinigen des Küchengeräts beobachtet hatte und deren Anblick sie so tief berührt

---

7 Hans Ester sieht in dieser Szene die Trennung Bothos von Lene bereits von Botho selbst vollzogen (»Über Redensart und Herzenssprache in Theodor Fontanes *Irrungen, Wirrungen*«, in: *Acta Germanica. Jahrbuch des südafrikanischen Germanistenverbandes* 7, 1972, S. 101–116, hier S. 107 f.).

hat: »Weißt du, Botho, das ist kein Zufall, daß sie da kniet, sie
kniet da für mich und ich fühle deutlich, daß es mir ein Zeichen ist und eine Fügung.« (83) Botho hatte einst eher beiläufig und herablassend ausgesprochen, daß »jeder Stand seine
Ehre« habe (21): Hier nun erfährt Lene an sich selbst die
Wahrheit dieses Satzes, der weit davon entfernt ist, etwa resi-
gnatives Fügen in eine gottgewollte Klasseneinteilung zu for-
dern. Gerade im Kontrast zu den Angehörigen der sogenannten besseren Gesellschaft, der in den an Hankels Ablage spielenden Kapiteln besonders klar erkennbar ist, wird deutlich,
daß auf der Seite der Nimptschs der wahre »Adel des Geistes«
zu suchen ist. Frau Dörrs Vermutung, Lene sei »vielleicht
[. . .] eine Prinzessin oder so was« (6), bewahrheitet sich auf
eine Weise, die ihr selbst wohl nicht bewußt ist.
Die Unterschiede zwischen den gesellschaftlichen Ständen,
die anscheinend das Romangeschehen prägen, werden im
Verlauf der Erzählung immer weniger greifbar. Daß sowohl
die Welt des Adels als auch diejenige der Arbeiterschicht und
des Kleinbürgertums ähnlich eingerichtet sind, zeigt sich
schon in der Schilderung des »Schlosses«, des Hauptgebäudes
der Dörrschen Gärtnerei, und des dazugehörigen Gartens.
Sein und Schein klaffen hier bedenklich auseinander, wenn
sich dieses »Schloß« schließlich als ein »jämmerlicher Holz-
kasten« entpuppt, dessen »gotische Fenster« nur aufgemalt
sind (7). Allein die Bezeichnung »Schloß« verweist auf die
Welt des Adels, und Bothos Schilderung des heimatlichen
Schloßgartens im 5. Kapitel stellt vollends die Beziehung
zwischen beiden Lebenswelten her: »Ich [. . .] dachte nach
Haus hin an unsren Küchengarten in Schloß Zehden, der
genauso daliegt wie dieser Dörrsche, dieselben Salatbeete mit
Kirschbäumen dazwischen und ich möchte wetten auch
ebenso viele Meisenkästen. Und auch die Spargelbeete liefen
so hin.« (31)[8]
Das Leben, das sich in diesen verschiedenen und doch ähnli-

---

8 Vgl. dazu besonders Müller (s. Anm. 5) S. 37 f.

chen Lebensräumen abspielt, ist denn auch in seinen Abläu-
fen durchaus ähnlich organisiert. Das wird an Kleinigkeiten
ebenso erkennbar wie an existentiell wichtigen Dingen: Ob
der alte Dörr zur Musik aus dem Zoologischen Garten den
Takt mit dem Knöchel ans Kaffeebrett schlägt oder ob sich
Käthe von Rienäcker über den alten Knaak freut, der »den
Tannhäusermarsch auf einem klapprigen alten Whisttisch
trommelte« (110), ob sich die alltägliche Langeweile in Dörrs
Gärtnerei breitmacht oder auf dem Ausflug der Offiziere und
ihrer »Damen«, ob Frau Dörr ihr leeres Geschwätz verneh-
men läßt oder »Königin Isabeau« oder Käthe von Rienäcker –
es macht keinen Unterschied. Gerade auf einem Gebiet, an
dem etwa im Naturalismus die Standesunterschiede besonders sinnfällig werden, wird in Fontanes Roman die grundsätzliche Ähnlichkeit zwischen dem Leben in den oberen und
dem in den unteren Ständen erkennbar. Ingrid Mittenzwei
beobachtet, daß die »sprachlichen Verhältnisse [...] nicht
säuberlich soziologisch getrennt [sind]: Redensartlichkeit ist
nicht auf die oberen und Unredensartlichkeit nicht auf die
unteren Stände beschränkt [...].«[9] Von »Unredensartlichkeit« kann in der Tat nicht die Rede sein, wenn man sich
vergegenwärtigt, wie etwa das Ehepaar Dörr miteinander
spricht. An Floskeln und Phrasen hat es dort keinen Mangel;
sei es, daß Herr Dörr seine Weisheit von der Nützlichkeit des
Porree verbreitet (8), sei es, daß seine Frau sich in weitläufi-
gen Deutungen simpler Weisheiten ergeht, etwa derjenigen,
»daß wir so jung nich wieder zusammenkommen« (60). Die
Sprache, die hier gesprochen wird, ist indessen nicht nur
die »Herzenssprache«,[10] als die man sie bei oberflächlicher
Betrachtung ansehen könnte. Gerade im Umgangston der
Familie Dörr kommt gelegentlich jene »reduzierte Menschlichkeit« zum Ausdruck, von der Walter Müller-Seidel
gesprochen hat.[11] Der Gärtner Dörr hat aus erster Ehe einen

9 Mittenzwei, S. 100.
10 Vgl. zu diesem Begriff Ester (s. Anm. 7).
11 Müller-Seidel, S. 259.

»zwanzigjährigen, etwas geistesschwachen Sohn« (8) in seine
zweite Verbindung mitgebracht, dem man nicht eben liebe-
voll begegnet: »Will er woll auf! Ne, ich sage. Wo's nich drin
steckt, da kommt es auch nich« (20), herrscht Frau Dörr ihren
Stiefsohn an, und sie bestätigt damit die Charakterisierung
des Erzählers, der ihr gleich zu Beginn des Romans eine
»besondere Beschränktheit« attestiert (4). Hier wird sichtbar,
daß das Leben dieser Menschen bar jeder Idyllik ist. Jost
Schillemeits Einschätzung, wonach sich »hier, wo wir uns in
einfachsten Lebenskreisen bewegen, [alles] zu einem freund-
lichen und harmonischen Bilde«[12] fügt und auf Frau Dörr ein
»besonders helles und freundliches Licht fällt«,[13] trifft in solcher Eindeutigkeit sicher nicht zu.

Am Beispiel Botho von Rienäckers wird die Vermischung der
unterschiedlichen Sprachebenen – die Verwendung von
Redensarten *und* ›einfacher‹ Sprache – besonders deutlich.
Den Personen, mit denen Botho Umgang hat, ist eine Oberflächlichkeit des Sprechens eigen, ein gesellschaftlicher Plauderton, dem es nicht so sehr auf das Gesagte und seine Bedeutung ankommt, sondern auf die witzige, geschliffene Form
des Ausdrucks. Bei dem Besuch, den Botho im 4. Kapitel
Lene und Dörrs abstattet, wird diese Form der gesellschaftlichen Causerie selbst zum Gegenstand des Gesprächs. Es ist
bezeichnend für die immer wieder hervorgehobene »Unredensartlichkeit« Lenes, daß sie sich nicht vorstellen kann, wie
Botho und seine Freunde an solch nichtssagenden Gesprächen über das Wetter, die Sächsische Schweiz, Morcheln, das
Schlößchen Tegel »oder ob die Panke zugeschüttet werden
soll« (25) Gefallen finden können: »wenn es alles so redens-
artlich ist, da wundert es mich, daß ihr solche Gesellschaften
mitmacht« (25). Tatsächlich ist Lene die einzige Figur des
Romans, die Redensarten und floskelhafte Redewendungen
weitgehend vermieden. Wenn sie eine Redensart verwendet,
geschieht es mit einer Bewußtheit des Sprechens, die allen

12 Schillemeit, S. 24.
13 Ebd., S. 22.

anderen Romanfiguren gänzlich fehlt. »Es heißt immer, die Liebe mache blind, aber sie macht auch hell und fernsichtig« (33), sagt sie an jenem Abend, der im 5. Kapitel geschildert wird: Lene besitzt die Fähigkeit, die Bedeutung solcher Formeln zu erkennen – eine Fähigkeit, die hier einhergeht mit dem ebenso klaren Wissen um die Endlichkeit ihres Zusammenseins mit Botho. Noch deutlicher wird diese Verantwortlichkeit im Umgang mit der Sprache während des Ausflugs nach Hankels Ablage. Bei dem Spaziergang auf der blühenden Wiese weigert sich Lene zunächst, den gepflückten Strauß mit ihrem eigenen Haar zu binden: »›Nein‹, sagte sie bestimmt. ›Nein? warum nicht? warum nein?‹ ›Weil das Sprichwort sagt: „Haar bindet.“ Und wenn ich es um den Strauß binde, so bist du mitgebunden.‹« (71) Der Gehalt des Sprichworts und die damit bezeichnete Handlung werden eins: Was Botho zunächst für eine oberflächliche Redensart wie viele andere hält, wird für Lene zu einem symbolhaften Akt von existentieller Bedeutung.

Von einer solchen sprachlichen Ernsthaftigkeit ist Botho während der gesamten Dauer seiner Beziehung zu Lene weit entfernt. Nicht nur im Klub oder im alltäglichen Zusammensein mit seinen Kameraden bedient er sich einer lockeren Sprache. Auch in ernsteren Situationen gehen ihm die gewohnten Phrasen leicht von den Lippen. Lene schreibt ihm einen Brief, der mit den Sätzen schließt: »Ich habe solche Angst um Dich, das heißt eigentlich um mich. Du verstheest mich schon. Deine Lene« (37). Obwohl ihm bei der Lektüre dieses Briefes »allerwiderstreitendste Gefühle durchs Herz gingen: Liebe, Sorge, Furcht« (37), gilt seine Aufmerksamkeit vor allem den »reizenden« orthographischen Fehlern: »Großer Gott, wer kann ›empfehlen‹ richtig schreiben? Die ganz jungen Komtessen nicht immer und die ganz alten nie. Also was schadt's!« (38) Der floskelhafte Ausruf »Großer Gott«, der Satz über die Komtessen und schließlich, am Ende des Kapitels, die Worte, die er angesichts des sommerlichen Treibens auf der Straße äußert: »Wie schön! Es ist doch wohl

eine der besten Welten« (39) – all dies zeugt davon, daß Botho
nicht nur selbst die Gepflogenheit der oberflächlichen Plau-
derei beherrscht, sondern eine durchaus wahr und ernst
gemeinte, auch verstörte und verstörende Sprache wie diejenige in Lenes Brief nicht begreifen kann. Hätte er die Not
Lenes verstanden, die sich am Ende ihres Briefes äußert, er
hätte gerade angesichts der sehr weltlichen Gründe, die ihn
von Lene trennen, eben diese Welt nicht allen Ernstes als
»eine der besten« bezeichnen können.

An einem der meistinterpretierten Sätze des Romans beginnt
indessen eine Entwicklung innerhalb der Sprache Bothos –
und damit innerhalb der Romanfigur als solcher –, die nach
der Trennung von Lene und in der Ehe mit Käthe von Sellenthin ihren Fortgang nimmt. Nachdem Botho den Brief seiner
Mutter erhalten hat, unternimmt er einen Ausritt in die
Umgebung Berlins und kommt an einem »Walzwerk« (102)
vorbei, dessen Belegschaft gerade Mittagspause hat:[14]

> »Rienäcker [. . .] war entzückt von dem Bilde, das sich ihm
> bot, und mit einem Anfluge von Neid sah er auf die Grup-
> pe glücklicher Menschen. »Arbeit und täglich Brot und
> Ordnung. Wenn unsre märkischen Leute sich verheiraten,
> so reden sie nicht von Leidenschaft und Liebe, sie sagen
> nur: ›Ich muß doch meine Ordnung haben.‹ Und das ist ein
> schöner Zug im Leben unsres Volks und nicht einmal pro-
> saisch. Denn Ordnung ist viel und mitunter alles. Und nun
> frag ich mich, war *mein* Leben in der ›Ordnung‹? Nein.
> Ordnung ist Ehe.« (102)

Dieser Satz – »Ordnung ist Ehe« – gehört, wie an der »Wenn-
dann«-Konstruktion erkennbar ist, mit der er vorbereitet
wird, einerseits durchaus in den Bereich des Redensartlichen.

---

14 Fontane hat offenbar übersehen, daß Bothos Ausritt an einem Sonntag stattfindet und mithin in einem Walzwerk wohl kaum über die Mittagspause
hinaus gearbeitet wird. Das ist eine der Unstimmigkeiten, über deren mögli-
ches Vorkommen Fontane sich durchaus im klaren war (vgl. seinen Brief an
Emil Schiff, 15. Februar 1888; Hanser Briefe, III, 585 f.).

Andererseits deutet die ausführliche Selbstreflexion Bothos darauf hin, daß er diese »Redensart« nicht einfach als Floskel wiederholt wie die vielen Redensarten, die er zuvor gebraucht, sondern daß er nun selbst aus eigener Erfahrung und Anschauung zu der Überzeugung gelangt ist, mit diesem Satz habe es seine Richtigkeit. Daß diese Erkenntnis die Sehnsucht nach einer Gesellschaft nicht ausschließt, die Herzensbindungen wie diejenige zwischen Lene und Botho jenseits der Standesgrenzen erlaubt, wird im zweiten Teil der Erzählung am Eheleben Bothos und Käthes und an der trotz der Einsicht in die Notwendigkeit der »Ordnung« weiterbestehenden Bindung an Lene verdeutlicht.

Käthe von Sellenthin ist als Gegenbild zu Lene Nimptsch konzipiert. Nirgends wird dies deutlicher als in ihrer Redeweise, und auch Botho erkennt erst an diesem »enormen Sprechtalent« (129) seiner Ehefrau, wie sehr ihm Lenes unprätentiöse Sprache, ihre Ehrlichkeit und die Bewußtheit ihres Tuns fehlen: »Lene mit ihrer Einfachheit, Wahrheit und Unredensartlichkeit stand ihm öfters vor der Seele« (117), heißt es im 17. Kapitel, nachdem er erkannt hat, »daß mit Käthe wohl ein leidlich vernünftiges, aber durchaus kein ernstes Wort zu reden war« (117). Die Unterschiede im Wesen der beiden Frauen fallen besonders dann ins Auge, wenn Botho und Käthe gleiche oder ähnliche Situationen durchleben wie einst Botho und Lene. Ob es ihr Tanz zu den Klängen des Konzerts im Zoologischen Garten ist (118), der Botho an den fröhlichen Abend mit Dörrs und Nimptschs erinnert, als er zu eben dieser Musik mit Lene tanzte und der alte Dörr den Takt »mit seinem Knöchel an das Kaffeebrett schlug« (26 f.), oder Käthes Postkarten aus Schlangenbad,[15] deren »undeutliches Gekritzel« (137) ihn an die kalligraphische Handschrift Lenes (38, 159) denken läßt, oder ob er erkennt, daß Lene

15 Vgl. zu Käthes Post von der Reise und vom Aufenthalt in Schlangenbad Christian Grawe, »Käthe von Sellenthins ›Irrungen, Wirrungen‹. Anmerkungen zu einer Gestalt in Fontanes gleichnamigem Roman«, in: *Fontane-Blätter*, Bd. 5, H. 1 (1982) S. 84–100.

einem Spaziergang nach Wilmersdorf und einer Landpartie nach Hankels Ablage mehr abgewinnen kann als Käthe ihrer Hochzeitsreise nach Dresden, wo sie alles »komisch« findet: Erst der Kontrast zwischen Käthe und Lene läßt Botho den Unterschied zwischen Herzensbindung auf der einen und Vernunftehe auf der anderen Seite vor Augen treten.

Das gemeinsam mit Lene Erlebte behält seine Bedeutung für Botho auch nach der Trennung. »Erinnerung ist viel, ist alles« (105), sagt Lene an ihrem letzten Abend mit Botho, und dieser Satz, den sie eigentlich auf sich selbst bezogen hat, trifft erst recht auf Botho zu. Seine Erinnerung lebt fort in den Symbolen der gemeinsamen Zeit: Die Kuppel des Elefantenhauses, die Botho vom Balkon seiner neuen Wohnung aus sehen kann, der Wilmersdorfer Kirchturm, das Lied vom »tapferen Lagienka« – all diese Dinge sind befrachtet mit Erinnerungen an Lene, und bei jeder neuen Begegnung mit ihnen wird Botho deutlich, daß die Bindung an Lene tatsächlich fortbesteht, so wie sie es in Hankels Ablage prophezeit hatte und wie es Botho beim Verbrennen des damals gebundenen Blumenstraußes wieder ins Bewußtsein tritt. Der Strauß ist ein Symbol für die Dauer der Bindung, und das Symbolisierte läßt sich nicht aus der Welt schaffen, indem man das Symbol verbrennt.

Mit der Erkenntnis, daß Lenes »Unredensartlichkeit« für immer aus seinem Leben verschwunden ist und nur mehr in der Erinnerung fortlebt, geht eine grundlegende Veränderung in Bothos Wesen einher. Die Selbstreflexion während des Ausritts am Tag nach der Rückkehr von Hankels Ablage leitet diese Veränderung ein, die Abwesenheit Käthes während ihrer Kur in Schlangenbad bringt diesen neuen Zug schließlich zur vollen Geltung. Botho ist nachdenklicher, ›bewußter‹ geworden, und den lockeren Gesellschaftston, den ihm seine Ehefrau ad nauseam vorgelebt hat, hat er sich gänzlich abgewöhnt. Wie sehr er sich dem Sprachbewußtsein und damit der von ihm so geschätzten Ehrlichkeit Lenes angenähert hat, zeigt sich in der Ernsthaftigkeit, mit der er das Versprechen einlöst, das er der alten Frau Nimptsch einst »halb humoristisch, halb feierlich« (148) gegeben hatte: »Und wenn ich in Petersburg bin oder in Paris und ich höre, daß meine alte Frau Nimptsch gestorben ist, dann schick ich einen Kranz, und wenn ich in Berlin bin oder in der Nähe, dann bring ich ihn selber.« (64)

Während Käthe in Schlangenbad weilt, nimmt Botho die strapaziöse Droschkenfahrt nach dem Jakobikirchhof auf sich, denn: »Wenn man der alten Frau Nimptsch einen Kranz bringen will, muß man sich auch zu dem Kranz bekennen. Und wer sich dessen schämt, muß es überhaupt nicht versprechen.« (151) Das Wissen um die Bedeutung eines Versprechens, das sich in diesen Sätzen äußert, ist weit entfernt von Bothos früherer, auch in Gegenwart Lenes nie ganz abgelegter Überzeugung, daß es »eigentlich [...] ganz gleich [ist]«, wovon man spricht« und daß »ja‹ [...] geradesoviel wie ›nein‹« gelte (25). Noch in Hankels Ablage hatte er Lenes Ernsthaftigkeit, mit der sie das Sprichwort »Haar bindet« (71) als eine Wahrheit ansah, als Aberglaube bezeichnet – hier nun gesteht er zum ersten Mal einem gegebenen Wort die Verbindlichkeit zu, die sie für Lene stets hatte. Mit der Trennung von ihr und mit dem Tod der Frau Nimptsch hören für ihn tatsächlich »die Redensarten auf und die Wirklichkeiten fangen an« (26) – Wirklichkeiten, die nun in seinem Leben einen ganz anderen Stellenwert besitzen als diejenigen, die ihm früher lediglich in Gestalt des Verlustes einer »Graditzer Rappstute« (26) begegnet sind.

Die Erfahrungen, die Botho nach der Trennung von Lene im Zusammenleben mit Käthe gesammelt hat und die sich in seinem gewandelten Sprachverhalten niederschlagen, kristallisieren sich in dem Gespräch mit seinem Kameraden Rexin zu völliger Klarheit. Dieser Kamerad liebt wie einst Botho ein Mädchen ›niederen Standes‹, und er liebt sie aus ähnlichen Gründen, die Botho zu Lene hinzogen: »Ich sehne mich nach einfachen Formen, nach einer stillen, natürlichen Lebensweise, wo Herz zum Herzen spricht und wo man das Beste hat, was man haben kann, Ehrlichkeit, Liebe, Freiheit.« (166) Von dem Vorhaben Rexins, mit seiner »schwarzen Henriette« eine Ehe ohne »Legalisierung, Sakramentisierung oder wie sonst noch diese Dinge heißen mögen« (166) einzugehen, rät Botho ihm eindringlich ab, und in den Sätzen, in denen er seinen Ratschlag formuliert, klingt alle Erfahrung und alle Erinnerung mit, die Botho in seinem Gedächtnis bewahrt hat: »[. . .] ein Bild, das uns in die Seele gegraben wurde, verblaßt nie ganz wieder, schwindet nie ganz wieder dahin. Erinnerungen bleiben und Vergleiche kommen. Und so denn noch einmal, Freund, zurück von Ihrem Vorhaben oder Ihr Leben empfängt eine Trübung und Sie ringen sich nie mehr zu Klarheit und Helle durch.« (168)

Es sieht indessen nur auf den ersten Blick so aus, als propagiere Botho die unbedingte Anerkennung der »Ordnung«, die er in seinem Selbstgespräch im 14. Kapitel mit der Ehe gleichgesetzt hat. Daß die Gesellschaft eine Bindung »ohne Sanktion« (168), wie sie Rexin vorschwebt, nicht duldet, steht außer Frage. Aber die Gründe, die Botho gegen ein Zusammenleben dieser Art ins Feld führt, besagen nicht, daß man nur um der gesellschaftlichen Ordnung willen von solchen Bindungen abzuraten habe, sondern vielmehr deshalb, weil durch einen solchen Verzicht dem Betroffenen selbst Schmerz und Bitternis erspart bleibt. Die Unmenschlichkeit, die in den Gesellschaftsregeln herrscht, ist Botho ebenso bewußt, wie sie Fontane bewußt ist: Nicht umsonst hat der Erzähler im gesamten Roman mit allen Mitteln seiner Kunst darauf hingedeutet, daß sich die tatsächlichen Unterschiede zwischen den Ständen einzig auf das Materielle reduzieren. »Alle diese Unterschiede sind ja gekünstelt« (165), bemerkt Rexin, und in der Tat darf Botho in erster Linie deshalb nicht mit Lene zusammenbleiben, weil sie ohne Vermögen ist – und nicht etwa nur aus »Standesdünkel«. Eine Ehe zwischen einem Adligen und einer Bürgerlichen ist ja nichts Verbotenes, wie die Hochzeitsanzeige jenes Adalbert von Lichterloh belegt, der ein schlichtes Fräulein Holtze geehelicht hat (161).

Es ist einzig und allein die finanzielle Sanierung des Hauses
Rienäcker, die eine Heirat mit Käthe von Sellenthin geboten
erscheinen läßt; so sehen es in aller Nüchternheit Bothos
Mutter und sein Onkel Kurt, so sehen es die Offizierskameraden Bothos – »Rienäcker [...] hat 9000 jährlich und gibt
12000 aus [...]. Heiraten ist für Rienäcker keine Gefahr,
sondern die Rettung« (51) –, und so sieht es schließlich Botho
selbst, von dem in herrlicher Doppeldeutigkeit gesagt wird,
er beglückwünsche sich »zu dem Besitze seiner jungen Frau«
(108). Aber keine anderen als finanzielle Gründe sind es auch,
die Lene eine Ehe mit dem etwas wunderlichen Konventikler
Gideon Franke eingehen heißen: »›er [...] is ein sehr repu-
tierlicher Mann mit Zylinder un schwarze Handschuh. Un
hat auch ein gutes Gehalt.‹ ›Un Lene?‹ ›Nu, Lene, die nähm'
ihn schon. Und warum auch nich?‹« (125)
Die Romanfiguren erweisen sich allesamt als Opfer eines
Materialismus, der nach individuellen Neigungen und Gefühlen nicht fragt. Das gilt insbesondere für Käthe, eine
Figur, die man falsch einschätzt, wenn man in ihr nichts als
das alberne Gegenbild der ernsthaften Lene erkennt. Das ist
sie freilich auch, aber sie ist ebenso ein Opfer der dünkelhaf-
ten Gesellschaftskonventionen wie Lene und Botho. Offenkundig ist auch sie nicht gefragt worden, ob Botho der rechte
sei, und geheiratet wird sie erst, als die Finanznöte der Familie Rienäcker nur noch auf diese Weise behoben werden können. Daß sie in dieser Ehe auch noch ständig mit ihrer Vorgängerin in der Gunst Bothos verglichen wird – und die Tatsache, daß sie eine solche Vorgängerin hat, bleibt ihr schließlich nicht verborgen –, macht sie zu derjenigen Figur im
Roman, an der die Unmenschlichkeit der gesellschaftlichen
Zustände offenkundig wird.[16] Auch wenn es an keiner Stelle
des Romans direkt ausgesprochen wird, so besteht doch kein
Zweifel daran, daß Fontane es nicht dabei bewenden läßt,

---

16 Diese Sicht Käthe von Sellenthins findet sich, soweit ich sehe, erstmals in
   dem ausgezeichneten Aufsatz von Maire Davies, »A Note in Defence of
   Käthe von Sellenthin«, in: *German Life and Letters* 38 (1985) S. 336–345.

lediglich anzudeuten, was an dieser Gesellschaft der Veränderung bedarf. Es fehlt nicht an Hinweisen, daß Fontane *diese* Gesellschaftsform tatsächlich zum Untergang verurteilt sieht: Die realen Affären, die in der Erzählung erwähnt werden – der Skandal um den Grafen Harry von Arnim (7. Kapitel) und der Duelltod des Polizeipräsidenten Ludwig von Hinckeldey (14. Kapitel) –, zeigen dies ebenso wie die Symbolik des verfallenden »Schlosses« in der Dörrschen Gärtnerei, dessen Ähnlichkeit mit dem Schloß der Rienäckers auch diesem das sichere Ende prophezeit. Schließlich ist es aber doch der Adel selbst, auf den Fontane seine Hoffnungen setzt. In Bogislaw von Rexin führt er – die Identität der Initialen deutet es an – einen ›neuen‹ Botho von Rienäcker vor, der zu dem Schritt, den der ›alte‹ Botho zu tun nicht in der Lage war, offenbar bereit ist. Fontane jedenfalls läßt bewußt offen, ob Rexin dem Ratschlag Bothos folgt, seine »schwarze Henriette« zu vergessen und sich in die bestehende Ordnung zu fügen.

Der Romantitel *Irrungen, Wirrungen* war Conrad Wandrey als »kein glücklicher Einfall«[17] erschienen. Weder der Name des Helden noch ein Hinweis auf die Erzählhandlung sei darin enthalten, wie es sich nach seiner Auffassung offenbar für einen Romantitel gehört. Abgesehen davon, daß es schwerfiele, *einen* Helden dieses Romans zu benennen,[18] stellt sich die Frage, ob es Fontane tatsächlich in erster Linie auf die Darstellung eines exemplarischen Einzelschicksals ankam. Die Klassifizierung als »Alltagsgeschichte« läßt eher das Gegenteil vermuten, und daß es mehr um die Zwänge geht, die die gesellschaftlichen Konventionen auf *alle* Romanfiguren ausüben, ist deutlich geworden. Um schuld-

---

17 Wandrey, S. 174.
18 Joachim Biener hat Botho von Rienäcker als »Hauptheld« bezeichnet, was angesichts der Entwicklung, die Botho durchläuft und der Fontanes besondere Aufmerksamkeit gilt, durchaus seine Berechtigung hat (»Zum Menschenbild und zur Inhalt-Form-Beziehung in Theodor Fontanes Roman *Irrungen, Wirrungen*«, in: *Wissenschaftliche Studien des Pädagogischen Institutes Leipzig*, Leipzig 1970, S. 56–58).

hafte »Verirrungen« eines einzelnen Menschen wie in *Schach von Wuthenow*[19] handelt es sich hier jedenfalls nicht, wie Lene selbst einsieht: »Du hast mir kein Unrecht getan, hast mich nicht auf Irrwege geführt und hast mir nichts versprochen. Alles war mein freier Entschluß [. . .], und wenn es eine Schuld war, so war es *meine* Schuld.« (106)

Die erste Tagebuchnotiz Fontanes, die Zeugnis von der Arbeit an *Irrungen, Wirrungen* ablegt, trifft den Kern dessen, was mit dem endgültigen Titel gemeint ist. »Novellenstoff aufgeschrieben (*Irrt, wirrt*)«,[20] heißt es unter dem 12. Dezember 1882: Es gibt kein handelndes Subjekt, das die »Irrungen« alleine auslöst, es irrt und wirrt in und mit allen Romanfiguren, weil die Gesellschaft, in deren Konventionen sie alle gefangen sind, in eben der Anwendung dieser Zwänge irregegangen ist. Es sind die Irrungen und Wirrungen einer Gesellschaft, die sich von dem Gebot der Menschlichkeit entfernt hat und in denen darum die »Herzensbindung« von Lene und Botho scheitert. In beider Gedächtnis dauert sie an und erinnert beständig an die Notwendigkeit, der Menschlichkeit wieder die Geltung zu verschaffen, die sie im kurzen Glück Bothos und Lenes besaß.

---

19 Vgl. *Schach von Wuthenow*, Kap. 17; dort spricht König Friedrich Wilhelm III. zu Schach von den »Verirrungen«, in denen man »nicht steckenbleiben« dürfe und die man »wiedergutmachen« müsse.
20 Dichter, II,358.

Literaturhinweise

Biener, Joachim: Zum Menschenbild und zur Inhalt-Form-Beziehung in Theodor Fontanes Roman »Irrungen, Wirrungen«. In: Wissenschaftliche Studien des Pädagogischen Institutes Leipzig (1970) S. 56–58.

Bowman, Derek: »Unser Herz hat Platz für allerlei Widersprüche.« Aspekte von Liebe und sexueller Gier in Fontanes Roman »Irrungen, Wirrungen«. In: Fontane-Blätter. Bd. 5. H. 5 (1984) S. 443 bis 456.

Davies, Maire: A Note in Defence of Käthe von Sellenthin. In: German Life and Letters 38 (1985) S. 336–345.

Ester, Hans: Über Redensart und Herzenssprache in Theodor Fontanes »Irrungen, Wirrungen«. In: Acta Germanica. Jahrbuch des südafrikanischen Germanistenverbandes 7 (1972) S. 101–116.

– »Ah, les beaux esprits se rencontrent« – Zur Bedeutung eines Satzes in Fontanes »Irrungen, Wirrungen«. In: Amsterdamer Beiträge zur neueren Germanistik 4 (1975) S. 183–188.

Faucher, Eugène: Farbsymbolik in Fontanes »Irrungen, Wirrungen«. In: Zeitschrift für deutsche Philologie 92 (1973) Sonderh. Fontane. S. 59–73.

Grawe, Christian: Käthe von Sellenthins »Irrungen, Wirrungen«. Anmerkungen zu einer Gestalt in Fontanes gleichnamigem Roman. In: Fontane-Blätter. Bd. 5. H. 1 (1982) S. 84–100.

Hertling, Gunter H.: Theodor Fontanes »Irrungen, Wirrungen«. Die »Erste Seite« als Schlüssel zum Werk. New York / Bern / Frankfurt a. M. 1985.

Jolles, Charlotte: »Gideon ist besser als Botho.« Zur Struktur des Erzählschlusses bei Fontane. In: Festschrift für Werner Neuse. Hrsg. von Herbert Lederer und Joachim Seyppel. Berlin 1967. S. 76–93.

Killy, Walther: Abschied vom Jahrhundert. Fontane: »Irrungen, Wirrungen«. In: W. K.: Romane des 19. Jahrhunderts. Wirklichkeit und Kunstcharakter. Göttingen 1967. S. 193–211.

Lau, Heike: Betrachtungen zu Raum und Zeit in Theodor Fontanes »Irrungen, Wirrungen«. In: Fontane-Blätter. Bd. 6. H. 7 (1988) S. 71–78.

Schmidt-Brümmer, Horst: Formen des perspektivischen Erzählens: Fontanes »Irrungen, Wirrungen«. München 1971.

Speirs, Ronald: »Un schlimm is eigentlich man bloß das Einbilden«:

Zur Rolle der Phantasie in »Irrungen, Wirrungen«. In: Fontane-Blätter. Bd. 6. H. 1 (1985) S. 76–78.

Wruck, Peter: »Viel Freud, viel Leid. Irrungen, Wirrungen. Das alte Lied«. In: Fontane-Blätter. Bd. 6. H. 1 (1985) S. 79–97.

Zerner, Marianne: Zur Technik von Fontanes »Irrungen, Wirrungen«. In: Monatshefte 45 (1953) S. 25–34.

CHRISTIAN GRAWE

Quitt

Lehnert Menz zwischen Todesverfallenheit und
Auferstehung: Zur Bildwelt des Romans

I

»Nicht wahr, gnädige Frau, *auch* nicht übel«, antwortete
Fontane, als ihm eine Dame »was von *Quitt* vor
[schwögte]«.[1] Die Forschung allerdings ist dieser sicher mit
Schmunzeln vorgetragenen Einschätzung bis vor kurzem nur
zögernd gefolgt. *Quitt* gehört zu den vernachlässigten Romanen Fontanes. Dennoch entstanden in den letzten Jahrzehnten einige genauere Analysen, die zu größerem Verständnis
auch dieses Romans geführt haben. Die Entwicklung begann
mit Peter Demetz, dessen Bewertung man heute im einzelnen
wohl nicht mehr folgen kann, der aber zuerst darauf aufmerksam machte, wie in *Quitt* »Fontanes Ansatz zur Kriminalgeschichte [. . .] durchbrochen [wird] von den mächtigen politischen Instinkten seiner Spätzeit«, auch wenn diese Verbindung »ein unglückseliger Zwitter«[2] sei. Am weitesten in der
Aufwertung von *Quitt* ist Hans-Heinrich Reuter gegangen,
der das Buch als »im Zentrum von Fontanes Schaffen stehen-
des Werk«,[3] als »Schlüsselroman« sieht, dessen Verständnis
»eine historische Verantwortung und einen historischen Sinn
impliziert und voraussetzt, die einer deutschen Fontane-Forschung jahrzehntelang gefehlt haben«.[4] Er rückt dabei *Quitt*
näher an »Geschichte und Autobiographie« heran: *Quitt* sei
»der erste Exilroman der modernen deutschen Literatur«,

1 Propyläen Briefe, II,251 (an Mete Fontane, 13. März 1896).
2 Demetz, S. 92.
3 Hans-Heinrich Reuter, »Kriminalgeschichte, humanistische Utopie und
  Lehrstück. Theodor Fontane, *Quitt*«, in: *Sinn und Form* 23 (1971) S. 1373.
4 Reuter, II,45.

habe für Fontane wegen der sympathischen Darstellung des Kommunarden L'Hermite und des in Preußen unterdrückten und verworfenen Helden, der »nach freier Entfaltung seines Menschentums«[5] strebt, Bekenntnischarakter und sei streckenweise von großer künstlerischer Kühnheit: »Wir sind in einer epischen Tragödie: das einzige Mal bei Fontane.«[6] *Quitt* ist (zusammen mit dem fast gleich langen *Unwiederbringlich* nach *Vor dem Sturm*, *Effi Briest* und *Der Stechlin*) der viertlängste von Fontanes 17 Romanen und entstand um 1890 gleichzeitig mit den als künstlerisch so gelungen angesehenen *Irrungen, Wirrungen*, *Stine*, *Unwiederbringlich* und *Frau Jenny Treibel* in Fontanes wahrscheinlich fruchtbarster Phase der kritischen Auseinandersetzung mit dem preußischen Staat und der preußischen Gesellschaft, so daß Aust das Werk zu Recht »als eine *weitere* und *andersartige* Möglichkeit« bezeichnet, »Themen und Probleme der Berliner Gesellschaftsromane zu gestalten«.[7] Nur ist es *Quitt* zum Unglück geworden, daß es immer wieder mit den früheren Erzählungen *Ellernklipp*, *Grete Minde* und *Unterm Birnbaum* in die Gruppe der weniger bedeutenden Kriminalgeschichten und »Nebenwerke« – so nach Conrad Wandreys Vorbild noch 1975 Müller-Seidel[8] – abgedrängt worden ist. Ganz davon abgesehen, daß auch die anderen drei Erzählungen dieser Abteilung unterdessen positiver beurteilt werden, ist *Quitt* schon wegen seiner doppelten Länge viel ambitiöser und die Bezeichnung »Kriminalgeschichte« gerade für dieses Buch problematischer, weil es keinerlei Geheimnis aus dem darin verübten Mord macht. Der Leser nimmt vielmehr geradezu an ihm teil; er befindet sich vor, während und nach der Tat in der ständigen Begleitung des Mörders, dessen seelische Vorgänge in diesen entscheidenden Stunden er mitverfolgt. Kriminalistisches Interesse schafft deshalb der Autor auch,

5 Reuter (s. Anm. 3) S. 1372.
6 Reuter, II,45.
7 Aust, S. 195.
8 Müller-Seidel, S. 215.

wie so oft, durch ganz andere und viel subtilere Erzähl-
reize.

Ein sehr wichtiger davon ist das scheinbar unmögliche Entkommen des Täters. Den die Fantasie des Lesers bewußt sti-
mulierenden Hinweis »Flucht war unmöglich« (103) hat die
Forschung aber bisher einfach übergangen, ratlos akzeptiert[9]
oder wörtlich genommen. Lieselotte Voss baut auf Lehnerts
angeblich ausgeschlossenes Entkommen geradezu ihre These
auf, dieses sei ein »Entrücktwerden« aus der Wirklichkeit, so
daß man den ganzen zweiten Teil, »dieses Mennoniten-Ame-
rika als einen bewußt irrealen, gleichsam von Lehnert
geträumten Raum«[10] zu verstehen habe. Das ist zwar sicher
unfontanisch gedacht und wirft schon deshalb Interpreta-
tionsprobleme auf, weil Lehnert den Espes, die sich am
Schluß über den Brief Hornbostels aus Amerika unterhalten,
nie begegnet ist, trifft aber doch in der Beunruhigung über das
Mysteriöse von Lehnerts Verschwinden ein entscheidendes
Element des Vorgangs.

II

Wie aber entgeht Lehnert dem Arm des Gesetzes? Auf die für
ihn so bezeichnende *indirekte* Weise drückt Fontane das
»Wunder« (104) von Lehnerts Flucht in der Märchenhaftig-
keit des Gegenstandes aus, der ihm diese Flucht ermöglicht.
Mehrmals und wie immer bei Fontane nicht zufällig wird
Lehnerts ungewöhnlich enge Beziehung zu dem prächtigen,
»das ganze Haus umfassenden und überall hin mit Knospen
und gelben Blüten überdeckten Rosenbusche« (48) betont,
der zusammen mit dem von Opitz' Hund getöteten Hahn das
einzige ist, »woran er hing« (61), neben dem er aber nach
seinem Mord nicht mehr essen will, obwohl dies doch seine

9 Hubert Ohl, »Theodor Fontane«, in: *Handbuch der deutschen Erzählung*,
  hrsg. von Karl Konrad Polheim, Düsseldorf 1981, S. 350.
10 Voss, S. 225.

»Lieblingsstelle« (66) ist, und mit dem er sich auffälligerweise beim Nahen des Verhaftungstrupps beschäftigt. Pastor Siebenhaar ist bei seinem früheren Besuch entzückt von dem üppigen Strauch: »Der ist ja schöner als der Hildesheimsche. Rote, die hat jeder; aber gelbe, gelbe, [. . .]. Ei, das ist ja eine wahre Gottesgabe.« (48) In der Üppigkeit des Rosenstrauchs deutet sich zunächst Lehnerts reiches menschliches Potential an, denn von Opitz erfährt der Leser, daß die Blumen nur »spärlich in seinem Vorgarten blühten« (33) und sein Grundstück ansonsten nur aus »einem Streifen Heideland und einem noch schmaleren Lupinenstreifen« bestand. Die fruchtbare, »fette Seite« (34) gehört den Menz. Aber die Bedeutung des Rosenstrauchs bei Lehnerts Flucht ergibt sich aus einem weiteren Zusammenhang, auf den das Stichwort »Gottesgabe« hindeutet. Zur Abgeschiedenheit auf seiner »malerischen Kastellinsel« (34) tritt bei Lehnert – man denke an Dornröschen – noch die Rosenlaube in ihrer symbolischen Funktion als »shelter«[11]. Aber mehr: Der Rosenstrauch ist in der Darstellung biblischer Gestalten »das Zeichen der Wiedergeborenen«[12] und symbolisiert »on tombs of martyrs [. . .] resurrection«[13]; und Gelb ist im Gegensatz zum Rot der irdischen Macht – »das Heidekraut auf der Opitzschen Seite schimmerte rot« (60) – die Farbe der Auferstehung. Daß drei Zeilen nach dem wiederholten Hinweis auf die gelbe Farbe durch den Pastor Frau Menz die frischen Kartoffeln »wie Gold« behandelt, beleuchtet auf der realistischen Ebene ihre materielle Gesinnung, macht aber zugleich das Vorherrschen des Gelb in diesem Haus noch auffälliger. Wie der von Siebenhaar beschworene Rosenstock am Hildesheimer Dom kann offenbar auch der Lehnerts gewissermaßen Wunder tun. Und so erschließen sich vorwärts und rückwärts Zusam-

---

11 Gertrude Jobes, *Dictionary of Mythology, Folklore and Symbols*, New York 1962, Bd. 2, S. 1248 f.
12 Klementine Lipffert, *Symbol-Fibel. Eine Hilfe beim Betrachten und Deuten mittelalterlicher Bildwerke*, Kassel 1961, S. 82.
13 Jobes (s. Anm. 11) Bd. 2, S. 1248 f.

menhänge, die bisher übersehen worden sind, weil die Forschung in *Quitt*, im Gegensatz zu den anderen Romanen dieser Schaffensperiode Fontanes, die wie immer bei ihm symbolisch aufgeladene Gegenstands-, Kunst- und Landschaftswelt noch kaum analysiert hat. Der für Fontane nach mehrfachem Eingeständnis für das Gelingen eines Romans so besonders wichtige Romananfang rückt ein Bild in den Mittelpunkt, das ein für das Verständnis des Buches zentrales Thema anschlägt. Sein allererster Satz beschreibt, wie der Held auf dem Friedhof »auf einem großen Grabstein« sitzt, »zu dessen Häupten eine senkrechtstehende Marmorplatte mit einer Christi Himmelfahrt in Relief in die dicht dahinter befindliche Kirchhofsmauer eingelassen war« (7). Daß Lehnert durch den Rosenstrauch der staatlichen Gerechtigkeit entzogen wird, ist die erste Variante dieser Metapher von Todesverfallenheit und Auferstehung, die im zweiten Teil des Romans noch zwei weitere Male begegnet.

Werden durch die sehr reale, aber symbolisch verschlüsselte Rettung Lehnerts einerseits christliche Kategorien säkularisiert und zu Bedeutungsträgern weltimmanenter Vorgänge gemacht, so nimmt doch andererseits durch diese Vermischung das Preußische auf kühne Weise eine metaphysische Dimension des Bösen an, denn dem »auferstandenen« Lehnert entspricht ein wiederholt mit Hölle und Teufel in Beziehung gesetzter Opitz. Die ersten fünf Kapitel des Buches, die eine einzige an einem Sonntag spielende Szenenfolge bilden, folgen den beiden Protagonisten auf ihrem Weg von der Kirche nach Hause. Auf den dabei passierten Stationen treten sie nicht nur selbst auf und hinterlassen einen klaren Eindruck von ihrem Denken und Handeln, sondern es wird auch über sie gesprochen, so daß der Leser auf typisch Fontanesche und höchst gelungene Art ein mehrdimensionales, plastisches Bild ihrer unterschiedlichen Persönlichkeiten erhält. Stände diese Kapitelfolge am Anfang etwa von *Irrungen, Wirrungen* oder *Effi Briest*, dann hätte die Forschung sie schon lange als glänzendes Beispiel von Fontanes realistischer Romankunst gefeiert. Bei Opitz bekommt dieses Porträt, das Lehnert später in Amerika im bösen Vogt aus Pestalozzis *Lienhard und Gertrud* wiederfindet,[14] wiederholt teuflische Assoziationen. Schon Lehnerts Bemerkung seiner Mutter gegenüber: »Ist er denn dein Herr? Unser Feind ist er, weiter nichts« (8), scheint an den »alt bösen Feind« des Kirchenliedes von Luther anzuklingen. Als Lehnert Opitz im Gespräch mit Siebenhaar zum Teufel wünscht, droht der Pastor mit dem Finger, weil »man ihn nicht anrufen soll« (14). Unmittelbar davor hat er Lehnert gewarnt, nicht so zu sprechen, »als ob der Opitz [...] eigentlich nicht viel besser als der Gottseibeiuns wäre« (13). Nach dem Mittagsschlaf möchte der Förster seinen Kaffee »schwarz wie der Tod und heiß wie die Hölle« und steckt sich seine Pfeife mit dem Fidibus an, denn »er hatte nur zufällig einen Haß auf Schwefel und Phosphorhölzer« (29). Auch die Bezeichnungen, die Opitz von verschiedener Seite immer wieder gegeben werden, halten diesen teuflischen Aspekt seiner menschenquälenden Rolle präsent: »Schubbejack« (8), »Schuft und Schelm, [...] Saufaus und Menschenschinder« (13), »ein schlechter Kerl [...] hat mich gequält« (14), »Quäler und Schufter« (21), »ein Narr und Quälgeist« (23).

All diese gestalterischen Elemente haben den typisch Fontaneschen Künstreiz einer realistischen Oberfläche, die dem genau Lesenden transparent wird für Deutungszusammenhänge. An Subtilität stehen sie ähnlichen Gestaltungsmitteln in den gleichzeitigen Romanen Fontanes nicht nach. Sie haben auch in *Quitt* oft die Suggestivität, die von der Vieldeutigkeit und bloßen Anspielung ausgeht. Überlesen werden dürfen die Details daher auch in diesem Roman nicht; sie sind Bedeutungsträger.

Die Bildwelt, die für Fontane unveräußerlich zum Kunstcharakter seiner Romane gehört und ohne die deren Sinn sich nur partiell erschließt, ist wie so viele künstlerische Ingredienzien

14 Vgl. Plett, S. 107.

des 19. Jahrhunderts, und vor allem seiner zweiten Hälfte, eklektisch, weil sie ihren Fundus an Bedeutungen etwa aus Religion und Mythologie, Namen und Sprichwort, bildender Kunst und Aberglauben, Alltag und Sinnfälligkeit (Ruine: was nicht heil ist) nimmt und in einen realistischen Gesamtzusammenhang integriert. Der Sinn solcher Wirklichkeitselemente erschließt sich aus ihrem Bezug aufeinander, aber sie können auch bewußt assoziationsreich und vieldeutig und dann in ihrer Offenheit suggestiv und geheimnisvoll sein, wie in *Quitt* das leidenschaftliche Pauken des Indianerhäuptlings oder das Auftreten der Zigeunertruppe nach Lehnerts Mord und Verschwinden, dem verdienstvollerweise Aust zum erstenmal größere Aufmerksamkeit geschenkt hat.[15]

Bei aller »Natürlichkeit« der geschilderten Welt ist diese bei Fontane immer eine hochgradig »künstliche«, nämlich um eines Bedeutungszusammenhanges willen so und nicht anders dargestellte. Dies gilt für das Berlin von *Irrungen, Wirrungen* ebenso wie für das Indianerterritorium von *Quitt*. Aber im Gegensatz zu den gleichzeitig geschaffenen Romanen ist *Quitt* meist auf der Handlungsebene, nicht auf der deshalb stärker zu betonenden Ebene bildlicher Spiegelungen und Beziehungen interpretiert worden.

Fontanes Anspruch, daß bei den »starken Streichungen« der Erstveröffentlichung des Romans in der *Gartenlaube* »auch alle meine Finessen gefallen sind«,[16] ist ein deutlicher Hinweis, daß seine erzählerische Technik der doppelbödigen Realität, die sich in Zeichen erschließt, hier dieselbe ist wie etwa in *Irrungen, Wirrungen*, wo er ebenfalls von seinen »tausend Finessen«[17] gesprochen hat.

15 Aust, S. 207 f.
16 Dichter, II, 405 (an Georg Friedlaender, 2. Mai 1890).
17 Ebd., S. 363.

III

Dabei mußte Fontane froh sein, trotz der vielen Kürzungen
mit *Quitt* Konterbande der schlimmsten Art in die auf bürgerliche Reputation und leichte Verdaulichkeit bedachte
Gartenlaube geschmuggelt zu haben, denn in diesem Roman
wird »der preußische Staat, aus dem das neue Reich geschaffen wurde, in einer Weise angegriffen, wie es so bei Fontane
auch in *Schach von Wuthenow* nicht geschieht«.[18] Das Mord-
opfer Opitz, die Inkarnation preußischer Wesenszüge und
Tugenden, läßt sich in seiner menschlichen Widerwärtigkeit
nur mit Diederich Heßling, dem Prototyp des Wilhelminischen Untertanen in Heinrich Manns gleichnamigem Roman,
vergleichen. Wie später Heßling bietet schon Opitz das Per-
sönlichkeitsbild eines in seiner Mischung aus Brutalität und
Sentimentalität durch und durch unreifen Menschen, der
andere nur als Glieder eines Herrschaftszusammenhangs
begreift, daher ihrer Individualität beraubt und immer nur
»nach oben kriecht [. . .] und nach unten tritt [. . .] und schu-
riegelt« (22). Nicht zuletzt in dieser präzisen Studie eines
noch keineswegs ausgestorbenen Menschentyps liegt die
Aktualität von *Quitt*. In »allen preußischen Büchern«, findet
Obadja, ist »von der Gleichheit der Menschen oder auch nur
von der Erziehung der Menschen zum Freiheitsideal statt
zum Untertan und Soldaten [. . .] zu wenig die Rede« (182).
Opitz bezieht seine persönliche Würde nur aus der Anerkennung durch »Amt und Dienst« (32) und dadurch, »daß man
Vorgesetzte hat, und daß man dem Staat dient, und daß man
mitzählt« (26). Jede menschliche Begegnung verwandelt er in
einen Konkurrenzkampf, bei dem der Widerstand des anderen gebrochen werden muß. Männliche Dominanz über
Frauen ist wie bei Heßling ein selbstverständlicher Bestandteil dieser Einstellung. Auch Opitz' Verständnis von Politik
beruht auf diesem Prinzip: »Wir haben sie nun all am Kragen

gehabt und jeden geschüttelt und ausgeschmiert; nur der Russe war noch nicht dran, der fehlt noch.« (20) Daher schlägt seine Leutseligkeit bei jeder eingebildeten oder realen Bedrohung schlagartig in Aggression um, ist jede kleinste Nachlässigkeit ihm gegenüber ein Vergehen gegen seine Ehre: »Die Bedienung war aber einigermaßen säumig, was ihn, weil er eine Verkennung seiner Wichtigkeit und Würde darin erblickte, sofort heftig ärgerte.« (16) Die Gesellschaft stellt sich ihm folgerichtig immer nur als Hierarchie dar. »Unterschiede sind Gottes Ordnung« (30), und »ein Mann in Amt und Würden ist allemal eine Respektsperson« (32). So muß er denn auch sein Eisernes Kreuz an einem überlangen Band herumtragen, damit es sich »bei jedem Schritt in herausfordernder und jedenfalls respekterwartender Weise hin und her bewegte« (8), »denn sich umworben und ausgezeichnet zu sehen und Ehre vor den Menschen zu haben, war das, wonach ihm zumeist der Sinn stand« (15). Siebenhaar unterstützt Opitz in dem Anspruch, »die Obrigkeit ist von Gott« (50), während Lehnert die staatliche Ordnung als weltimmanent begreift, den Förster ganz nüchtern als »Diener« eines Aristokraten sieht und sich selbst wegen seiner beruflichen Unabhängigkeit als »Herr, wenigstens eher als er«, der machen kann, was er will (37).

Schlimmer aber als diese Reduktion des Menschen zum Rädchen in einem streng hierarchischen Getriebe ist wie bei Heßling Opitz' Heuchelei. Zwar predigt er anderen unentwegt Ordnung, Gesetz und Pflicht, aber er selber richtet sich nach keinerlei Ordnung, und nach seiner hageren und seelisch verstörten Frau »mit tiefliegenden, dunklen Augen, die mal schön und lachend gewesen sein mochten, jetzt aber nur noch geängstigt in die Welt blickten« (26), »redet [er] immer von Ordnung, aber jeden Tag hat er eine andere« (27). Zwar schätzt er kriegerische Tugenden, aber wo sie an unliebsamer Stelle begegnen und seine Superiorität bedrohen, lügt und betrügt er – wie im Fall des Lehnert vorenthaltenen Eisernen Kreuzes –, um sie nicht anerkennen zu müssen.

Zwar verspricht er dem Pastor, mit Lehnert in ein menschliches Verhältnis zu kommen, aber in Wirklichkeit hofft er nur darauf, daß dessen Widerstandskraft durch den »Waffenstillstand« (39) ein für allemal gebrochen wird: »Wer mal zu Kreuze gekrochen ist, der bringt die Courage nicht mehr fertig.« (59) Er trifft damit genau die Befürchtungen, die Lehnert selbst über sich nährt. Wo dieser sich früher dazu bekannte: »Ich hasse ihn, und Haß ist überhaupt das Beste, was man hat« (37), da hat er nun manchmal »eine plötzliche Sehnsucht danach, die Hände in den Schoß zu legen und alles ruhig über sich ergehen zu lassen« (56); da war der frühere Zustand doch etwas anderes: »das war doch was, wenn's auch bloß Wut und Haß war, aber nun hab' ich gar nichts und werde mir jede Stunde sagen müssen, daß ich ein Lump und Feigling geworden bin und daß der Kerl mich untergekriegt hat« (54 f.). Lehnerts verzweifelte Mordtat geschieht, als er durch Christine von Opitz' verächtlichen Worten hört; sie geht faktisch aus der Furcht vor einer erneuten Verurteilung und psychologisch aus der Einsicht hervor, daß er Opitz rechtlich und persönlich nicht gewachsen ist, daß er vom »Hahn« zum »Hasen« geworden ist.[19]

Denn dies ist der metaphorische Sinn der beiden Tiere, um die der Förster und der Wilderer streiten, als sie den Kampf wieder aufnehmen. In ihrer Natur ist der machtmäßige Bodenverlust Lehnerts gespiegelt, der ihn zur Lüge veranlaßt und ins Unrecht setzt. Als Hasen identifiziert Opitz selbst den bücherlesenden Lehnert, als er auf »die verdammte neue Zeit« schimpft, »die das Maulhelden- und Schreibervolk gemacht hat, Kerle die keinen Fuchs von einem Hasen unterscheiden können, trotzdem sie beides sind. [. . .] Und dieser Bengel, dieser Herr Lehnert Menz, gehört auch mit dazu.« (32) Aber der Hahn, an dem Lehnerts Herz hängt wie an nichts außer dem Rosenstock (»alles andere war in Rückgang

19 Vgl. in *Irrungen, Wirrungen* (100) den flüchtigen Hasen, Bild für Botho von Rienäckers Flucht vor der Verbindung mit Lene.

und Verfall«, 61), spiegelt eigentlich seine Selbsteinschätzung, sein Wesen, seinen manchmal gockelhaften Stolz und auch seinen sexuellen Zustand als Junggeselle, der wie der Hahn zwischen seinen Hühnern frei wählen kann. Indem Opitz' Hund Lehnerts Hahn umbringt, der sich kühn auf feindliches Terrain begeben hat, hat der Förster symbolisch sein Selbstbewußtsein und seine Männlichkeit vernichtet. Nun geht es nur noch um den Hasen, dessen ganze Verteidigung in der Flucht besteht.

Der vielweibernde Hahn und der Hase »mit Familie« (64) spielen als Alternativen aber auch in das den Roman durchziehende Motiv des Heiratens hinein, das Jahre später in Amerika mit Lehnerts unerfülltem Wunsch endet, Ruth zur Frau zu gewinnen. Im ersten Teil des Buches dagegen ist Lehnert der freie junge Mann, der betont fern von allem Ehegeschehen gehalten wird, obwohl seine Umgebung an nichts anderes zu denken scheint. Geraldine Espe hat trotz ihrer prekären Vergangenheit geheiratet und möchte nun ihre Tochter an Dr. Unverdorben loswerden. Die dicke Berliner Touristen-Madam tanzt, »wie wenn ihre Hochzeit wär'« (82). Pastor Siebenhaar berichtet Lehnert, offenbar um ihm die Ehe als »Sedativ« schmackhaft zu machen, ausführlich, wie er sogar Paare traut, wenn der Braut der »Myrtenkranz [. . .] eigentlich nicht zukommt« (51). Sogar die schöne Marie mit ihrer angeblich so unbürgerlichen Vergangenheit »soll sich ja verheiraten wollen« (25). Die jungen, das Schlesienlied singenden Mädchen »mit Blumen in Haar und Hand« (74) scheinen geradezu eine Aufforderung an Lehnert, sich eine auszusuchen und in der Heimat zu heiraten, aber er will mit Lissi nicht tanzen und lehnt Christine ab, die trotz Frau Opitz' nicht gerade ermutigenden Erfahrungen gerne heiraten möchte. Wenn überhaupt, will er »eine Städterin heiraten, die Manieren hat« (54) – wie bei Abel Hradscheck in *Unterm Birnbaum* Zeichen seines sozialen Ehrgeizes. Am liebsten aber will er »in die Welt gehen und gar nicht heiraten« (54 f.); und in Amerika, wo der Häuptling Gunpowder-Face allerdings »mit der Unsitte der Vielweiberei« (191) gebrochen hat, reizt ihn gerade die hahnhafte Vielweiberei der Mormonen: »Er wolle zu den Heiligen am Salzsee, da hätte jeder sieben Frauen« (68). Hornbostel hat diese Vielweiberei im wahren christlichen Sinn domestiziert, indem er drei Frauen *nacheinander* geheiratet hat, und kann sich deshalb verächtlich von den Mormonen absetzen (»als ob wir Mormonen wären«, 121), aber L'Hermite mit dem zölibatären Namen sieht ihn trotzdem als »un peu de Mormon« (154).

Die monogame Ehe ist also den ganzen Roman hindurch das Symbol der sozialen und familiären Integration. Während Lehnert sie in Schlesien bewußt vermeidet und dann durch das die Gesellschaft in ihrer Existenz widerrufende Verbrechen des Mordes verspielt, geht er in Amerika umgekehrt den Weg von der Polygamie seiner Einbildung (»jeder sieben Frauen«) zur Monogamie. Die aber würde seine selbst verschuldete Heimatlosigkeit und seinen Mord ungeschehen machen und kann daher nicht stattfinden. Daher auch wandelt sich seine Glücksvorstellung. Wie sich ihm in Schlesien, angedeutet im Titel des Buches *Die Neue Welt oder Wo liegt das Glück?*, die Freiheit in der Ferne als das Glück darstellte, so wird es ihm nun in Amerika die schlesische Häuslichkeit vor seinem Verbrechen: »Unschuld [...] Wer dich hat, hat das Glück.« (123): »es war ihm, [...] als wären es alte Zeiten und als täten sich Heimat und Glück noch einmal vor ihm auf« (126). Hier wie an vielen anderen Stellen von *Quitt* ist der wechselseitig deutende Bezug der beiden Teile des Romans, deren Zusammenhang zu erkennen so vielen Interpreten schwerfällt, bewundernswert dicht und schlüssig.

Obwohl die thematisch völlig konsequente Verhinderung seiner Ehe mit Ruth durch Lehnerts Tod und damit außergesellschaftlich geschieht, ist der *Sinn* dieses Ereignisses doch gesellschaftlich. Lehnert wird die Ehe mit Ruth zum Zeichen seiner völligen Vergebung, die es aber nach Fontane in der menschlichen, gesellschaftlich organisierten Welt nicht gibt. *Quitt* bestätigt darin seine immer wieder dargestellte und hier von L'Hermite ausgesprochene Erfahrung und Überzeugung: »Wenn man erst mal *heraus* ist, kommt man nicht wieder *hinein*.« (224)

IV

In *Quitt* wie in anderen Romanen Fontanes stößt man so auf einen Antagonismus von Gesetz und Liebe, Altem und Neuem Testament, Schuld und Vergebung, lex und gratia, wie sie aus der Paulinischen Tradition zu Luther kamen. Es bestätigt sich Fontanes Einsicht, daß menschliche Vergehen langanhaltende Folgen haben und der Zustand der Unschuld unwiederbringlich ist. Tat und Zeit sind irreversibel. Christliche Vergebung bleibt deshalb ein individuelles, *privates* Phänomen, das *gesellschaftlich* unwirksam ist. Daraus ergibt sich die doppelte Ebene von faktischer Todesverfallenheit und metaphorischer Rettung Lehnerts. Sein Entkommen war nur ein Aufschub, der ihm das Kennenlernen einer Welt ermöglicht, in der sein Mord nicht nötig gewesen wäre. Zum Verständnis dieses so Fontaneschen Komplexes sei der Bildwelt von *Quitt* noch etwas weiter nachgegangen.

Über das Heiratsmotiv ergibt sich die Verbindung zum Romanschluß, denn als um Ruth Werbender ist Lehnert dem vierzehn Jahre auf Rahel wartenden Jakob gleich. Das wird dem Schlesier von Obadja offen gesagt, als er diesem seinen Heiratswunsch anvertraut: »Es ist Rahel, um die du wirbst.« (215) Die Jakobanalogie aber geht entscheidend über das bisher von den Interpreten Beobachtete hinaus. Schon als Lehnert im Geiste die Himmelsleiter erblickt, an der er »Engelsgestalten auf- und niedersteigen sah« (182), gleicht er Jakob; und die Vision hängt mit der von ihm selbst und von L'Hermite als Engel begriffenen Ruth zusammen. Vor allem aber wird die Identifikation mit dem von Gott erkorenen Verbrecher Jakob beim Sterben Lehnerts hergestellt, denn wie diesem bei seinem tödlichen Sturz »das Gelenk aus der Hüfte gesprungen ist« (231), so war Jakob »das Gelenk der Hüfte

[...] verrenkt«, als er mit Gott rang, um dessen Segen zu erzwingen: »Ich lasse dich nicht, du segnest mich denn.« (1. Mos 32,26 f.) Während Lehnert also auf der realistischen, d. h. gesellschaftlichen Ebene dem Tod verfallen muß, seine Untat büßt und das auch mit dem Wort »quitt« akzeptiert, deutet Fontane durch seine Gestaltungsmittel an, daß ihm im symbolischen und menschlichen Sinn vergeben ist. Nimmt man hinzu, daß auch Lehnerts Zusammenbruch beim Mennonitenfest, der zur Beichte seines Verbrechens führt, metaphorisch mit einem Auferstehungsereignis, nämlich mit Jesu Erweckung des »Jüngling von Nain« (174) in Beziehung gesetzt wird, dann erkennt man Fontanes Bemühen um so deutlicher, den realistischen Zusammenhang von Tat und Tod auf der symbolischen Ebene zugunsten einer spirituellen Rettung des Täters aufzulösen. In *Quitt* klingt daher wie in sonst keinem Roman Fontanes, außer vielleicht *Der Stechlin*, in der Hoffnung auf einen neuen Menschen ein utopisches Element an.

Diese Spannung entspricht Lehnerts durchgängiger Situation in Amerika zwischen Resignation und Hoffnung. Es ist bemängelt worden, daß Fontane es versäumt habe, Lehnerts Sinneswandel zwischen seinem Verschwinden und seinem sechs Jahre später stattfindenden Auftauchen zu schildern. Dabei vermittelt doch der Beginn des zweiten Teils auf Fontanesche Weise genau diese Entwicklung. Einem Stadium des Erwerbs von Reichtum folgt der Überdruß an dem inhaltsleeren, auf Materielles ausgerichteten Leben, so daß der Verlust des Vermögens durch den Bankkollaps als Wohltat und Fingerzeig empfunden wird. Lehnerts Leben wird dann verknüpft mit dem zu Fontanes Zeit eindrucksvollsten Symbol des Reisens und der Ruhelosigkeit: Er arbeitet beim Eisenbahnbau. Aber es treibt ihn weiter: Er will Amerika ganz verlassen, um nach China zu gehen, entnimmt aber seiner augenblicklichen Situation begierig die angeblichen Winke des Schicksals, in Nogat-Ehre zu bleiben. Sein tiefes Bedürfnis, das Wanderleben aufzugeben, ist in einem einzigen Bild eingefangen, das es schwer macht, die Kritiker zu verstehen, die im zweiten Teil von *Quitt* Anschaulichkeit vermissen: im unmerklichen Übergang des Scheins der Zuglaterne in die Lichter der Häuser, in der Verwandlung des einen beweglichen Lichtes in viele stationäre bei seiner Ankunft in Darlington (124).

Auch die Armverletzung, die Lehnert sich ausgerechnet bei einem Zugunglück zuzieht, ist wie ein Zeichen, seßhaft zu werden, ist aber auch (wie bei Leopolds Pferdejunge in *Frau Jenny Treibel* und Crampas in *Effi Briest*) Hinweis auf einen menschlichen Mangel und rückt Lehnert in die Nähe des Indianers Short-Arm, der beim Retten Tobys versagt.

Sein Leben in einer neuen, religiös bestimmten Gemeinschaft und seine Konversion und Beichte verführen Lehnert immer mehr zu der Illusion, daß das Bekenntnis seines Verbrechens dessen Auslöschung gleichkomme. L'Hermite aber, der sich selbst in Sehnsucht nach Ruth verzehrt, leugnet das und behält mit seinem Pessimismus recht. Während der christlich denkende Obadja Lehnert erst als Kain (»Das Zeichen auf Eurer Stirn«, 133) und dann als Jakob sieht, kann der schicksalgläubige Franzose in Lehnert nur »Cain le Sentimentale« (155) wahrnehmen. Die Assoziationen, die die Gestalt Obadjas auslöst, drücken die Spannung von einem Reich des Gesetzes und Schicksals und einem Reich der Liebe und Gnade aus, das aber nach Fontanes pessimistischer Überzeugung immer ein utopisches Ziel bleibt. Der Mennonitenführer nimmt dementsprechend einerseits christushafte Züge an, wird aber andererseits u. a. mit zwei alttestamentarischen Gestalten in Beziehung gebracht, die mit der Erneuerung der Menschheit verbunden sind: Abraham und Noah. Sogar in der Reaktion der Indianerkinder auf Christus und Noah beim Weihnachtsfest spiegelt sich diese Spannung zwischen den beiden Welten: »Das Bewundertste blieben aber doch die Tiere der Arche Noah, und Krähbiels und Nickels Anstrengungen, die Aufmerksamkeit der Kinder auf die Krippe hinzulenken, waren nur von halbem Erfolg. Das Natürliche war

und blieb ihnen das liebere [. . .].« (207) Es gibt vor allem auch
zu denken, daß Lehnert sich immer wieder zu einer – als
Symbol für sich sprechenden – Ruine begibt, die zwischen
Nogat-Ehre und der Bergkette steht, wo er im Schneetreiben
fast die Orientierung verliert und in der er schließlich
umkommt. Aus den doch eigentlich zum menschlichen
Schutz errichteten Palisaden dieser paradiesisch, aber trüge-
risch von einem wahren Blumenmeer umgebenen Ruine
schnellt die Schlange hervor, die Ruth beißt – eins der sprechenden Bilder Fontanes; und daß in dieser Szenerie
Maruschka nach L'Hermite als »Vierge aux fleurs« (219)
sitzt, die derselbe L'Hermite früher als »Un peu de cochon«
(154) bezeichnet hat, macht die Ironie des Paradiesischen um
so deutlicher.
Aus allen diesen Bildern geht hervor, daß Lehnerts Zustand
vor der Tat nicht wiederherstellbar ist, daß er den Anspruch
auf soziale Integration, die er mit Ruths Heirat zu erreichen
hofft, ein für allemal verloren hat. Da aber die amerikanische
Gesellschaft als Gegenwelt zu Preußen dem Prinzip der Ver-
geltung gerade nicht huldigt wie die Gesellschaft, die Cécile
oder Effi Briest in den Tod und Lehnert zum Mord treibt,
übergibt Fontane in *Quitt* den Schuldigen seinem eigenen
»Gewissen. Es half nicht Reue, nicht Beichte« (225). Er stellt
seine Todesverfallenheit als einen Unglücksfall dar, der in
seiner Einbildung seinen Mord reproduziert. Daß diese pa-
rabolisch zu begreifende Lösung als realistische nicht befrie-
digt, hat der Autor selbst eingestanden, als er »das Aufgehen«
von *Quitt* »wie ein Rechenexempel, ganz ohne Bruch« als
»Fehler«[20] bezeichnet hat.
Quitt bestätigt damit Fontanes Überzeugung, daß jede
Gesellschaft nur durch die Einhaltung ihrer Sitten und Regeln
und die gesetzliche oder soziale Retribution für deren Überschreitung bestehen, daß aber das davon betroffene Individuum seelisch oder physisch zerstört werden kann und

20 Dichter, II,410 (an Siegfried Samosch, 18. September 1891).

Anspruch auf menschliche Teilnahme, ja aus seiner Sicht sogar ein Recht darauf hat, sich den gesellschaftlichen Zwängen zu verweigern. Christliche Gesinnung zeigt sich bei Fontane – bewundernswert und nobel in einer Zeit rigider moralischer und religiöser Maßstäbe – gerade in der Einstellung zum Gesetzesbrecher. Der Grundkonflikt zwischen der Gesellschaft und dem nie vollständig sozialisierbaren und domestizierbaren Individuum stellt sich Fontane als besonders akut dar, weil die preußisch-deutsche Gesellschaft seiner Zeit den Spielraum des Menschen rücksichtslos und mit katastrophalen menschlichen Folgen zugunsten einer Fetischisierung von Staat und Ordnung einschränkte. Das letzte Wort in *Quitt* hat der preußische Beamte, dem der natürliche Tod Lehnerts, obwohl er selbst mit einer ehemaligen Präsidentenmätresse mit zwei unehelichen Kindern verheiratet, also nicht gerade ein Muster an moralischer Integrität ist, als Buße für dessen Mord nicht genügt. Er wäre nach dem Motto »Wer das Schwert nimmt, soll durch das Schwert umkommen« (246), nur mit dem juristisch verhängten und ausgeführten Tod zufrieden, während Obadja in seiner Predigt beim Mennonitenfest gerade diesen Bibelspruch ersetzt sehen möchte durch »Die Rache ist mein, spricht der Herr« (171), damit »Fortschritt und Freiheit [. . .] auf einer Palmenstraße« (171) einziehen können. Aus Espes Sicht erscheint also Lehnerts Sterben geradezu als eine unbillige *Gnade*. Ob angesichts dieses Schlusses in *Quitt*, wie Aust es sieht, »die fatalistische Thematik die dynamisch politische erstickt«,[21] ist die Frage.

Die fatalistische Interpretation von *Quitt* hängt neben Lehnerts Tod, der dem seines eigenen Mordopfers ähnelt, vor allem an den schicksalhaften landschaftlichen Parallelen zwischen Schlesien und Amerika. Aber die, so ist jüngst zu Recht beobachtet worden, sind »very largely man-made«.[22] Alle landschaftlichen Ähnlichkeiten und alle Schicksalsmomente entstehen in Lehnerts Einbildungskraft. *Er* betrachtet es als

21 Aust, S. 223.
22 Osborne, S. 131.

»Bestimmung«, daß er in Nogat-Ehre hängen bleibt, *er* befragt die Bibel nach Fingerzeigen Gottes und wird in diesem Prädestinationsglauben von den Mennoniten und auch von L'Hermite ständig bestärkt. *Er* sieht in dem »mächtigen Felsenstück« (139) den Mittagsstein des Riesengebirges, wobei ihm eine innere Stimme sagt, »daß sich dort seine Geschicke erfüllen würden« (140), ohne etwas über »Glück oder Unglück« zu verlauten, so daß wieder die Spannung von Retribution und Vergebung erzeugt wird. *Er* fühlt sich beim Durchreiten der Landschaft in die Heimat versetzt und beschwört damit verstörende Erinnerungen an die Vergangenheit geradezu herauf: »Der Weg aber, der immer steiler anstieg, erschien ihm jetzt mehr und mehr wie die Krummhübler Straße zwischen dem ›Goldenen Frieden‹ und dem ›Waldhaus‹, und der Gebirgsbach, der da neben ihm schäumte, das war die Lomnitz, die vom Mittagsstein und den Teichen herabkam.« (159) Nur in seiner Einbildung sieht er den erschossenen Opitz dort liegen, hört er später vor seinem Tod den Förster um Hilfe rufen. Daß in diesem Moment »ein Läuten aus dem Tal heraufdrang« (233), kann seine Halluzinationen und Gewissensqualen nur verstärken, denn die Mordszene ist ja in seiner Erinnerung mit dem Glockenläuten verbunden, das damals ebenfalls gerade erklang (78, 88). Es ist wiederholt auf die Ähnlichkeit von Mord- und Sterbeszene aufmerksam gemacht worden, aber man sollte doch dabei nicht übersehen, daß gerade die von Lehnert als Zeichen der Schuld begriffene Mondsichel bei seinem eigenen Tod fehlt.

V

Preußen in *Quitt* ist mehr als ein cholerischer und ständig vom Schlaganfall bedrohter (20, 23, 29) Tyrann, der sich in seiner Unmenschlichkeit bedenklicherweise als »Stütze von Land und Thron« (71) in einer hierarchischen und patriarchalischen Gesellschaft versteht. Preußen ist eine *Welt*, und deshalb wäre es eine Verengung, seine Charakteristik lediglich aus dem personalen Gegensatz von Opitz und Menz herzuleiten. Die Disparität der Szenen im Riesengebirge nördlich der Schneekoppe und die Verschiedenheit der beiden geographisch in der Alten und der Neuen Welt angesiedelten Erzählblöcke als Mangel des Buches anzusehen hieße deshalb, Fontane mit Spielhagens Maßstäben eines strukturell eindimensionalen und doktrinären Realismus zu messen, dem er zu keiner Zeit gefolgt ist. Wir begreifen sein polyperspektivisches Erzählen heute gerade als Zeichen seiner Modernität. Lehnerts und Opitz' Auseinandersetzung ist eingebettet in eine ganze Lebenswelt, zu der Kirche und Wirtshaus, Rechtsinstanzen und Rechtsbrecher, sozial Angesehene und Verachtete, Alte und Junge, Einheimische und Touristen gehören. Fontane selbst kannte die Gegend ja als Urlauber und erfuhr dabei die Geschichte von dem Mord am Förster Frey, die die Keimzelle seines Romans bildet, der zwischen 1885 und 1889 zum größten Teil in Schlesien entstand. Der nie eindeutig überführte Mörder floh nach Amerika und verschwand völlig. Der zweite Teil von *Quitt* ist deshalb, im Gegensatz zum ersten, Fontanes eigene Zutat zu der Geschichte.

Das deprimierendste Bild der gedrückten Untertanin bietet Frau Menz, die nach ihrem aufsässigen Sohn aus der »Kriechezeit« stammt und »keinen Stolz und keine Ehre« (8) hat, weil sie unter dem alles verbietenden System bei ihrer Armut das Heucheln zur Vollkommenheit entwickelt hat. Auch der Pastor ist trotz aller persönlich liebenswürdigen Züge doch ein Repräsentant des bestehenden Systems. Er verkörpert die geistige Entwicklung des ursprünglich liberalen Bürgertums seit der ersten Hälfte des 19. Jahrhunderts. Als junger Mann nach 1815 »Burschenschaftler« (44), ist er dann offenbar wie so viele Progressive nach 1848 zum preußischen Nationalisten geworden, der »das Christusbild mit Friedrich Wilhelm III. und dem Kronprinzen zur Linken und Rechten« in seiner »Studierstube« (11) hängen hat und sich

am militärischen Drill der Feuerwehr begeistert: »Wie dank
ich dir, Gott, diese Tage noch erlebt zu haben.« (44) Wie
Opitz hält er die Obrigkeit in Luthers Sinn für gottgegeben
und trägt damit dazu bei, daß sich im Bewußtsein des Lesers
auch dieses Fontaneschen Romans die Verbindung von
Preußentum und Luthertum festsetzt. Auch der Vorname
Martin des »Vollblutmärkers« (140) Kaulbars soll den Leser
wohl an diese Kombination erinnern. L'Hermites Urteil über
den Reformator ist ohnehin eindeutig: »ein Mann ohne
Taille, so recht der Typus des Deutschen, mit seinen Päffchen
und tête carrée. Schade, daß man ihn nicht zu Beginn seiner
Laufbahn verbrannt habe [. . .].« (205) Es sei nebenbei darauf
hingewiesen, daß das *Verbrennen* eines der bisher unbeachte-
ten Motive von *Quitt* ist. Besonders die Kaulbars reden immer
wieder davon, »Ausbrennen, das sei das Richtige« (221).
Vor allem die Touristen, die nicht zufällig im Vorabdruck des
Romans in der *Gartenlaube* weitgehend verschwanden, sind
ein integraler Teil der schlesischen Gebirgswelt und als
Facette preußischen Lebens und preußischer Gesinnungen
unentbehrlich, weil sie einen Einblick in das Denken und
Gebaren *städtischer* Bevölkerungsgruppen, der höheren Ver-
waltung und der Geschäftswelt, erlauben, ohne daß der Leser
nach Berlin geführt zu werden braucht. Sie bestätigen die
männliche Herrschaft über die Frauen, die diese am besten
durch das unterlaufen können, was man »weibliche Diploma-
tie« nennt. Generell herrscht bei ihnen eine Atmosphäre der
Frivolität auf dem Grund immer wieder betonter preußischer
Disziplin, ein Ton der typisch berlinischen Rechthaberei und
Gereiztheit. Hier findet Opitz seinesgleichen und will deshalb auch mit den Touristen nichts zu tun haben, weil er von
ihrer »Eingebildetheit [. . .] für die seinige nicht viel zu hoffen
hatte« (16).
Daß auch einige der preußischen Charakterstudien – wie Dr.
Unverdorben – in *Quitt* mit dem besten Vergleichbaren in
anderen Romanen Fontanes ohne weiteres Schritt halten können, sei nur am Rande bemerkt.

VI

Fontanes Romane gerade der Jahre um *Quitt* sind voller
Gestalten, die unter der »jämmerlichen Welt« (55) Preußen-
Deutschlands leiden. Aber *Quitt* unterscheidet sich von
ihnen entscheidend. Nur hier ist das Opfer gesellschaftlicher
Zwänge ein selbstbewußter kleinbürgerlicher Mann, nicht
ein Aristokrat, der sich anpaßt (wie in *Irrungen, Wirrungen*),
der sich durch Selbstmord dem Scheitern entzieht (wie in
Stine) oder eine junge Frau (wie in *Cécile* oder *Effi Briest*).
Daher gelingt auch nur in *Quitt*, wie Osborne angemerkt
hat,[23] die Flucht in eine neue Welt. Innstetten in *Effi Briest*
und Leo von Poggenpuhl in *Die Poggenpuhls* sprechen zwar
davon, daß ihnen immer noch Afrika als letzte Rettung
bleibt, und Waldemar von Haldern in *Stine* möchte nach
Amerika, aber nur Lehnert gelingt der Absprung wirklich.
Sein Exil ist aus doppeltem Grund tragisch. Zum einen haßt
Lehnert wohl die Zwänge des preußischen Systems, aber er
liebt die Heimat, »sein Schlesierland, seine Berge, seine
Koppe«, und dieser Konflikt durchzieht die erste Hälfte des
Buches. Wenn er seinen Amerikaphantasien nachhängt, wird
die Heimat zum »Sklavenlande« mit »Armseligkeit und
Knechterei« (72). Nehmen aber die Amerikapläne Gestalt an,
dann ist es die Heimatliebe, die ihn davor zurückschrecken
läßt. »Die Krummhübler Kinderschar« von »halberwachse-
nen Mädchen« (74), die, das Schlesierlied singend, Lehnert
bei seinem Aufstieg zur entscheidenden Auseinandersetzung
mit Opitz begegnen, bringen dem Leser diese Heimatliebe in
dem Augenblick noch einmal nahe, wo er im Begriff ist, seine
Heimat zu verspielen, ja, er begeht den Mord eigentlich, um
im Land bleiben zu können. Lehnerts Empfindungen entsprechen in ihrer Spannung zwischen Heimatliebe und
Staatshaß durchaus denen Fontanes selbst. Die *Wanderungen
durch die Mark Brandenburg*, die er in einer Zeit tiefer Ent-

23 Ebd., S. 127.

täuschung über den preußischen Staat begann, sind zugleich das Dokument einer tiefen Liebe zu Volk, Landschaft und Tradition der Mark. Hier liegt eine starke autobiographische Komponente von *Quitt*.

Zum anderen ist Lehnert nicht etwa ein Schwächling und Versager, der den preußischen Ansprüchen an Männlichkeit nicht gewachsen ist; im Gegenteil, er hat das Zeug zu einem ausgezeichneten Preußen, liebt das Militärische und wäre am liebsten »bei den Soldaten geblieben und hätte seinem König weiter gedient« (72). Noch in Amerika selbst fürchtet er, daß seine kriegerische Gesinnung und Vergangenheit seiner Aufnahme bei den pazifistischen Mennoniten im Weg stehen könnte. Durch Ernst von Wildenbruchs Trauerspiel *Der Menonit* (1882), das Fontane kannte, war die Friedfertigkeit als »das heiligste Gesetz der Menoniten« (II,2) – »Wer Waffen führt, ist nicht mehr Menonit« (I,4) – den literarisch Interessierten in den achtziger Jahren gegenwärtig. Im Frankreichkrieg, der in *Quitt* so gegenwärtig ist wie in keinem anderen Roman Fontanes, hat Menz sich als unerschrockener Soldat bewährt. Das Vaterland verliert also in ihm einen ausgezeichneten Sohn: »By an irony which would have appealed to the Brecht of *Mutter Courage*, a society which owes its existence to military success, and has perpetuated military moeurs and safeguarded the privileges of the army in peacetime, cannot find a place even for Lehnert Menz, who treasures the same memories of the military successes as society at large.«[24] Lehnert ist auch nicht ein grundsätzlicher Gegner von Staat und Ordnung; es sind das Übermaß an Beengung und die ungerechte Behandlung, die ihn schließlich zu hemmungslosen antipreußischen Haßausbrüchen gegen den »Polizeistaat« hinreißen (55).

Die schlechte Behandlung, die das Vaterland Lehnert nach seinem militärischen Bravourstück in St. Cloud angedeihen läßt, fällt um so mehr auf, als sie durch das völlig andere

24 Ebd., S. 122.

Verhalten auf der Gegenseite in ein nachteiliges Licht gerückt wird. Fontane war auf die »gelungene Figur des L'Hermite«[25] stolz. Der Hoffnung Lehnerts steht der Fatalismus des Franzosen gegenüber, aber seine Funktion besteht auch darin, die Würdigung als Patriot gerade *des* Franzosen zu zeigen, der aus ideologischen Gründen ein erbitterter Feind des bestehenden politischen Systems ist. Deutsche Praxis – bis in die Gegenwart – sticht davon negativ ab. Während der mißgünstige Opitz Lehnert seine militärische Auszeichnung vorenthält, wird der einschlägig bekannte Kommunist L'Hermite, der den Aufstand des Pariser Proletariats im Juni 1848 mitgemacht hat und dabei »verwundet, gefangen und eingekerkert« (151) wurde, im Krimkrieg für seine Tapferkeit mit dem Kreuz der Ehrenlegion ausgezeichnet und zum Unteroffizier befördert – eine in Deutschland ganz undenkbare Karriere.

Da nur in *Quitt* der Absprung ins Exil gelingt, wird nur hier die *personale* Gegenwelt zu Preußen zur *institutionellen*. Menschlichkeit wird bei Fontane sonst repräsentiert durch einzelne, manchmal eher sonderliche Charaktere (wie Gieshübler in *Effi Briest*), die sich durch Verzicht oder die Einsicht in die menschliche Fehlbarkeit eine Enklave humaner Gesinnung geschaffen haben. In *Quitt* erscheinen ein Land und eine darin lebende, religiös begründete Gemeinschaft als Anti-Preußen. Gerade die personale Unzulänglichkeit aller in diese Gesellschaft nicht (wie Ruth und Tobias) Hineingeborenen, vom einfältigen Totto über die Mörder bis zum gelegentlich so weltlich gesinnten Obadja, bestätigen daher nur den institutionellen Erfolg ihres menschlichen Zusammenlebens. Das irdische Paradies gibt es nicht: »Selbst Nogat-Ehre kannte die Kunst der Verstellung.« (127 f.) Es gibt aber den Versuch, das menschliche Zusammenleben den Bedürfnissen des einzelnen gemäß zu gestalten.

Hier lag für Fontane die Notwendigkeit, den zweiten Teil des

25 Dichter, II,410 f. (an Friedrich Fontane, 11. August 1892).

Romans mit seiner merkwürdigen »happy family«[26] anders als den preußischen ersten Teil zu gestalten. Die neuere Forschung läßt den Amerikaszenen größere Gerechtigkeit widerfahren, denn sie erwartet von ihnen nicht mehr einfach realistische Genauigkeit, sondern betont, daß »das schlesische Wirklichkeitsbild Amerika [...] funktional auf Lehnert bezogen ist«,[27] daß es sich dabei um eine »Läuterungsgeschichte« handelt, »in der die äußere Handlung nur noch Funktion in bezug auf die Schuldproblematik Lehnerts besitzt«,[28] daß Amerika in *Quitt* eine »Gegenwelt zum preußischen Obrigkeits- und Militärstaat«[29] darstellt.

Dieses Amerika ist eine Enklave in einem riesigen Land, in der eine kleine Zahl von ehemaligen Europäern verschiedenster religiöser Überzeugungen und allerlei Indianer im Prozeß der christlichen Missionierung zusammenleben. Amerikaner im eigentlichen Sinn kommen in *Quitt* kaum vor. Und doch ist Demetz' Urteil, daß sich hier »die ideale Gesellschaft [...] am Rande des Nirgendwo«[30] entfaltet, nicht angemessen, denn Amerika als neue Lebens- und Staatsform ist in den Gesprächen in Nogat-Ehre in Zustimmung und Ablehnung gegenwärtig und wird durch die häufig nicht ausgesprochenen, sondern dem Leser selbst zu entdeckenden Vergleiche mit Preußen beleuchtet. Es erscheint als Land der Jugend und gleichen Chancen ohne alte privilegierte Aristokratie, das unter einem Bürgerkrieg gelitten hat, in dem aber Materialismus und Freiheit auch zur Gefahr werden können. Nur hier, in diesen noch unverfestigten Formen und in größerer Nähe zur Natur, nicht im alten eingefahrenen Europa ist eben das Experiment einer toleranten »happy family« möglich.

Fontane hat die beiden so bewußt entgegengesetzten Lebenswelten Preußen und Amerika durch eine Fülle von wechsel-

---

26 Ebd., S. 408 (an Frau von Bredow-Landin, 6. Dezember 1890).
27 Aust, S. 224.
28 Ohl (s. Anm. 9) S. 352.
29 Voss, S. 214.
30 Demetz, S. 95.

seitigen Bezügen miteinander verbunden, die weiter und tiefer gehen als die von Demetz beobachtete »Wiederkehr analoger Charaktere«[31]. Wie Amerika in Schlesien in Lehnerts Augen als Ziel der Sehnsucht und in Opitz' als Gefahr – Lehnert sei »ein Verführer [...], Aufwiegler [...], rede beständig von Freiheit und Amerika« (70) – gegenwärtig ist, so erinnern die tüchtigen, aber unausstehlichen Kaulbars' – »gute Leute, aber gräßlich«[32] – in Oklahoma ständig an Preußen. Der Eindruck wird noch durch den Berliner Brief von Kaulbars' Schwester verstärkt, der ein trübes Bild von Spießbürgerlichkeit und Geschäftsgeist zeichnet und enthüllt, daß Fräulein Kaulbars als verheiratete Hecht ihre Fischnatur nicht geändert hat. Kaulbars, der immer wieder von »Prince Frederic Charles« (127, 146), »unser Prinz« (145), redet, betrachtet es als bedenklich, daß in Amerika nun die »echten« Fürstlichkeiten abgeschafft sind und persönliche Vorzüge und menschlicher Wert aristokratische Wertschätzung erfahren, denn »wer kein Prinz is, darf auch nicht wie'n Prinz aussehen. Prinz Friedrich Karl, *der* durfte, der war einer. Aber Toby?« (146) Zu seiner Empörung wirkt Toby wie eine »königliche Hoheit« (153), läuft Lehnerts Beerdigung ab, »wie wenn ein Prinz begraben würde« (240).

Was in Schlesien Ausdruck aristokratischer Vorrechte und Verbote ist, von den Armen als Unterdrückungsmechanismus empfunden wird und zum ständigen Kampf zwischen Obrigkeit und Untertanen und schließlich zum Mord führt, das Jagdrecht, ist in Amerika die Beschäftigung jedes Mannes und gilt als Herausforderung durch die Natur, der man erliegen kann. Toby verirrt sich auf der Adlerjagd, und Gunpowder-Face kommt auf der Hirschjagd um. Sogar Obadja nimmt das Jagen trotz seiner Abneigung gegen das Töten hin. Wo Lehnert in Schlesien von Haß lebt und die weltliche Beichte gegenüber Opitz ablehnt, da findet er in Amerika Liebe und sehnt sich nach der religiösen Beichte gegenüber

---

31 Ebd., S. 94.
32 Dichter, II, 409 (an Paul Schlenther, 21. Dezember 1890).

Obadja. Ordnung gibt es hier wie dort, aber Obadjas »Geist der Ordnung und Liebe« (140), der kein Regieren braucht, steht das ständige Insistieren des preußischen Obrigkeitsstaates auf »toten Gehorsam« (133) und »Befehl, rein als Befehl, bloß hart und grausam« (122) gegenüber. Dort herrscht »eine königliche preußische privilegierte Luft; etwas Mittelalterliches«, hier »der republikanische Geist« (181).

Der Leser mag weitere Beziehungen entdecken und auch die vielfältigen personalen Gegenbilder aufspüren. Eine der amerikanischen Gestalten, nämlich Gunpowder-Face, hat die Forschung bisher erstaunlicherweise zu keinerlei Kommentar herausgefordert, obwohl sie doch eine der irritierendsten Figuren Fontanes ist und durch die von ihr bewirkte Heilung von Lehnerts Armbruch gleich zu Beginn der Amerika-Handlung eingeführt wird. Wie L'Hermite und Lehnert schwankt er zwischen dem Alten und dem Neuen, dem Christlichen und dem Antichristlichen. Er hat sich dem Christentum verschrieben und paukt bei den mennonitischen Feiern mit einer Inbrunst, die an Besessenheit grenzt. Aber dieses Pauken – seine einzige Ausdrucksform, wie es scheint, denn der Leser hört von ihm nie ein Wort – hat doch auf unheimliche Weise Protestcharakter, wie überhaupt das Gemeindeleben in Nogat-Ehre voller Ironien und Doppeldeutigkeiten ist. Der geschnitzte Rübezahl, »ein Götze« (178), der Lehnerts Vergangenheit beleuchtet (»Die schlesischen Geschichten aber mit ihrem verdeckten Heidentume«, 179), muß aus Obadjas Haus verschwinden, aber auch Gunpowder-Face wird mehrmals als »Götze« bezeichnet und mit den altmexikanischen Gottheiten in Verbindung gebracht (»Häuptling Gunpowder-Face nicht bloß mit einem mexikanischen Oberpriester-, sondern geradezu mit einem mexikanischen Götzengesicht«, 168). Auch sein Tamtam stammt aus Mexiko (167), und die Kesselpauke hat verdächtigerweise L'Hermite angefertigt. Da verwundert es nicht mehr, daß der »auf Wolken thronende Heiland [...] mehr an Judas Ischariot als an Christus erinnerte« (168).

Die merkwürdige Glaubenswelt von Nogat-Ehre wäre sicher eine eigene Studie wert. Sie hat mit ihren Doppeldeutigkeiten und ihrer Perspektivenbrechung alles andere als christlichen Bekenntnischarakter. Man kann Ohl darin zustimmen, »daß es in Fontanes Werk eine durchaus ernst zu nehmende religiöse Dimension gibt, die mit dem Hinweis auf die fatalistische Schicksalsgläubigkeit seines Urhebers nicht erledigt ist«,[33] aber Fontanes Einstellung zum Christentum erscheint in *Quitt*, wo dieses eine so zentrale Rolle spielt wie in keinem anderen Roman des Romanciers, vielfältig gebrochen.

33 Ohl (s. Anm. 9) S. 355.

Literaturhinweise

Davis, Arthur: Theodor Fontane's Interest in America as Revealed by his Novel »Quitt«. In: The American-German Review 19 (1952/53) S. 28 f.

Lowsky, Martin: »Aus dem Phantasie-Brunnen«. Die Flucht nach Amerika in Theodor Fontanes »Quitt« und Karl Mays »Scout«. In: Jahrbuch der Karl-May-Gesellschaft (1982) S. 78–96.

Reitzig, Hans: Theodor Fontanes »Quitt«. In: Schlesien 15 (1970) S. 214–222.

Reuter, Hans-Heinrich: Kriminalgeschichte, humanistische Utopie und Lehrstück. Theodor Fontane, »Quitt«. In: Sinn und Form 23 (1971) S. 1371–76.

Richter, Fritz K.: Theodor Fontanes schlesischer Roman »Quitt«. In: Jahrbuch der schlesischen Friedrich-Wilhelm-Universität zu Breslau 19 (1978) S. 188–197.

Ziegelschmid, Andreas J.: Truth and Fiction and Mennonites in the Second Part of Theodor Fontane's Novel »Quitt«: »The Indian Territory«. In: Mennonite Quarterly Review 16 (1942) S. 223–246.

PETER WRUCK

Frau Jenny Treibel

»Drum prüfe, wer sich ewig bindet«

Frau Jenny Treibel war, das stellte sich bald heraus, ein gelungener Wurf. 1892 druckte Julius Rodenberg den Roman und besiegelte damit Fontanes Heimatrecht auf dem Parnaß der *Deutschen Rundschau*. Die Buchausgabe bei Friedrich Fontane erzielte bis zur Jahrhundertwende fünf Auflagen.[1] Auch der Beifall der Kritik ließ wenig zu wünschen übrig und setzte sich in der literaturgeschichtlichen Urteilsbildung fort; vereinzelte Gegenstimmen drangen nicht durch. Nur Georg Lukács stiftete latente Unruhe, weil er behauptete, ein »allzu weit geführtes, allzu gemütliches ›Alles verstehen, ist alles verzeihen‹« nähere »trotz glänzender Beobachtungen, trotz ausgezeichneter satirischer Einzelheiten ›Frau Jenny Treibel‹ doch der bloßen Belletristik an«.[2] An der allgemeinen Wertschätzung des Romans, den Peter Demetz zu den »Kunstwerken höchster Ordnung« zählte,[3] änderte sich deshalb nichts; vielmehr trug es dazu bei, daß seine »literarische Qualität und sein kritischer Realismus«[4] seitdem eine Reihe eindrucksvoller Begründungen erfuhren. Den direkten Vergleichen mit der minderwertigen Erfolgsliteratur, die Fontanes teilweise konträre Praktiken aufdeckten, waren Untersuchungen auf ideen- und sozialgeschichtlichen, ideologie- und sprachkritischen Wegen vorangegangen. Wie Kommerzienrat Treibel über die Hamburgerinnen möchte man fast seuf-

1 A VI,529.
2 Georg Lukács, »Der alte Fontane«, in: G. L., *Deutsche Realisten des 19. Jahrhunderts*, Berlin [Ost] 1953, S. 290.
3 Demetz, S. 222.
4 Frederick Betz, »Fontane Scholarship, Literary Sociology and ›Trivialliteraturforschung‹«, in: *Internationales Archiv für Sozialgeschichte der deutschen Literatur* 8 (1983) S. 216.

zen: »Sie sind alle so zweifelsohne« (93), wenn es da nicht das
»Herzenslied« (211) seiner Frau Jenny gäbe und die spät-
abendlichen Zwielichtigkeiten, unter denen die Geschichte
zu Ende geht, nachdem Jennys Lied ein letztes Mal ange-
stimmt wurde: Es hebt an mit der Glücksfrage: »Was soll
Gold? Ich liebe Rosen / Und der Blumen schlichte Zier«, und
schwingt sich zu der Versicherung auf: »Ach, nur das, nur das
ist Leben, / *Wo sich Herz zum Herzen find't.*« (51)

Mit diesem Lied, dem der vorausorientierende Untertitel des
Romans entnommen ist, und dem Romanschluß, seinem
Abschied vom Leser, sind zwei Hauptpositionen eines Textes
strittig geblieben, der sonst wenig Rätsel zu bieten scheint.
Aber lohnt es, deswegen in der Sache *Frau Jenny Treibel oder
»Wo sich Herz zum Herzen find't«* erneut zu verhandeln? Die
Wiederaufnahme des Verfahrens rechtfertigt sich erst durch
die Ermittlung neuer Beweismaterialien. Sie betreffen die
Genesis, die Lesart der Fabel, die thematische Spannweite,
den sozialgeschichtlichen Kontext, den ideologischen Stand-
ort. Ohne ein Quantum Schulmäßigkeit und Kasuistik wird
es bei dieser Materie – vielleicht verzeihlich bei einem Roman,
der sich so stark auf die Heiratsnormen und die Bildungszustände einläßt – nicht abgehen. *Frau Jenny Treibel* ist unter
Fontanes Romanen und Erzählungen tatsächlich der einzige,
der diese Existenzfragen so heiter wie grundsätzlich thematisiert.

Fontane vereinigt in *Frau Jenny Treibel* eine Typensatire und
eine, wenn nicht zwei Besserungsgeschichten zu dem unge-
wöhnlichen Gebilde einer »erzählten Komödie«[5]. Die Satire
auf den »Typus einer Bourgeoise« (86), repräsentiert durch
die Titelgestalt, wird von der Besserungsgeschichte der
Corinna Schmidt in Bewegung gesetzt, die sich bekanntlich
darauf kapriziert, in das äußerst begüterte und altbefreundete
Haus Treibel einzuheiraten. Diese ihre Eskapade scheitert
jedoch an der Person und dem Typus, die der Gegenstand der

5 Müller-Seidel, S. 316.

Satire sind, und endet in Corinnas Umkehr. Sogar von ihrer »Bekehrung« (201) wird gesprochen.

Derart skelettiert, gibt der Roman, in dem doch die gute Laune ein Lebenselixier darstellt, seinen didaktischen Grundzug preis. Das Didaktische und das Komödienhafte, die sich von Hause aus vorzüglich vertragen, sind die Ursache, daß *Frau Jenny Treibel* im Zyklus der Berliner Romane, den Fontane ursprünglich mit ihr abschließen wollte,[6] einzigartig dasteht.

Fontane gab seinen didaktischen Neigungen oft genug nach, sie blieben aber unter den Formen, in denen er auf das Auseinanderfallen von Sein und Sollen reagierte, am wenigsten beachtet. Das konfrontative Konstruktionsprinzip, das er in seinen Romanen – vom ersten bis zum letzten – wiederholt angewandt hat, kommt diesen Neigungen besonders entgegen.[7] So umfassend und ausschließlich wie hier hat er es allerdings nicht wieder ins Werk gesetzt, obwohl einige Bauteile auch sonst vorkommen: zwei Familienkreise, soziale Sphären und Lebensweisen, die sich auf zwei Hauptschauplätze verteilen, zwei Generationen, wo die Kinder an denselben Scheideweg geführt werden wie ihre Eltern, und natürlich zwei Wertsysteme, die bei der Partnerwahl und Lebensplanung miteinander konkurrieren und für das Lebensglück den Ausschlag geben. Solche Gegenüberstellungen verzweigen sich bis in die Einzelheiten weiter.

Nach Komödienart hält sich Fontane nicht damit auf, das Artifizielle dieser Konstruktion zu verbergen, die sich schon in den drei wiederentdeckten Entwürfen abzeichnet; eher betont er sie noch durch die simultane Anordnung korrespondierender Vorgänge. Der früheste Entwurf, der wahrscheinlich Anfang 1882 entstanden ist, spricht im Haupttitel

6 Hanser Briefe, III,601 (an Theodor Fontane, 9. Mai 1888).
7 Müller-Seidel, S. 312. Im Einzelfall übernimmt die »Entsprechung« sehr verschiedene Aufgaben. Zum Verfahren der »Spiegelung« vgl. Peter Wruck, »Viel Freud, viel Leid. Irrungen, Wirrungen. Das alte Lied«, in: *Fontane-Blätter*, Bd. 6, H. 1 (1985) S. 82 f.

Klartext und nennt sich »Die Frau Bourgeoise«.[8] Kommerzienrats tragen noch den Namen Conradi, und die Tochter des Gymnasiallehrers Schmidt heißt Elise statt Corinna. Aber die Gegenüberstellung der Familien, ihre Gliederung in die ältere und die jüngere Generation, desgleichen die Partner, zwischen denen Schmidts Tochter zu entscheiden haben wird, sind bereits vorhanden. Fontane experimentiert auch schon mit dem Vers vom Herzensbund, den die Romanhandlung dann persifliert, um ihn hinterrücks vielleicht wieder in Kraft zu setzen. Das wird zu prüfen sein. Dieser Vers ist hier noch unfertig. Vor allem greift er noch nicht auf das geflügelte Wort aus Schillers *Lied von der Glocke* zurück, das dann als Schlußwendung in Jennys Lied auftaucht. Fontane hat das Lied, das in den Entwürfen nicht erwähnt wird, demnach vermutlich später eigens für seinen Roman verfaßt und kein früheres oder fremdes Gedicht verwendet, das schon vorlag.[9]

Die Konstruktion der Erzählung wird zu Beginn nach der personellen und ideellen Seite hin unumwunden offengelegt. In welchem Ausmaß dies geschieht, zeigt sich freilich erst beim Rückblick auf das Ganze. Es ist kennzeichnend für den Handlungsaufbau, wie bequem sich auf ihn die Kategorien traditioneller Schuldramaturgie anwenden lassen. Den Auftakt bildet eine ordentlich auf zwei Kapitel verteilte doppelte Exposition, die erst in die Wohnung Schmidts und danach in die Villa Treibel führt. Dieser Auftakt ist nach allen Regeln der Kunst gearbeitet; namentlich mit dem ersten Kapitel kann sich in seiner funktionalen Perfektheit bei Fontane wohl nur das unvergleichliche Anfangskapitel von *Irrungen, Wirrungen* messen, obgleich diesmal alles Mittelbare, Geheimnis-

8 A VI,519.

9 Vgl. Frederick Betz, »›Wo sich Herz zum Herzen find't‹: The Question of Authorship and Source of the Song and Sub-title in Fontane's *Frau Jenny Treibel*«, in: *The German Quarterly* 49 (1976) S. 312–317. Zum Streit um das Gedicht zuletzt: Norbert Mecklenburg, »Einsichten und Blindheiten. Fragmente einer nicht-kanonischen Fontane-Lektüre«, in: Text + Kritik, S. 148–162.

volle, Märchenhafte vom Schauplatz verschwunden ist. Um die Komödien-, das heißt die Gegenwartshandlung einzuleiten, beginnt Fontane mit einem Besuch in der Vergangenheit. So jedenfalls drängt es sich der Kommerzienrätin auf, als sie unverhofft in der Adlerstraße vorfährt, wo sie herangewachsen ist und Schmidt noch immer wohnt. Im Handlungsgang bestimmt, Corinna für den nächsten Tag zum Diner einzuladen, führt Jennys Visite im Funktionszusammenhang vor allen Dingen in das Figurensystem und den thematischen Horizont der Erzählung ein. Der Eindruck des Mühe-, wenn auch nicht Absichtslosen ist vollkommen, wenn aus dem Wiedereintritt in eine altvertraute, auf eine gewisse Kümmerlichkeit zugeschnittene Umgebung die Erinnerungen aufsteigen und sich aus der überbrachten Einladung eine Durchmusterung des Personenkreises, mit dem für das Festessen gerechnet oder nicht gerechnet wird, wie von selbst ergibt. Der Erzähler, der häufig, aber nicht immer alles weiß, überläßt dabei sehr rasch das Wort den Teilnehmern des Gesprächs, deren Perspektive er sich gern unmerklich zu eigen macht. *Frau Jenny Treibel* ist unter Fontanes Romanen am meisten dialogisiert und verfügt nichtsdestoweniger über den am weitesten »vorspringenden« Erzähler.[10]

Bis auf Treibel, der nicht unerwähnt bleibt, aber dem folgenden Kapitel vorbehalten ist, werden mit Corinna, mit Jenny, die ihre Gegenspielerin sein wird, und dem hinzukommenden Professor die Vordergrundsfiguren versammelt und vorgeführt. Doch steht dieser erste Auftritt völlig im Zeichen der Kommerzienrätin, ihrer Biographie und Persönlichkeit, die zwischen den beiden Familienkreisen die Verbindungsachse bilden und dominant genug sind, um keinen anderen Namen als ihren in den Titel zu setzen. Die Aufmerksamkeit ist auf ihre Anfänge gerichtet, die zu ihrer Problematisierung gleich aus drei verschiedenen Blickwinkeln anvisiert werden. Kurz gesagt, erscheint sie sich zunächst im jugendlichen Selbstbild.

10 H. Grieve, »Frau Jenny Treibel und Frau Wilhelmine Buchholz. Fontanes Roman und die Berliner Populärliteratur«, in: Jolles Festschrift, S. 541.

Anschließend entwirft sie gesprächsweise ein vorteilhaftes Doppelporträt von sich und ihrem alten Freunde Schmidt. Durch das desillusionierte Fremdbild, das Schmidt von ihr hat, wird es abgelöst und zurechtgerückt. Die Erinnerungsvorgänge, die bei ihr und Schmidt ohne kommunikative Rücksichten ablaufen und dem Gespräch flankierend voran- und nachgestellt sind, ergänzen, doch widersprechen einander nicht: Aus ihnen tritt wieder jene Jenny Bürstenbinder hervor, die – eigentlich eine Zuchthäuslerarbeit – im Materialwarenladen der Eltern Tüten klebte, eines Vaters, dem ihr Erwerbssinn, einer Mutter, der ihr Äußeres am Herzen lagen. Nicht umsonst. Denn wie sie sich gegenwärtig präsentiert, ist sie das geradlinige, erfolgsgekrönte Produkt dieser Umstände, auf das Schmidt hier schon das Wort »Ein Musterstück von einer Bourgeoise« (13) prägt.

Ihr selbstentworfenes Doppelporträt zeigt sie hingegen bei einem Intermezzo, das sie nachträglich zu einem Stück wahren, besseren und schöneren Lebens stilisiert: Das Köpfchen mit den kastanienbraunen Locken ist, wie es ihr die Mutter eingeschärft hat, dem Höheren zugewandt, ihr Herz ist entflammt von Poesie, und auf einer Grundierung aus reinen Gefühlen posiert sie Arm in Arm und immerdar verbunden mit dem jungen Wilibald, als er noch Student war und sie andichtete. Daß es damit vorbei war, als Treibel kam, versteht sich. Jenny kompensiert es durch einen hingebungsvollen Reliquienkult mit jener Episode, in dem Schmidt der Part des Entsagenden zugewiesen ist. Er hält ihn unverdrossen durch, wenn er auch auf die Zuhilfenahme ironischer Unverfrorenheiten angewiesen ist, wohl wissend, daß eine sentimentale Farce stattfindet. Im frühesten Entwurf hatte Fontane vermerkt: »Der *Groß*vater Schmidt und die Familie Bürstenbinder wohnten an der Friedrichsgracht und Adlerstraße oder Raules Hof«, [11] also im ältesten Berlin. Darin steckte die Idee, aus Jenny Treibel und Wilibald Schmidt, den Eltern

---

11 A VI,522.

der verhinderten Brautleute Corinna und Leopold, zwei Nachbarskinder zu machen. Diese Idee bewährte sich glänzend. Denn zum Motiv der Nachbarskinder gehört unweigerlich das der glücklichen oder unglücklichen Liebe, so daß sich die Grundkonstellation in beiden Generationen wiederholt. Vorrangig aus diesem Umstand wachsen der Handlung kritische Substanz und Witz zu; durch ihn rückt Jenny Treibel mit ihrem sozialen Aufstieg, ihren vorgeschobenen Ansichten und wahren Verhaltensnormen zur zentralen Bezugsperson der Komödienhandlung auf, sowie sie in Erscheinung tritt.

Fontane ist mit dem Motiv der Nachbars- und Freundeskinder originell umgegangen, war aber allem Anschein nach nicht ganz selbständig. Denn das Konstruktionsmuster, das System, das sich aus dem Zusammenspiel der Vordergrundsfiguren herausschält, ist nicht zum ersten Mal für einen Berliner Roman benutzt worden. Der Ausdruck Berliner Roman war zur Zeit des Vorgängers zwar noch nicht gebräuchlich, das Buch wollte auch gar kein Roman sein und mochte seinen Schauplatz nicht bei Namen nennen, sondern behalf sich mit seiner Umschreibung als einer »großen Haupt- und Universitätsstadt«.[12] Auch in den übrigen Eigenschaften ist *Frau Jenny Treibel* Raabes *Chronik der Sperlingsgasse*, um die es sich handelt, so unähnlich wie möglich. Aber wenn man in beiden auf die Gruppierung und die »Funktionen der handelnden Figuren«[13] zurückgeht, kommen die merkwürdigsten Übereinstimmungen ans Licht. Gedacht ist nicht an die Genreszenen, die sich in der *Chronik* zu einem fragmentarischen Geschichts- und einem episodischen Zeitbild zusammenfügen, sondern an die melodramatische Lebensgeschichte, womit Raabe seinen Chronisten Johannes Wachholder ausgestattet hat. Wie hinter Wilibald Schmidt liegt

12 Wilhelm Raabe, *Sämtliche Werke*, hrsg. von Karl Hoppe, Bd. 1: *Die Chronik der Sperlingsgasse. Ein Frühling*, Göttingen 1965, S. 21.
13 Vladimir Propp, *Morphologie des Märchens*, hrsg. von Karl Eimermacher, Frankfurt a. M. 1975, S. 31.

hinter ihm die Jugendliebe zum Nachbarskind, die in eine
Familienfreundschaft hinüberwächst, nachdem das Mädchen
einen anderen bevorzugt hat. Wie Schmidt hat Wachholder
im Mannesalter allein eine mutterlose Tochter großgezogen,
auch wenn es bei ihm nicht die eigene ist, sondern das Wai-
senkind des Freundespaars. Eine mütterliche Freundin hat
sich ihrer angenommen – auch Jenny Treibel nennt sich gern
Corinnas »mütterliche Freundin« (5). In der Gegenwart
schließt sich bei Raabe der Zyklus durch die Heirat des Mädchens mit dem Sohn jener mütterlichen, übrigens wohlhaben-
den Dame. Dies ist bei Fontane das in der Luft liegende Projekt, das durch die Handlung auf die Probe gestellt wird.
Nicht einmal die Italienreise des jungen Paares fehlt, nur daß
es sich bei Fontane ein wenig anders zusammensetzt als im
Projekt vorgesehen. Dafür sind es beide Male Cousin und
Cousine, die sich die Hand fürs Leben geben.
Dermaßen pflegen sich die Zufälle nicht zu häufen. Auch
wenn nicht obendrein die Position des (Zieh-)Vaters hier und
dort mit einem alten Gelehrten besetzt wäre, sind die Entsprechungen dafür zu dicht und zu strukturbestimmend für
das Figurensystem, das die lebensgeschichtlichen Basisver-
hältnisse des Romans umfaßt. In den gut untersuchten spora-
dischen Beziehungen zwischen den beiden Schriftstellern
weiß man zwar bisher nichts von einer Bekanntschaft Fontanes mit Raabes Erstlingswerk, denn direkte Zeugnisse fehlen.
Man darf aber wohl davon ausgehen, daß er im zeitlichen
Vorfeld der ersten Entwürfe für *Frau Jenny Treibel* erneut
Raabe gelesen hat, und es ist nicht ganz unwahrscheinlich,
daß die *Chronik der Sperlingsgasse* Gegenstand seiner Lektüre war. Der Hinweis ist in einem verbindlichen Brief enthalten, den er aus Wernigerode am 13. Juli 1881 an Raabe
richtete: »Ich lese hier viel, die beste Form des persönlichen
Verkehrs, und freue mich darauf, im Laufe der nächsten
Monate die Bekanntschaft mit Ihnen fortsetzen zu können.
Ihre *früheren* Arbeiten sind mir unbekannt geblieben, und

ich will nun tüchtig nachexerzieren.«[14] In dieser Absichtser-
klärung wirkt ein Aufsatz nach, den Eduard Engel soeben
über Raabes *Horn von Wanza* veröffentlicht hatte. Fontane
war mit Engels Rezension, die nachdrücklich auf das Frühwerk hinwies, vertraut und nahm sie sogar zum Anlaß, sich
selbst über Raabes jüngsten Roman zu äußern. Man hat keine
Mühe, sich vorzustellen, daß er sich auch bei der Auswahl
seiner Lektüre an Engel orientierte, falls er seine Absicht
wahr gemacht und, zurück in Berlin, nach älteren Arbeiten
Raabes gegriffen hat. Und Engel hatte von der *Chronik der
Sperlingsgasse* als einem »kleinen Meisterwerk« gesprochen.[15]

Für mehr als eine Erklärung der genetischen Zusammenhänge
reichen diese Anhaltspunkte nicht, aber auf den Beweis sind
die Entsprechungen zwischen den Texten auch nicht angewiesen. Ihr Vorhandensein wird noch unterstrichen durch
die Nachbarschaft zwischen den Hauptschauplätzen, die
Fontane arrangiert hat. Die Adlerstraße und die Spreegasse,
Raabes Modell für seine Sperlingsgasse, waren in der Wirklichkeit nur durch die über den Flußarm führende Jungfern-
brücke getrennt und verbunden. Man wird es nach alldem als
einen Fingerzeig anzusehen haben, daß dem Leser diese
Gasse ins Blickfeld gerückt wird, kaum daß er die erste Seite
umgeblättert hat. Ein Lehrling Louis wird gestreift, der die
junge Jenny nicht offen anzuhimmeln wagte. »Denn er war
zu niedrigen Standes, aus einem Obstkeller in der Spreegasse.« (4) Gründe oder Folgen hat diese Lokalisierung weiter keine.

Nähere Vergleiche würden auch auf motivische und thematische Korrespondenzen stoßen, unter denen das Vanitas-

---

14 Hanser Briefe, III,154. Zu Raabe und Fontane zuletzt: Horst Denkler,
»Zum Verhältnis zwischen Wilhelm Raabe und Theodor Fontane«, in: H.
D., *Neues über Wilhelm Raabe. Zehn Annäherungsversuche an einen ver-
kannten Schriftsteller*, Tübingen 1988, S. 105–120.

15 Abdruck von Engels Rezension in N XXI/2,885. Fontane nannte sie eine
»brillante Besprechung« (Hanser Briefe, III,144, an Gustav Karpeles,
11.Juni 1881).

Motiv, das bei Wachholder, bei Schmidt (und Jenny) auftritt, oder die Gegenwartsbedeutung Schillers, die bei Raabe explizit, bei Fontane implizit zur Debatte gestellt wird, besonders ins Gewicht fallen. Nach solchen Vergleichen wäre abzuwägen, ob nicht Fontane Raabes *Chronik der Sperlingsgasse* zum Anlaß nahm, in *Frau Jenny Treibel* die Andersartigkeit der eigenen Denk- und Schreibweise zu kultivieren, die er natürlich als Überlegenheit verstand.[16] Viele Eigentümlichkeiten des Romans, seine ausnehmend durchsichtige, elegante, ökonomische Komposition beispielsweise oder das Agieren des Erzählers, harmonieren mit dieser Annahme.

Das Figurensystem, von dem bei den bisherigen Beobachtungen ausgegangen wurde, ist in seinen Maßverhältnissen stark verändert und in seinem Sozialprofil auf allen Positionen umbesetzt, so daß die Identifizierung seiner Herkunft schwerfällt. Aber federführend dürfte weniger ihre Verschleierung gewesen sein als die Übertragung aus dem nachrevolutionären Krisenzustand einer Nation voller Enttäuschungen und ungewisser Erwartungen in die alltägliche Normalität einer fix und fertig ausgebildeten bürgerlichen Gesellschaft. Anstelle der jungen Künstler, für die sich bei Raabe die jungen Mädchen entscheiden, erscheinen Treibels auf dem Plan. Der Kommerzienrat, dessen Erzeugnisse verdächtig an Bismarcks »Blut-und-Eisen-Theorie« (35) erinnern, ist schon das »Produkt dreier im Fabrikbetrieb immer reicher gewordener Generationen« (167). Und in ihrer Eigenschaft als mütterliche Freundin tritt Jenny, die anders als ihr Mann der Inbegriff des Parvenus ist, an den Platz der gütigen Dame, die sich bei Raabe ihrer Zugehörigkeit zu einem schuldbeladenen gräflichen Hause in einer bürgerlichen Ehe entledigt hat. Auch der ausgemachte Schulmann Schmidt und seine Tochter stehen trotz des hier unerheblichen sozialen Gefälles vor ganz anderen Status- und Rollenproblemen als der Privatgelehrte Wachholder, dessen Elise ihrem Jugend-

16 Vgl. z. B. seinen Brief an Eduard Engel vom 17. April 1881 (richtig: 1882; Hanser Briefe, III,129).

freund in die Ehe folgt als müßte es so sein. Für Corinna rückt die Zeit heran, wo die Heiratsaussichten hinzuschwinden beginnen. Sie »könnte schon sechs Jahre verheiratet sein«, aber »dummerweise« hat sie »noch keiner gewollt« (153).

Im Umkreis Treibels und Schmidts sehen sich die Personen in soziale Verhältnisse versetzt, die zur Ruhe gekommen sind. Schmidt zitiert allerdings mit Nachdruck den Attinghaus aus Schillers *Wilhelm Tell*: »Das Alte stürzt, es ändert sich die Zeit.« (68) Aber das macht eben den Unterschied. Die Stabilität, ja Statik der Verhältnisse, wie sie sind, wird vom Heraufziehen einer »neuen Zeit« (85), die je nachdem die verdammte oder die moderne heißt, nicht in Frage gestellt. Was sich auf so ambivalente Weise wandelt, ist vorerst der Zeitgeist, der keinen verschont und, weil ihm die Jugend und die Zukunft gehört, von Schmidt begrüßt wird. Aber keine Sorge – auch wenn er sich gleich, als der Konflikt mit Jenny auf dem Höhepunkt ist, zu dem kopfnickend zitierbaren Bonmot erhebt: »Corinna, wenn ich nicht Professor wäre, so würd' ich am Ende Sozialdemokrat.« (180) Er ist Professor durch und durch und wird es bleiben.

Von den Hauptakteuren bis zu den zahlreichen Statisten zeigen sich alle außer mit ihren Vergnügungen vollauf mit der erreichten oder erstrebten Lebensstellung beschäftigt und werden von den keineswegs extraordinären Gegebenheiten in Anspruch genommen, von denen sie abhängt: dem Besitz, Beruf und Gelderwerb, der Familie, aus der man herkommt, sowie – groß in den Vordergrund gerückt – der Bildung, die einem zuteil wird, und der Ehe, die man eingeht. Darin gleichen sich die Intellektuellen und die Unternehmer, die Generationen und die Geschlechter. Wenn es ein gemeinsames Interesse gibt, um das sich die kleine Welt des Romans bewegt, dann liegt es in der Bedeutung dieser materiellen und institutionellen Gegebenheiten für die Existenz, die dem einzelnen schließlich beschieden ist.

Deshalb ist *Frau Jenny Treibel* genaugenommen ein Buch der Lebenswege. Es nimmt sie ins Gespräch zurück und inte-

griert sie der Komödienhandlung; statt sie in extenso zu verfolgen, bringt es sie auf den Punkt; noch im Munde des
Erzählers passen sie sich der äußerst selektiven, verknappen-
den und akzentuierenden Mitteilungsform an. Sie bilden aber
das epische Element und den thematischen Kern des Romans.
Auch in dieser Basierung auf diverse individuelle Lebenswege
steht er Raabes *Chronik der Sperlingsgasse* nah und fern
zugleich, die eine Entfaltung des Einzelschicksals ins Episo-
dische hinein bevorzugt.
Als sich das erste Kapitel leichthändig an die Konfrontation
der um Schmidt und Jenny zentrierten Standpunkte und
Kreise macht, bleibt von den besagten materiellen und institutionellen Gegebenheiten keine unberührt. Im zweiten Teil
der Exposition dominiert dann Treibel ähnlich wie seine Frau
im ersten. Sein Bild wird aus der Geschichte seiner Etablierung entwickelt; ihr Charakteristikum ist die Konformität
mit den Modernisierungsprozessen der letzten Jahrzehnte,
die oberflächlich betrachtet an Schmidt vorübergegangen zu
sein scheinen. Diesmal läuft die Zeit, deren Kind Treibel ist
und mit der er geht, rasant auf die Gegenwart, auf die Stunde
des Diners zu. Der Schauplatz, Treibels Wohnsitz, den er
sich auf dem Fabrikgelände in der Köpenicker Straße errich-
tet hat, wird zum exemplarischen Ort für das industrielle
Wachstum, die expandierende Stadtentwicklung, den anspruchsvollen Lebensstil der reichgewordenen Bourgeoisie.
Treibel ist mit dem Geist der Gründerjahre gut gefahren, dem
das von Gontard oder gar Knobelsdorff herrührende Wohn-
haus in der Alten Jakobstraße nicht mehr »zeit- und standes-
gemäß« (14) genug war. Seine Schornsteine wachsen jedes
Jahr ein Stück weiter in den Himmel, und die »modische
Villa« (14), die er sich gebaut hat, genügt allen Ansprüchen.
Oder doch fast allen: Zur vollendeten Herrschaftlichkeit fehlen ihr, sehr zu Jennys Leidwesen, ein paar Fußbreit Boden
für einen Dienstboteneingang. Alsbald wird klar, daß dieses
defizitäre Merkmal auch auf das Haus Treibel im übertrage-

nen Sinne zutrifft. An der Familie nagt die Kränkung, daß Leopold sein Einjährigenjahr »wegen zu flacher Brust« (103) nicht bei den feudalen Gardedragonern abdienen konnte. Darum setzt er sich jeden Tag schlecht und recht in den Sattel eines frommen Rosses. Dem Kommerzienrat fehlt ein anständiger Orden. Der Titel Generalkonsul wäre ihm und seiner Frau noch lieber. Die zur Selbstverständlichkeit gewordene materielle Saturiertheit hilft ihnen nicht darüber hinweg, daß sie hinter ihren fremdbestimmten Statusansprüchen zurückbleiben, erlaubt ihnen aber, sich, wie es aussieht, hauptsächlich um die Aufbesserung ihres gesellschaftlichen Prestiges zu kümmern.

Treibel wird in Person mit einer ausgedehnten Selbstreflexion eingeführt. Sie besteht größtenteils aus der Zwischenbilanz einer Unternehmung, die er aus diesen Gründen eingeleitet hat. Um »oben« auf sich aufmerksam zu machen, schlägt er den Umweg über einen märkischen Wahlkreis ein, der eine maliziöse Erfindung Fontanes ist, und strebt einer Zukunft als Reichstagsabgeordneter zu, der im Regierungslager sitzt. Dieser Versuch eines »politischen Gastspiels auf der Bühne Teupitz-Zossen« (167) ist seine Eskapade. Sie bleibt episodisch und dient als Vehikel, um Treibel in Fahrt zu halten; man hört vom Wahlgeplänkel immer nur indirekt. Dennoch ist Fontanes Buch »nicht die Geschichte einer, sondern zweier Verirrungen, der Treibels in die Politik und der Corinnas in die Familie Treibel«.[17] An beiden unternimmt der Autor das Wagnis, sie in eine von vornherein verfehlte Aktion zu stürzen, die eigentlich angetan ist, ihr positives Charakterbild zu schädigen, und sie dann doch mit blauem Auge davonkommen zu lassen. Sein Treibel wird biographisch nicht umsonst auf die Gründerjahre zurückgeführt. Soziologisch ist er nicht weniger ein Bourgeois als das negative Stereotyp des Gründers, mit dem die zeitgenössische

17 Christian Grawe, »Lieutenant Vogelsang a. D. und Mr. Nelson aus Liverpool: Treibels politische und Corinnas private Verirrungen in *Frau Jenny Treibel*«, in: *Fontane-Blätter*, Bd. 5, H. 6 (1984) S. 590.

Erfolgsliteratur arbeitete.[18] Aber Fontane ersetzte dieses Stereotyp durch einen Mann, der mit Berliner Mutterwitz, Lebensklugheit und Jovialität für sich einnimmt und sehr wohl von all den »guten Geistes- und Herzensanlagen« (167) Gebrauch zu machen versteht, die ihm der Erzähler zubilligt. Treibels Menschenkenntnis rät ihm auch von dem vorgestrigen Leutnant Vogelsang ab, der die »Royaldemokratie« (40) erfunden hat und damit die agitatorische Vorarbeit für die Kandidatur Treibels bestritten. Aber bis der Kommerzienrat am Ende von seinem politischen Ehrgeiz kuriert ist, muß er sich von dieser traurigen Gestalt, die er meinte benutzen zu können, schröpfen lassen und eine öffentliche Blamage einstecken.

Er hätte sich die Lektion ersparen können. Denn auf dem Diner, das er nicht zuletzt Vogelsang zu Ehren gibt, hat ihm die Majorin von Ziegenhals bereits die Gegenrechnung zu seiner Vorteilskalkulation aufgemacht. »Was wollen Sie mit Konservatismus? Sie sind ein Industrieller [. . .]. Rittergutsbesitzer sind agrarisch, Professoren sind nationale Mittelpartei, und Industrielle sind fortschrittlich. Seien Sie doch Fortschrittler.« (31)

Der Figur und dem Leser wird hier keine parteipolitische Nachhilfe zugemutet, aber bedeutet, woran es Treibel und die Seinen in Wahrheit fehlen lassen. Klassenbewußtsein wäre zuviel gesagt, entspräche auch nicht den Kategorien, in denen Fontane dachte. Treibels täuschen sich über ihren Zustand. Sie kranken am mangelnden Standesbewußtsein, während ihre Leiden aus dem gesellschaftlichen Ehrgeiz herrühren, der teils auf der Stufenleiter der offiziellen Rangordnungen nach oben drängt, teils im Auftreten und im gesellig en Verkehr den Anschluß ans Aristokratische zu gewinnen sucht. Vor der Gefahr, nach triviatliterarischen oder melodramatischen Mustern einer Radikalkur unterzogen zu werden, egal ob es die Glaubwürdigkeit oder das Leben kostet,

18 Grieve (s. Anm. 10) S. 537.

ist Treibel bei Fontane zum Glück sicher. Seine Rückführung vom Irrweg in die vergleichsweise große Politik macht vor seinen Grundeinstellungen halt, von denen sein entwaffnender, guten Gewissens das Zynische streifender Opportunismus nicht zu trennen ist, so daß richtiger von einer Korrektur als einer Besserung zu sprechen wäre. Es ändert sich nichts daran, daß ihm im selben Atemzug mit seinen guten Gaben bescheinigt werden muß, »der Bourgeois steckte ihm wie seiner sentimentalen Frau tief im Geblüt« (167).

Nach Fontanes Verständnis wurzelte das Bourgeoishafte im bürgerlichen Erwerbsleben, durchwucherte die Gesellschaft aber über alle sozialen Grenzscheiden hinweg. Er führte es auf ein Wertbewußtsein zurück, für das der Vorteil, vor allem der eigene, zählbare und vorweisbare Vorteil, das Maß der Dinge darstellte. Während der langen Entstehungszeit von *Frau Jenny Treibel* mehren sich die Angriffe darauf auch in seinen Briefen. Manche Äußerungen, die gedanklich an den Roman erinnern, überbieten ihn noch in der Schärfe der Formulierung. Kurz vor der Schlußredaktion des Romans schreibt er an die Tochter Mete, die ihm für Corinna Modell gestanden hat: »Ich hasse das Bourgeoishafte mit einer Leidenschaft, als ob ich ein eingeschworner Sozialdemokrat wäre. [...] Das Bourgeoisgefühl ist das zur Zeit maßgebende, und ich selber, der ich es gräßlich finde, bin bis zu einem gewissen Grade von ihm beherrscht. Die Strömung reißt einen mit fort.«[19] Es ist leichter gefragt als beantwortet, ob sein selbstkritischer Befund vielleicht der Arbeit am Roman zu verdanken war, oder ob sich dort gar Elemente einer verdeckten Selbstauseinandersetzung finden. Aber die Zeitdiagnose eines epidemischen, die eigene Person nicht verschonenden Befalls mit dem Bourgeoisen hilft immerhin verstehen, daß er in *Frau Jenny Treibel* mit den Betroffenen nicht unnachsichtiger umspringt, daß er nach dem Schweregrad unterscheidet und das Diktum des alten Generals Barfus

---

19 Hanser Briefe, IV,148 (an Martha Fontane, 25. August 1891).

bekräftigt, das unter Umständen ein goldenes Wort ist:
»Solange es geht, muß man Milde walten lassen, denn jeder
kann sie brauchen.« (64) Solange es geht. Lukács, dem der
Scharfblick für Fontanes Befindlichkeit gewiß nicht abzu-
sprechen ist, übersieht die Konsequenz, mit der dieses Krite-
rium gehandhabt wird, auf das Corinnas Heiratsprojekt für
die Beteiligten der Testfall ist.

Verglichen mit seiner Frau schneidet der Kommerzienrat hervorragend ab. Zwar wird er gleich wieder von Zweifeln
beschlichen und überläßt ihr das Handeln. Aber die Hauptar-
gumente gegen ihren Widerstand liegen ihm nahe genug, um
sie mit Überzeugungskraft vorzubringen. Dabei kommt ihm
die Unverbindlichkeit seines Opportunismus sogar zu Hilfe,
weil er sich mit dem Bewußtsein seiner angestammten Bürgerlichkeit ganz gut vereinbart. Im allgemeinen gewohnt,
sich nicht viel vorzumachen, kann Treibel das alte Egalitäts-
Postulat wieder hervorholen, um die Identität seines Hauses
klarzustellen, nach der mehrmals gefragt wird. »Wir sind
weder die Montmorencys noch die Lusignans [...], wir sind
auch nicht die Bismarcks oder die Arnims oder sonst was
Märkisches von Adel, wir sind die Treibels, Blutlaugensalz
und Eisenvitriol, und du bist eine geborne Bürstenbinder aus
der Adlerstraße. Bürstenbinder ist ganz gut, aber der erste
Bürstenbinder kann unmöglich höher gestanden haben als
der erste Schmidt.« (166)

Fontane hat das Mesalliance-Motiv wiederholt für zentrale
Konflikte benutzt. Aus der Adelssphäre überträgt er es in die
Treibelsche nur, um ihm dort den Boden zu entziehen und
Jenny der damit begründeten Ansprüche nach Strich und
Faden zu entkleiden. Übrig bleibt infolgedessen aber nicht
allein der bekannte Parvenu; Jenny fällt der Lächerlichkeit
auch deswegen anheim, weil sie, die ein starker Charakter[20],
aber von allem Aristokratischen das Gegenteil ist, sich über-
dies mit den Feudalallüren behaftet zeigt, die im gehobenen

20 Grieve (s. Anm. 10) S. 535.

Bürgertum der Zeit um sich griffen. Das Vollmaß eigener Nobilitierungsabsichten unterschreitet sie durchaus, aber Leopold an der Seite eines Edelfräuleins wäre ihr Traum, wenn er bloß das Zeug dazu hätte. Corinnas Heiratsprojekt fördert zutage, daß auf seine Weise jedem aus der ganzen »Treibelei« (202) für seinen gesellschaftlichen Ehrgeiz das Zeug fehlt.

Zugleich setzt es die materiellen Interessen frei, die Jennys Schönrednereien und persönliche Empfindungen beiseite fegen. Sie zögert keinen Augenblick, ihre tiefsitzende Animosität gegen eine zweite Hamburger Schwiegertochter zu unterdrücken, damit Corinna, die ihr eigentlich imponiert, durch eine vermögende Gegenkandidatin ersetzt werden kann. Daß Jenny dafür nach Canossa gehen muß, ist ein Kapitel für sich.

Seine soziale Aufschließungskraft entfaltet das Mesalliance-Motiv bei Fontane in der Regel dann, wenn es mit dem Motiv menschlicher Ebenbürtigkeit von Mann und Frau einhergeht. *Frau Jenny Treibel* ist keine Ausnahme, kehrt aber auch in dieser Hinsicht das Unterste zuoberst. Corinna muß sich nämlich fragen lassen, ob nicht eigentlich sie sich zu einer Mißehe anschickt, wenn sie einen ungeliebten Mann heiratet, den alle den armen nennen und der durch nichts als sein gutes Herz ausgezeichnet ist. Denn es besteht kein Zweifel: sie ist entschlossen, sich darüber hinwegzusetzen und sich mit dem Naturrecht des Menschenkinds, dem ein Mehr an Intelligenz und Temperament zugefallen ist, in den Genuß der irdischen Glücksgüter zu bringen, über die das Haus Treibel so reichlich gebietet.

Wie man Corinnas Handlungsweise beurteilt, hängt allerdings davon ab, wie man die Fabel versteht. Daß Corinnas »Haltung, ihr Projekt, ihre ›Geschichte‹ nicht sehr originell und nicht sehr einleuchtend«[21] ausgefallen sind, ist keine Einzelmeinung; soweit Einwände gegen den Roman erhoben

21 Mittenzwei, S. 152.

werden, konzentrieren sie sich auf diese Angriffsfläche. Sobald von Corinnas Eskapade jedoch die vermeintliche Einschichtigkeit und Eindeutigkeit abgetragen werden, verläuft sie sozial- und individualpsychologisch gleich schlüssig. Fontane betätigt seine Neigung, erzählende Texte durch Unbestimmtheiten oder Mehrfachmotivierung einer Vereindeutigung zu entziehen, in *Frau Jenny Treibel* ja nicht erst mit der Einlage von Jennys Lied und dem Schlußauftritt Wilibald Schmidts; er hält schon für Corinnas Entschlußfassung bei Handlungsbeginn mehrere Varianten von ungleichem Wert offen.

Nach der geltenden, nicht gerade schmeichelhaften Ansicht verfolgt sie von vornherein den Plan, Frau Leopold Treibel zu werden. Schon möglich; auf dem Heimweg von Treibels Diner wird ihr das durch Cousin Wedderkopp vorgehalten, und mit dem Bekenntnis zu diesem Vorhaben scheint sie ihm recht zu geben. So gesehen sinkt das Fehlschlagen zu einer moralischen Quittung für ihr kalt und zudem falsch berechnetes Fehlverhalten ab, die allen charakterlichen Entschuldigungen zum Trotz im Grunde vernichtend lautet.

Für Fontanes Verhältnisse nimmt sich diese Version aber denn doch ein wenig simpel aus. Sie wird auch durch wiederholte Hinweise des Erzählers untergraben, nach denen sich Corinnas Vorhaben Zug um Zug erst herauskristallisiert. Ihre Beweggründe verschieben und differenzieren sich dann sehr zu ihren Gunsten. Der moderne, bourgeoise »Hang nach Wohlleben« (58), der sie wie alle Welt in der Gewalt hat, gewinnt dann bei ihrem Heiratsprojekt zwar die Oberhand, bleibt jedoch zweitrangig gegenüber dem bestimmten, aber nicht benannten Ziel, das sie sich »nach reiflicher Überlegung« gesteckt hat, und das sich ebensogut dahin verstehen läßt, überhaupt eine Ehe zu führen und einen Mann zu finden, der gar nicht Treibel heißen müßte.

Am reizvollsten ist die Lesart, daß zu der Wahl, die sie trifft, diejenigen das Meiste beitragen, denen sie am ungelegensten kommt. Als die Kommerzienrätin bei ihrer Visite das Trug-

bild einer Liebesehe an die Wand malt, das Corinna spielerisch auf Leopold überträgt, ist der Anstoß gegeben. Es
spricht viel dafür, daß der Entschluß, ihn in die Tat umzuset-
zen, erst auf dem Heimweg von Treibels gefaßt wird und sich
Wedderkopp verdankt. Er hat das brillante Doppelspiel
durchschaut, das Corinna auf dem Diner vor dem jungen Mr.
Nelson aufgeführt, jedoch auf die Bezauberung eines anderen
berechnet hatte. Wedderkopp ist aber als aufgescheuchter
Rivale kein zuverlässiger Zeuge und in eigener Sache nachweislich kein guter Beobachter und Zuhörer. Wäre das Ver-
hör, mit dem er Corinna zum Bekenntnis treibt, denn keine
vom Zaun gebrochene Eifersuchtsszene? Ein Wort gibt das
andere. Wird Corinna nicht solange provoziert, bis sie sich
endlich gesagt sein läßt, welch unerhörten Eindruck sie auf
Leopold gemacht hat? Da dreht sie kurz entschlossen das
Heft um und erklärt sich gewillt, die Gelegenheit beim
Schopfe zu fassen, wenn sie in Reichweite kommt.
Ohne ein Übermaß an Gutgläubigkeit oder maskuliner Voreingenommenheit kann man schwerlich die Bedingtheit der
Figurenrede und den situativen Kontext vernachlässigen, mit
Wedderkopps inquisitorisch pädagogischem Gebaren gemeinsame Sache machen und seine Darstellung für bare
Münze nehmen. Wie er jetzt kein Ohr hat für Corinnas Ein-
würfe, mit denen sie ihm Brücken baut, hat er vorher nicht
wahrgenommen, daß sie bei ihrem Doppelspiel hauptsächlich
auf ihn achtgab. Er vermag auch nicht ihren ins Bild der
beiden ungleichen Kirchtürme gekleideten Hinweis aufzu-
greifen, wer ihr der Liebere ist, und findet das »rechte
Wort«[22] nicht, mit dem er sich – wer weiß – auf der Stelle von
seinem Herzdrücken erlösen könnte. Kurzum: sein nieder-
deutscher Name, der einen starrsinnigen Menschen, aber vor
allem die ausgesprochen männliche Form eines Schafskopfs
bezeichnet, steht ihm nicht schlecht zu Gesicht.
Es ist nicht ausgeschlossen, daß seine Cousine schon öfter zu

22 Ebd., S. 28, 48.

derartigen Veranstaltungen Zuflucht genommen oder Leopold als Alternative zu Marcell gleich in der Hinterhand gehalten hat. Das wäre eine weitere Version, die durch die anschließende Lagebesprechung Marcells mit seinem Onkel Nahrung erhält, aber am springenden Punkt nichts ändert. An der Wende des Gesprächs verwandelt ihn Corinna aus einer Entschuldigung in einen Vorwurf: »Gegen wen versünd'ge ich mich denn durch Untreue? Gegen dich? Hab ich Gelöbnisse gemacht? Hab ich dir etwas versprochen und das Versprechen nicht gehalten? [...] Du schweigst, weil du nichts zu sagen hast.« (55) Sie ist frei, denn Marcell – das mindeste zu sagen – hat sie nicht an sich gebunden. Damit kann es nicht weitergehen.

Ihr ganzes Verhalten, sowohl das scheiternde Heiratsprojekt als auch ihr meist als eine persönliche und literarische Notlösung empfundener Eheschluß mit Marcell, der sie zuletzt aus der Tinte zieht, in die sie sich mit Leopold gesetzt hatte, nehmen dann ein anderes Aussehen an. Wenn sie sich schon mit ihren Fünfundzwanzig, die seinerzeit anders zählten als heute, auf eine reine Versorgungsehe zurückverwiesen sieht, nachdem Marcell nicht aus der Reserve zu locken war – wer will den Stein auf sie werfen, weil sie ihren Handlungsspielraum ausschöpft, der mit jedem Jahr schrumpft, das sie älter wird? Der muß sich hüten, daß er nicht unter die Pharisäer gerät und sich unversehens neben Jenny Treibel wiederfindet. Umgekehrt bejaht sich durch Corinnas Heirat die gern gestellte Frage, ob der Roman mit einem Happy-End ausgeht, vollgültig, aber unter Einschränkungen von selbst.

Bei Wedderkopps individualpsychologischer Motivierung hatte Fontane keine so glückliche Hand wie bei Corinna, wo sich die Entbindung des kapriziösen Naturells und eines unvoreingenommenen Selbstbewußtseins aus der weitherzigen väterlichen Erziehung ergibt. Für Marcell bleibt nach Abzug aller Begleitgründe für sein Zaudern eigentlich nur der Zweifel, ob er auch auf die Liebe des Mädchens rechnen kann, mit dem er in enger Nachbarschaft und Freundschaft groß geworden ist. Desto stichhaltiger sind die sozialen Umstände, die ihm bis zur Peripetie der Handlung sozusagen objektiv die Hände binden. Der Umschwung wird durch eine Duplizität der Ereignisse bewirkt, die beiderseits Bewegungsfreiheit schafft. Corinna gibt Leopold den Laufpaß, und Marcell »hat [. . .] die Stelle« (194). Auch für Corinna ist Marcells Anstellung als Gymnasial-Oberlehrer eine wichtige Nachricht. Daß sie ihn überhaupt erst in den Stand versetzt, eine Familie zu ernähren, brauchte den Zeitgenossen niemand zu erklären. Retrospektiv gewinnt sein Verhalten dadurch einen Anstrich von Tellheimscher Ehrpusseligkeit.

Fontane entwickelte seine Geschichte halb unter der Hand aus einem familienpolitischen Übelstand, mit dessen mehr verhängnisvollen als lächerlichen Konsequenzen man lebte. Die Langsamkeit der Karrieren in den akademischen Berufen und zumal im Staatsdienst hatte zur Folge, daß dort die soziale Heiratsfähigkeit der Männer hinter ihrer biologischen um lange Jahre zurückblieb. Fontane verwies jedoch auf spezielle Verursachungsverhältnisse zurück, die im pädagogischen Berufsmilieu lagen, sich krisenhaft zuspitzten und die Öffentlichkeit beunruhigten. Eine Überfüllung mit jungen Universitätsabsolventen, die keine Anstellung fanden, hatte die wichtigsten akademischen Laufbahnen erfaßt und gipfelte beim höheren Lehramt in Preußen. Dort »dauerte die Überfüllungskrise von den frühen 80er bis in die späten 90er Jahre. Auf ihrem Höhepunkt im Jahre 1890 betrug das Gesamtangebot anstellungsfähiger Kandidaten rund das Zehnfache der Gesamtnachfrage. Die durchschnittliche Wartezeit bis zur Anstellung, die 1870 nur ein halbes Jahr betragen hatte, stieg 1896/97 auf 6,3 Jahre an. Die Gesamtzahl der anstellungsfähigen Kandidaten erreichte 1890 fast 40 Prozent der Festangestellten.«[23] Fontanes Text legt nahe, und in einem Entwurf ist

23 Hartmut Titze / Axel Hath / Volker Müller-Benedect, »Der Lehrerzyklus. Zur Wiederkehr von Überfüllung und Mangel im höheren Lehramt in Preußen«, in: *Zeitschrift für Pädagogik* 31 (1985) S. 100.

es ausgesprochen, daß Wedderkopp an der höheren Töchter-
schule lediglich eine der berüchtigten überbrückenden Hilfs-
lehrerstellen bekleidet, die ihn als ein Opfer dieser Krise aus-
weist. In ihnen gab es bei Hungergehältern keinerlei soziale
Sicherheiten.

Aber das bleibt ungesagt. Das ausgeprägte zeitgeschichtliche
Interesse des Erzählers Fontane war auf die Bedeutungen der
Phänomene gerichtet, während er meist darauf verzichtete,
sie in ihrer Erscheinungsform literarisch quasi nachzustellen.
Das auf Wedderkopp angewandte Verfahren erstreckt sich
auf die ganze ausgedehnte Reflexion der Bildungszustände
und des Erziehungswesens, mit der *Frau Jenny Treibel*
durchsetzt ist. Ihr Zusammenhang, der durch die aktuellen
Kontroversen um die höhere Bildung konstituiert wird, ist
ihrer Darstellung im Roman großenteils vorgelagert und wird
nur mittels unaufdringlicher Rückverweise geltend gemacht.
Daß Fontane die Szene mit Gymnasiallehrern bevölkert, hat
offensichtlich damit zu tun, daß sich diese Auseinandersetzungen, in die 1890 unter Eklat der Kaiser höchstselber ein-
griff, auf das humanistische Gymnasium konzentrierten. Es
besaß immer noch das Monopol auf die Berechtigung zum
Universitätsstudium, weswegen es eine Schlüsselstellung ein-
nahm bei der Verteidigung des Privilegs auf höhere Bildung
durch eine akademische und besitzende Minderheit. Sie
bediente sich der Überfüllung mit Erfolg als Argument gegen
Demokratisierungstendenzen im Bildungswesen, gegen die
als politisches Schreckgespenst das »geistige Proletariat« her-
aufbeschworen wurde.[24] Vor diesen Hintergrund gehört es,
daß Wilibald Schmidt seinem Freunde Distelkamp das Beispiel Schliemanns entgegenhält: »Du kannst dir nicht vorstellen, daß jemand, der« – wie Jenny Bürstenbinder – »Tüten
geklebt und Rosinen verkauft hat, den alten Priamus ausbud-
delt [. . .]. Aber ich kann mir nicht helfen, du hast unrecht.

---

24 Vgl. Detlev K. Müller, »Qualifikationskrise und Schulreform«, in: *Zeit-
    schrift für Pädagogik*, Beih. 14: *Historische Pädagogik*, hrsg. von Ulrich
    Herrmann, Weinheim/Basel 1977, S. 13–35.

Freilich, man muß was leisten; hic Rhodus, hic salta; aber wer springen kann, der springt, gleichviel, ob er's aus der Georgia Augusta oder der Klippschule hat.« (69) Fontane hätte sich hier auch selbst als Beispiel einsetzen können. Er zieht es aber vor, hinter der Maske Wilibald Schmidts beim Streit um Klassisches oder Modernes, Griechisches oder Deutsches – das Romantische nicht zu vergessen – mitzusprechen, mit dem die Zukunft des Gymnasiums öffentlich zur Debatte gestellt wurde.

Nicht minder bedeutungsvoll durchzieht vom ersten Kapitel an die Bildungsproblematik der Frauen die Gespräche. Fontane war als Vater seiner Mete, der Corinna auch in dieser Beziehung ähnelt, davon mitbetroffen. Der partikuläre Kontext korrespondiert jedoch mit dem öffentlichen Reformdruck, der sich gegen den Ausschluß der Frauen von den wissenschaftlichen Fächern und Berufen richtete und anfangs der neunziger Jahre die ersten Erfolge bei der Einrichtung entsprechender Schulen und der Durchsetzung des Frauenstudiums erzielte. Der Zusammenhang zwischen der »Bildungsidee des 19. Jahrhunderts«[25] und dem Bildungsdiskurs des Romans ist großenteils durch den bildungspolitischen Diskurs der Zeit vermittelt, die beide in ihrem Verhältnis zueinander der eingehenden Untersuchung noch entgegensehen.

Die profanen Verflechtungen mit der Bildungsgeschichte verlieren sich nicht einmal in den ätherischen Höhen, die Jennys Schwärmerei für die Poesie erreicht. Was sie daraus gemacht hat, ist das eine, wie sie entstanden ist, das andere. Jenny hat durchaus Ursache, die Zeit und Umstände ihrer Jugend zu beklagen, als das Schulwesen einem Mädchen wie sie keine reguläre Möglichkeit bot, über den Elementarunterricht hinauszugelangen. Ihr fällt nicht zur Last, daß sie unter Schmidts Mithilfe diesen Mangel mit Geistesgütern kompensierte, die in höchstem Kurswert standen: »Aber, Gott sei Dank, ich

---

25 Müller-Seidel, Nachwort zur Reclam-Ausgabe (215).

habe mich an Gedichten herangebildet, und wenn man viele davon auswendig weiß, so weiß man doch manches.« (8) Die Pikanterie, die sich Fontane erlaubt, liegt darin, daß sie mit ihrer urteilsschwachen Schwärmerei, auf deren Anachronismus ausgerechnet Vogelsang sie hinweisen muß, gesellschaftlich den Ton angibt, in den die Männerwelt achselzuckend einstimmt. Das zielt treffend auf die Rezeptionsverhältnisse ab, die für die Lyrik bestanden; sie wurde vom weiblichen Publikum getragen, das seine epigonale Geschmacksrichtung aber nun nicht, wie Jenny, dem Wildwuchs verdankte, sondern vornehmlich dem Unterricht in den höheren Mädchenschulen der zweiten Jahrhunderthälfte.[26]

Fontane treibt die Kompensationsfunktion gegenüber der Lebensprosa, die der Lyrik abverlangt wurde, gröblich auf die Spitze, so daß es ihm gelingt, einem ganz modernen Motiv die komische Seite abzugewinnen. Seine Kommerzienrätin hat die Poesie zum Herzstück ihrer Lebenslüge erhoben, bei der Betrug und Selbstbetrug Hand in Hand gehen. Alles sei nichtig, am nichtigsten das, »wonach alle Welt so begehrlich drängt: äußerlicher Besitz, Vermögen, Gold«. Sie aber verbleibe dem Ideal, das sie am reinsten im Liede habe, vor allem dem gesungenen. »Denn die Musik hebt es noch in eine höhere Sphäre.« (29) In diesem Zusammenhang ist sehr richtig von »Vulgäridealismus« gesprochen und seiner Durchdringung »ein nicht zu unterschätzendes ideologiekritisches Potential«[27] zuerkannt worden. Wenn dann noch die Rollenverteilung zwischen den Eheleuten beachtet wird, können darüber hinaus der politische Opportunismus Treibels und der schöngeistige Höhenflug seiner Frau als komplementäre Verhaltensweisen verstanden werden.

26 Vgl. Günter Häntzschel, »Lyrik und Lyrik-Markt in der zweiten Hälfte des 19. Jahrhunderts. Fortschrittsbericht und Projektskizzierung«, in: *Internationales Archiv für Sozialgeschichte der deutschen Literatur* 7 (1982) S. 199–246.

27 Jochen Schulte-Sasse / Renate Werner, *Einführung in die Literaturwissenschaft*, München ⁵1987, S. 228.

Allein der wunde Punkt des Romans ist damit nicht behoben. Er liegt nicht in der Typensatire, der wahrlich kein Mangel an Schärfe und Entschiedenheit vorzuwerfen ist, sondern in der Besserungsgeschichte Corinnas. Vor allem in ihrem Einzugsbereich werden die ideologiekritischen Züge von ideologiebildenden gekreuzt, die nicht durch das Raster der Behauptung erfaßt werden, Fontanes Roman vermeide jede Lösung, »die auf Harmonisierung der Widersprüche oder auf eine rückwärtsgewandte Utopie hinausläuft«.[28] Vielmehr ist an Lukács' Feststellung »einer Art von ideologischem ›happy end‹«[29] zu erinnern, die in besonderem Maße auf *Frau Jenny Treibel* zutrifft, auf die er sie gerade nicht ausdehnt.

Fontanes Roman berührt – oft nur ganz flüchtig – die verschiedensten Beziehungen zwischen Mann und Frau in einer solchen Fülle von Beispielen, daß ein zwischen den sozialen Extremen sich erstreckendes Panorama entsteht. Die Endpunkte bezeichnen Jennys Erkundigung nach dem Eheglück von »Prinzeß Anisettchen« (25) und der verschämte Bericht über Wachtmeister Schmolkes Erfahrungen mit dem Elend der Prostituierten. Wie die Lebenswege ausfallen, von denen das Buch letzten Endes handelt, entscheidet sich größtenteils an der Partnerwahl, und die Frage der Fragen heißt: Wie hältst du's mit der Ehe? Dieser Hintergrund, der auch seine Eigenbedeutung besitzt und insofern wiederum ein Kapitel für sich ist, verleiht Corinnas Umkehr Grundsätzlichkeit und empirischen Rückhalt. Sie wollte von vornherein kein »emanzipiertes Frauenzimmer« sein, so wenig wie Wedderkopp gesonnen war, »die Weiberwelt und die Welt überhaupt ändern zu wollen« (56). So tut sie nicht bloß das Richtige und für sie Beste, sie besinnt sich auch auf ihr wahres Ich, als sie sich zu guter Letzt den Gedanken an die große und an die weite Welt aus dem Kopfe schlägt, um sich die Rolle der Hausfrau und Mutter zu eigen zu machen. Es ist nicht zu bestreiten: Fontane statuiert an ihr ein Exempel zugunsten

28 Ebd., S. 229.
29 Lukács (s. Anm. 2) S. 290.

der sanktionierten Normalform der patriarchalischen bürgerlichen Ehe. Nur gut, daß er trotzdem Corinna nach den Erfahrungen der letzten Wochen und angesichts der fragwürdigen Eheschicksale, mit denen er sie umgibt, den Zweifel beläßt, ob ihr mit Marcell das Glück blühen wird. Und nur zu begreiflich, daß er den verbleibenden Entfaltungsraum für ihre Persönlichkeit nicht genauer ausmißt.

Darin hatte Lukács recht: Der Verfasser von *Frau Jenny Treibel* war derselbe wie der vehemente Ibsen-Kritiker. Skeptisch gegenüber Fontanes Überzeugungstreue auch im Alter, vermochte er jedoch das Credo nicht wahrzunehmen oder ernst zu nehmen, das die Kritik zum Ausdruck brachte. Die Einsicht, daß dieses Credo sich in Fontanes tragischen Meisterwerken ebensowohl Geltung verschaffte wie in seiner erbaulichen Komödie, lag ihm fern. »Unsere Zustände sind ein historisch Gewordenes, die wir als solche zu respektieren haben«, erklärte sich Fontane. »Man modle sie, wo sie der Modlung bedürfen, aber man stürze sie nicht um. Die größte aller Revolutionen wär es, wenn die Welt, wie Ibsens Evangelium es predigt, übereinkäme, an Stelle der alten, nur scheinbar prosaischen Ordnungsmächte die freie Herzensbestimmung zu setzen. Das wäre der Anfang vom Ende. Denn so groß und stark das menschliche Herz ist, eins ist noch größer: seine Gebrechlichkeit und seine wetterwendische Schwäche.«[30] Solange die Welt stehe, sei immer »nach den ›Verhältnissen‹ und nur sehr ausnahmsweise nach Liebe geheiratet worden.«[31]

In *Frau Jenny Treibel* läßt er neben dem Ausnahme- auch gleich den Normalfall eintreten. Leopold wird seine ungeliebte Hamburger Schwägerin heiraten, weil es die mütterliche Familienpolitik so will. Corinna und Marcell hingegen werden in eine Lage versetzt, wo es mit den Verhältnissen, den Personen und der Liebe, die ja keine Leidenschaft sein

---

30 *Noch einmal Ibsen und seine »Gespenster«* (N XXII/2,694).
31 Ebd., S. 691.

muß, »klappt und paßt« (10). Dennoch tun sie sich schwer,
vom Vorzug der freien Gattenwahl den rechten Gebrauch zu
machen.

Durch seine Wendung ins Erbauliche läuft der Roman
Gefahr, Illusionen nicht nur ab-, sondern auch aufzubauen;
die gemütliche Indifferenz, von der Lukács ausgeht, ist ihm
fremd. Dieser Erbaulichkeit wird durch die Beschaffenheit
der passenden »Verhältnisse« Vorschub geleistet. Corinna
findet in den Schoß einer beamteten Intelligenz zurück,
die sich auf ständische Weise aus sich selber regeneriert; ihr
Eheschluß bezeugt mustergültig die Fortpflanzungswürdig-
keit dieser äußerlich bescheidenen, geistig und moralisch
anspruchsvollen »Lebensformen« (199), die sie zuvor ver-
spottet hat. Sie werden durch das entsprechende Standesbewußtsein statt durch das materielle Interesse stabilisiert. Was
der Professor stolz das »Schmidtsche« nennt (200) und in
seiner Person am originellsten verkörpert, beruht auf den
Standestugenden, die seiner Familie in Fleisch und Blut übergegangen sind, während sie sogar im Kollegenkränzchen der
»Sieben Waisen Griechenlands«, mit dem er sich beziehungsreich umgibt, verwässert und bis zum Grotesken vergällt
werden. Trotzdem fungiert ihre Aufrechterhaltung als das
Korrektiv des Bourgeoisen; in ihrem Beharrungsvermögen
werden sie deutlich der sozialen Mobilität und Dynamik des
einzelnen vorgezogen, die in Treibels Kreisen auftreten. Fontane war gut beraten, daß er diesem guten Alten, das er gegen
das schlechte Neue aufbietet, nur eine äußerst schmale Basis
einräumt, sich mit seiner beispielgebenden Konsolidierung
begnügt und seine Aussichten ganz zurückhaltend behandelt.

Den Ausschlag gibt jedoch, daß in guter fontanescher Manier
dieses Alte auf die Zukunft verpflichtet wird. Es legitimiert
sich in Wilibald Schmidt, der sich durch die Standes- und
Bildungstraditionen, aus denen er lebt, zu freiem Denken,
historischem Weitblick und humaner Zuversicht angehalten
fühlt. Er ergreift – geistig wohlgemerkt – in dem grandiosen

Zeitgeistwandel, der im Gang ist und von ihm als einzigem bewußt wahrgenommen wird, die Partei des Kommenden. Modern ist für ihn kein Schreckwort. Sein praktisch abseitiger Modus vivendi ist allerdings der eines Sonderlings; auch in dieser Eigenschaft fordert er zum Vergleich mit Raabes Wachholder heraus. Wenn Fontane ironisch einzelne vage Beziehungen zwischen seinem Berliner Gymnasialprofessor und dem antiken Göttervater Zeus spielen läßt,[32] wird untergründig das Ausmaß der Diskrepanzen spürbar, die in Schmidts Existenz zu überbrücken sind.

Man muß Fontane jedoch im Verdacht haben, daß er noch aus anderen Gründen diese verstohlene Verwandtschaftlichkeit herstellte. Das Figurensystem seines Romans weist nämlich eine absolut ungehörige Vakanz auf. Corinna ist, vernimmt man aus verschiedenem Munde, »ihres Vaters Tochter« (85). Sie ist es so ausschließlich, daß der Text für ihre Mutter, die in einem Entwurf noch vorhanden ist[33], nicht ein Sterbenswörtchen übrig hat. Es gibt sie nicht, auch nicht in Situationen, wo der erklärte »Ehrenmann« (211) Schmidt allen Anlaß hätte, sich ihrer und nicht Jennys zu erinnern. Wie Pallas Athene dem Haupte des Zeus, scheint Corinna dem Haupt ihres Vaters entsprungen. Oder dem Kopfe ihres Schöpfers? Aus dem Verhältnis zwischen Fontane und seinen Geschöpfen Mete und Corinna wäre dann seine Frau auf eine Weise herausgehalten, die keine liebenswürdige ist. Aber wie auch immer bedeutet diese Aussparung im Argumentationssystem eines Romans, der die Heiratspraxis und Heiratsmoral thematisiert und auf die Nachfolgebeziehungen zwischen Kindern und Eltern großen Wert legt, eigentlich ein Unding, bei dem am meisten überrascht, daß es auch den aufmerksamsten Lesern nicht ins Auge fällt. Das spricht aber mehr für ein

---

32 Andreas Poltermann macht auf diese Beziehungen aufmerksam, die aber doch überanstrengt werden, wenn Schmidt geradezu als »ein alter Zeus« angesprochen wird: »*Frau Jenny Treibel* oder die Profanierung der Kunst«, in: Text + Kritik, S. 141.

33 A VI,524.

Meisterstück des Versteckspielers Fontane[34] als für eine Schwäche seines Werks und entbindet nicht von der Frage nach der Funktion des Fehlelements. Einmal festgestellt, kann es im Grunde nur als der verdrängte Teil in einer Konkurrenz mit Schmidts erster Liebe aufgefaßt werden, die schließlich auch wieder zum Vorschein kommt.

Der angetrunkene Schmidt übernimmt am Schluß erstmals die Initiative und letztmalig das Wort, er läßt Jennys Lied vortragen, die schon gegangen ist, wird von Rührung übermannt und verfällt in Redseligkeiten, deren Verläßlichkeit sehr die Frage ist. Mit diesem mehrdeutigen Epilog, über den die Kontroversen anhalten, bleibt der Leser allein. Ihm ist vor einer Auslegung der Einzelheiten die Kohärenz der Textpartie nahezulegen, von der sie die Teile sind. Schmidts Epilog kehrt wieder zu Jenny Treibel und zur Vergangenheit zurück und schlägt derart den Bogen zum Beginn des Romans. Sprachlich stellt Schmidt im Verlauf sozusagen die alte Zweierbeziehung wieder her, wenn er von Treibels »Eheliebster« über ein »Treibel, unsere Jenny« zu »meiner Freundin Jenny« gelangt (212). Ihr Lied, das sein Lied ist und das Unterpfand seiner Liebe war, entwickelt unerwartet kathartische Kräfte, die ihm die Tränen und die Zunge lösen.[35] Von da an ergeht er sich in lauter Alternativen zu dem, was ist, denen er offenkundig den Vorzug gibt. Das sentimentale Lied, das nüchtern betrachtet auf eine »himmlische Trivialität« (87) hinausläuft, bewährt sich ihm durch seine Wirkung als echte Lyrik; der Professor wäre vielleicht doch besser der Poesie treu geblieben – ein Gedanke, dessen Ernsthaftigkeit und Abwegigkeit

---

34 Paul Irving Anderson, »*Meine Kinderjahre*: die Brücke zwischen Leben und Kunst. Eine Analyse der Fontaneschen Mehrdeutigkeit als Versteck-Sprachspiel im Sinne Wittgensteins«, in: Fontane aus heutiger Sicht, S. 143–182.

35 Schmidt hatte früher schon mitgeteilt, »in dem Liede lebt unsre Freundschaft fort bis diesen Tag, ganz so, als sei nichts vorgefallen,« aber gemeint: »Ich persönlich bin drüber weg« (87). Die hervorgerufene Wirkung spricht für das Gegenteil. Individuell bedingt eignet sie sich jedoch nicht als Argument für die poetischen Qualitäten eines Textes, der seine Abhängigkeit von fremden Mustern so zur Schau stellt wie Jennys Lied.

in einem durch die schonende Reaktion der beiden Zuhörer bezeugt wird. Die »arme Corinna«, der doch zu einer Julia nicht weniger als alles fehlt, ist unterwegs nach Verona zum Grab der Julia Capulet – »wie das klingt« (212). Aber früher, als ein Hochzeitspaar die erste Nacht im Bett und nicht im Fernzug verbrachte, ging es natürlicher, sittlicher zu. Und »Natur ist Sittlichkeit und überhaupt die Hauptsache. Geld ist Unsinn, Wissenschaft ist Unsinn, alles ist Unsinn. Professor auch.«

In Schmidt, will es scheinen, dauert der Jugendtraum von einem anderen Leben nach. Das läßt ihn von Jenny Bürstenbinder nicht loskommen, die von seinem Gedicht nicht loskommt – beides die falschen, zu Unrecht mit gesellschaftlichem Glanz illuminierten Objekte. Aber damit beginnen definitiv die Unwägbarkeiten. Sind das noch entstellte Mahnzeichen von Poesie und Liebe oder nur ihre durch Selbsttäuschung verklärten Karikaturen? Ist ihnen diese Zweideutigkeit angeboren oder zugewachsen? Was haben Liebe und Poesie zukünftig zu gewärtigen, wenn sie jetzt schon ihr Dasein im Ausnahmefall, im verborgenen Innern, in der Allerweltsmetapher[36], im abgenutzten Gedicht fristen? Soll Goethes Überzeugung noch gelten, daß »denn doch die Poesie das glückliche Asyl der Menschheit bleiben wird«?[37] Als Glaubenssatz ist das Schmidt und Fontane jederzeit zuzutrauen. Aber der Epilog, nach dem Schmidt mit den Schlußworten »Kommen Sie, meine Herren [. . .] Wir wollen nach Hause gehen« (212) der Jugend das Feld räumt, ähnelt doch verzweifelt einem Abgesang.

---

36 Bettina Plett hat nachgewiesen, daß *Frau Jenny Treibel* mit 86 literarischen Anspielungen der verhältnismäßig zitatenfreudigste unter Fontanes Romanen und Erzählungen ist (Plett, S. 318). Aber fast ebenso häufig werden das Herz und seine sprachlichen Ableitungen im Mund geführt. Jennys Lied läßt sich von der Herz-Metaphorik nicht isolieren.
37 An Thomas Carlyle, 2. Juni 1831 (Goethe, *Werke*, Abt. 4, Bd. 48, Weimar 1909, S. 211).

Literaturhinweise

Aust, Hugo: Anstößige Versöhnung. Zum Begriff der Versöhnung in Fontanes »Frau Jenny Treibel«. In: Zeitschrift für deutsche Philologie 92 (1973) Sonderh. S. 101–126.

Betz, Frederick: »Wo sich Herz zum Herzen find't«: The Question of Authorship and Source of the Song and Sub-title in Fontane's »Frau Jenny Treibel«. In: The German Quarterly 49 (1976) S. 312–317.

– Fontane Scholarship, Literary Sociology, and Trivialliteraturforschung. In: Internationales Archiv für Sozialgeschichte der deutschen Literatur 8 (1983) S. 200–220.

Erläuterungen und Dokumente: Theodor Fontane, »Frau Jenny Treibel«. Hrsg. von Walter Wagner. Stuttgart 1976.

Grawe, Christian: Lieutenant Vogelsang a. D. und Mr. Nelson aus Liverpool: Treibels politische und Corinnas private Verirrungen in »Frau Jenny Treibel«. In: Fontane-Blätter. Bd. 5. H. 6 (1984) S. 588–606.

Grevel, Lilo: Frau Jenny Treibel. Zum Dilemma des Bürgertums in der Wilhelminischen Ära. In: Zeitschrift für deutsche Philologie 108 (1989) S. 179–198.

Grieve, H.: Frau Jenny Treibel und Frau Wilhelmine Buchholz. Fontanes Roman und die Berliner Populärliteratur. In: Formen realistischer Erzählkunst. Festschrift for Charlotte Jolles. Hrsg. von Jörg Thunecke. Nottingham 1979. S. 535–543.

Kafitz, Dieter: Die Kritik am Bildungsbürgertum in Fontanes Roman »Frau Jenny Treibel«. In: Zeitschrift für deutsche Philologie 92 (1973) Sonderh. S. 74–101.

Müller-Seidel, Walter: Besitz und Bildung. Über Fontanes Roman »Frau Jenny Treibel«. In: Fontanes Realismus. Wissenschaftliche Konferenz zum 150. Geburtstag Theodor Fontanes in Potsdam. Vorträge und Berichte. Hrsg. von Hans-Erich Teitge und Joachim Schobeß. Berlin [Ost] 1972. S. 129–141.

Poltermann, Andreas: »Frau Jenny Treibel« oder die Profanierung der hohen Poesie. In: Theodor Fontane. Hrsg. von Heinz Ludwig Arnold. München 1989. (Text + Kritik. Sonderbd.) S. 131 bis 147.

Reinhardt, Hartmut: Die Wahrheit des Sentimentalen. Bemerkungen zu zwei Romanschlüssen bei Theodor Fontane: »Frau Jenny

Treibel« und »Effi Briest«. In: Wirkendes Wort 29 (1979) S. 318
bis 326.

Turner, David: Kaffee oder Milch? Das ist die Frage: Zu einer Szene
aus Fontanes »Frau Jenny Treibel«. In: Fontane-Blätter. Bd. 3.
H. 2 (1974) S. 153–159.

CHRISTIAN GRAWE

Effi Briest

Geducktes Vögelchen in Schneelandschaft:
Effi von Innstetten, geborene von Briest

I

Arme Effi! So nennen sie ihr eigener Vater (38) und ihr Autor
(332),[1] und so nennt sie auch ein früher Rezensent von *Effi
Briest*.[2] Der Leser, der das Buch aus der Hand legt, ist nur zu
geneigt, ihnen zuzustimmen: arme Effi! Die hübsche, ver-
spielte siebzehnjährige Aristokratin aus alter, schon seit dem
frühen 17. Jahrhundert auf ihrem Landsitz nordwestlich von
Berlin ansässiger märkischer Familie strahlt im ersten Kapitel
von *Effi Briest* im sonnenbeschienenen Garten des elterlichen
Hauses mit dem von einer Sonnenuhr bestandenen Rondell
und beim ausgelassenen Spiel mit ihren drei Freundinnen
Charme und eitel Lebenslust aus und hat durch die Verlobung mit einem gutaussehenden, erfolgreichen Beamten von
gleichfalls adliger Herkunft, der zudem vom Reichskanzler
und preußischen Ministerpräsidenten Otto von Bismarck
geschätzt wird, ein erfolgreiches und erfülltes Leben vor sich.
Eine große gesellschaftliche Karriere ist, wie vor allem ihre
Mutter glaubt, der sorgenfreien jungen Baronesse gewiß:
»wenn du nicht ›nein‹ sagst [. . .], so stehst du mit zwanzig
Jahren da, wo andere mit vierzig stehen. Du wirst deine
Mama weit überholen.« (15) Und sie scheint recht zu behal-
ten, denn schon im dritten Ehejahr ist Effi »Frau Ministerial-
rätin« in Berlin, gewinnt »die beinah zärtliche Freundschaft«

1 Vgl. auch Fontanes Briefe an Julius Rodenberg, 1. März 1895 (Hanser Briefe,
  IV,429), an Hans Hertz, 2. März 1895 (ebd., S. 430), und an Ernst Heilborn,
  24. November 1895 (ebd., S. 568).
2 *Düna Zeitung*, 18. Juni 1899 (anonym).

(251) der Frau des Ministers und wird von der Kaiserin und dem Kaiser, der »auf dem Hofball gnädige, huldreiche Worte an die schöne junge Frau« (252) richtet, ausgezeichnet. Aber im 36. und letzten Kapitel des Romans und nur zwölf Jahre nach Verlassen des elterlichen Hauses liegt die 29jährige nach Scheidung, Entfremdung von ihrem einzigen Kind und sozialer Verfemung, nach tiefen seelischen Erschütterungen und einer dadurch mitbedingten Schwindsucht unter derselben Sonnenuhr begraben. »Ruhe, Ruhe« (335) sind ihre letzten Worte im Roman: arme Effi! Was ist mit ihr geschehen?

Menschliche Anteilnahme haben Leiden und unzeitiger Tod der Titelheldin von Fontanes drittletztem Roman, der von Oktober 1894 bis März 1895 in der *Deutschen Rundschau* als Vorabdruck und im Oktober 1895 als Buchausgabe erschien, von Anfang an gefunden. Die Zeitgenossen bescherten dem Roman innerhalb von zwei Jahren fünf Auflagen und damit dem 75jährigen Autor seinen größten Verkaufserfolg und das so lange schmerzlich vermißte Gefühl, sich nun endlich auch in der Öffentlichkeit durchgesetzt zu haben. Aber die meisten Rezensenten der Neuerscheinung erkannten auch schon, daß es sich hier nicht lediglich um eine ergreifende Geschichte handelt, sondern daß in *Effi Briest* menschliche Rührung, kritische Zeitanalyse und dichterische Gestaltung eine in der Literatur seltene vollendete Verschmelzung eingegangen sind; und die intensive Beschäftigung der Forschung mit dem Buch – *Effi Briest* ist nicht nur der beliebteste, sondern auch der am meisten diskutierte Roman Fontanes[3] – hat diesen ursprünglichen Eindruck eher verstärkt. Heute ist *Effi Briests* Ruhm als Fontanes vollkommenstes Prosawerk, als einer der größten Romane Deutschlands und als einer der repräsentativen europäischen Gesellschaftsromane des 19. Jahrhunderts unbestritten. »Eine Romanbibliothek der rigorosesten Aus-

3 Eine Bibliographie zu *Effi Briest* ist am leichtesten zugänglich in: *Erläuterungen und Dokumente: Theodor Fontane, »Effi Briest«,* hrsg. von Walter Schafarschik, Stuttgart 1972 [u. ö.], S. 165–167, und in: Christian Grawe, *Effi Briest,* Frankfurt a. M. [3]1990, S. 124–129.

wahl«, schrieb Thomas Mann schon 1919 in seiner Anzeige von Conrad Wandreys Fontanebuch, »und beschränkte man sie auf ein Dutzend Bände, auf zehn, auf sechs – sie dürfte *Effi Briest* nicht vermissen lassen.«[4]

Die europäische Verflechtung des Buches gilt schon für die Thematik, denn was eigentlich ist geschehen, daß Effi als noch junge Frau und Geschlagene in die Heimat zurückkehrt und ihren frühen Tod resigniert und klaglos hinnimmt? Ein Ehebruch hat ihr Leben zerstört. Aber Fontane kommt es dabei keineswegs – wie gut 30 Jahre vorher Richard Wagner in *Tristan und Isolde* – auf die Ausbreitung einer großen, aber verbotenen Liebe an, die es vielmehr gar nicht gibt. Der Leser erfährt denn auch nichts über das heimliche Beisammensein des ehebrechenden Paares. Auch die Tatsache, daß Effis Liebhaber den Ruf eines routinierten »Damenmannes« hat und noch einige Jahre älter ist als ihr eigener Mann, weist auf die Zufälligkeit dieser Liebe hin. Was stattfindet, ist eine belanglose, aus Langeweile, Abenteuerlust und dem Reiz des Verbotenen eingegangene Winterliebe von wenigen Monaten. Am 27. September findet »formlos, oder wenn Sie wollen intim« (138) Crampas' Besuch auf der Innstettenschen Veranda statt, bei dem Effi im Schaukelstuhl sitzt und für ihren Mann »etwas Verführerisches« (137) hat und von dem sie im Rückblick weiß: »Da fing es an« (247), und Anfang März des nächsten Jahres verläßt sie Kessin und vermeidet es absichtlich, noch einmal zurückkehren zu müssen. Effis Verhältnis zu Crampas ist zu ihrer Erleichterung vorbei. Für den Liebhaber handelte es sich um eine bloße Eroberung, und auch Effi gesteht sich, daß »ich ihn nicht liebte« (313). Obendrein kommt beider kurze intime Beziehung erst gut sechs Jahre später ans Licht, als ihr gewissermaßen nur noch historischer Status zukommt. Warum spricht ihr Mann dann nach Entdeckung ihrer lange zurückliegenden Untreue kein Wort mehr mit ihr und läßt ihr seine Schei-

4 Thomas Mann, *Aufsätze, Reden, Essays*, Bd. 3: *1919–1925*, Berlin/Weimar 1986, S. 28.

dungsabsicht über ihre Eltern mitteilen? Warum muß Effi zugrunde gehen?

Effi Briest gehört in den europäischen Kontext des für diese Epoche so typischen Ehebruchromans. Da die Gesetze, die Tugendideale und die Konventionen der bürgerlichen Gesellschaft dieser Zeit die intakte Ehe als die sakrosankte Bastion von Ordnung und Anstand begriffen, enthüllten sich im Verständnis der damaligen Menschen an den Verletzungen dieser zentralen sozialen Institution die moralischen Gefährdungen des Individuums und die sozialen Gefahren, die für die Gesellschaft von der Überschreitung der sexuellen Tabus ausgingen. Es ist heute kaum noch vorstellbar, mit welcher Obsession die »viktorianische« Gesellschaft in der zweiten Hälfte des 19. Jahrhunderts die Kanalisierung der Sexualität in die monogame Ehe betrieb. Das Thema Sexualität selbst umgab in kaum einer anderen Zeit ein strikteres Tabu, und *Effi Briest* ist ein Beispiel dafür, wie indirekt man über Sexualität auch im Roman sprach, ja wie eine wohlanständige Tochter selbst an ihre eigene Mutter nur verklausuliert über ihre Schwangerschaft schrieb: »[. . .] wenn unser Hausstand sich mehr belebt, und das wird der Fall sein, meine liebe Mama. Was ich neulich andeutete, das ist nun Gewißheit [. . .].« (108 f.) Und dabei galt Fontane mit manchen seiner Romane noch als allzu freizügig und daher moralisch untragbar! Den Eheroman der ernsthaften Literatur dieser Zeit als Erzählung privater Ereignisse zu begreifen, wie es jüngst Bernd Seiler unternommen hat,[5] dies verkennt daher in jedem Fall die entscheidende Dimension solcher Stoffe.

Dieser Eindruck wird von Fontanes eigenen Äußerungen über den »Effi Briest und Innstetten-Fall«[6] und auch von

5 Bernd W. Seiler, »›Effi, du bist verloren!‹. Vom fragwürdigen Liebreiz der Fontaneschen Effi Briest«, in: *Diskussion Deutsch* (1988) H. 104, S. 586–605, und darauf eingehend: Christian Grawe, »Über die Sinnentleerung der Literatur. Polemische Anmerkungen zu B. W. Seilers *Effi-Briest*-Aufsatz«, in: *Diskussion Deutsch* (1989) H. 106, S. 208–211.
6 An Clara Kühnast, 27. Oktober 1895 (Hanser Briefe, IV,495).

einigen der frühen Rezensionen bestätigt.[7] Fontane betont
gerade im Hinblick auf *Effi Briest*, »daß das ›Milieu‹ bei mir
den Menschen und Dingen erst ihre Physiognomie giebt«[8]
und kritisiert an Friedrich Spielhagens demselben gesellschaftlichen Skandal nachgebildetem Roman *Zum Zeitvertreib* (1897), daß »die *politische* Seite des Buches«[9] seiner
Meinung nach mißlungen sei. Wie entscheidend ihm gerade
diese aber ist, geht aus einem unmittelbar nach dem Abschluß
von *Effi Briest* geschriebenen Brief hervor: »Die Details [sol-
cher Skandalfälle] sind mir ganz gleichgültig – Liebesgeschichten, in ihrer schauderösen Ähnlichkeit, haben was
Langweiliges –, aber der Gesellschaftszustand, das Sittenbildliche, das versteckt und gefährlich Politische, das diese
Dinge haben [...], *das* ist es, was mich so sehr daran interes-
siert.«[10] Diese Zusammenhänge muß jede Interpretation ein-
beziehen, die besonders den letzten Romanen Fontanes
gerecht werden will.
So sehr gerade in Deutschland die sozialen Zustände dieser
Zeit die Trennung von Aristokratie und Bürgertum bewahr-
ten, die auch in der Literatur immer wieder zum Problem
gemacht wird – von Goethes *Wilhelm Meister* bis zu Heinrich
Manns *Der Untertan* gibt es kaum einen Zeitroman, der dieses Problem nicht thematisiert –, so wenig unterscheidet

---

7 Vor allem Franz Servaes in *Die Zeit* (Wien), 24. Dezember 1895, betont, daß
   es in *Effi Briest* um »die Rechte des Individuums gegenüber der Gesellschaft«
   geht und die Menschen darin als Vertreter von Prinzipien »zu Verrätern an
   der Menschheit werden« und »der Natur und der freien Regung des Menschlichen mit tausendfach paragraphierter Unmenschlichkeit verständnislos in
   den Weg treten«. Vgl. auch die Rezensionen von U in *Der Kunstwart* 9 (1895/
   1896), S. 67: »allen Entwicklungen der Handlung nach gibt *Effi Briest* eine so
   entschiedene Polemik, wie sie eine Prosadichtung nur geben kann, ohne sich
   selbst, ohne eben ihren Charakter als Dichtung zu Gunsten von Tendenz-
   schriftstellerei aufzugeben«; und von G. in *Westermanns Monatsheften* 40
   (1896) Bd. 80, S. 419. Die wesentlichen frühen Rezensionen sind gesammelt
   in *Erläuterungen und Dokumente* (s. Anm. 3) S. 117–131.
8 An Moritz Necker, 29. Oktober 1895 (Hanser Briefe, IV,495).
9 An Friedrich Spielhagen, 25. August 1896 (ebd., S. 586).
10 An Friedrich Stephany, 2. Juli 1894 (ebd., S. 370).

beide Schichten doch im Hinblick auf die Geltung der Ehe-moral. Das bürgerliche Tugendideal, im 18. Jahrhundert vom Bürgertum im stolzen Bewußtsein des höheren moralischen Wertes als Gegengewicht gegen die laxen Familienverhält-nisse des dekadenten Adels verfochten, hat nun die ganze Gesellschaft durchdrungen, und bürgerliche Ethik und Lebenshaltung wurden – zuerst öffentlich greifbar beim preußischen König Friedrich Wilhelm III. und seiner Ge-mahlin Luise – nun sogar bei Herrschern als etwas Positives begriffen. Es ist daher für die soziale Problematik wenig rele-vant, daß sich der gesellschaftliche Rang der Ehepartner in den drei prominentesten europäischen Ehebruchromanen in der zweiten Hälfte des 19. Jahrhunderts erheblich unterschei-det. In Flauberts *Madame Bovary* (1856) handelt es sich um das provinzielle Bürgertum, in *Effi Briest* um den niederen Adel und in Tolstois *Anna Karenina* (1875–77) um die Hoch-aristokratie.

Fontanes *Effi Briest* ist auch darin repräsentativ, daß der eigentlich problematische und zentrale Charakter in der Ehe-tragödie die Frau ist, denn in der patriarchalischen Gesell-schaft des 19. Jahrhunderts ist rechtlich und moralisch ihr Spielraum zur Entfaltung ihrer geistigen, seelischen und auch körperlichen Bedürfnisse – nicht zufällig beginnt *Effi Briest* mit Effis Flucht aus der frommen Handarbeit (»diese lang-weilige Stickerei«, 6) in gymnastische Übungen (4) – unver-gleichlich enger als der des Mannes, der nicht nur juristisch die Verfügungsgewalt über seine ganze Familie ausübte, son-dern dessen soziales Prestige auch durch »Seitensprünge« eher stieg, solange diese diskret gehandhabt wurden.

Während nun einerseits so die Frau zur eigentlichen Hüterin von Anstand und Sitte verklärt wurde (etwa nach dem Motto: »drinnen waltet die züchtige Hausfrau«), schrieb man ihr andererseits doch einen natürlichen, »melusinenhaften« Drang zu – Fontane hat diesen mythologischen Namen wie-derholt auf Frauengestalten in seinen Werken angewandt und in dem Fragment *Melusine von Cadoudal* und im *Stechlin* sogar als Vorname verwendet –, sich der von der Gesellschaft zur Aufrechterhaltung der Sittlichkeit geforderten Triebkanalisierung in die Ehe zu entziehen und so die zivilisierte Gesellschaft durch ihre nie ganz zähmbare elementare Natürlichkeit zu untergraben.[11] Da die Frau innerhalb der Gesellschaft an ihrer Entfaltung gehindert wurde, schlossen sich für sie Gesetzestreue und Selbstverwirklichung beinahe aus, so daß die Abdrängung ihres Wesens ins Dämonische nahelag. Im Mythos der Loreley, die als zauberhaft schöne Hexe die Männer bei ihrer Berufstätigkeit (»den Schiffer in seinem Kahne«) ins Verderben lockt, hat diese Sicht am Anfang des 19. Jahrhunderts exemplarische literarische Gestaltung gefunden. Emotionale Idolisierung und faktische Unterdrückung der Frau gingen dabei eine Verbindung ein, die das Durchschauen der Unterdrückungsmechanismen erschwerte, ja lange verhinderte. Von der »Zwangslage« (43) der Frau in der Ehe spricht sogar Frau von Briest, die doch für ihre Tochter von derselben Zwangslage das Glück erwartet.

Die doppelte Sicht der Frau als triebhaft-gesundes Naturwesen und seelisch verkrüppeltes Gesellschaftswesen ist in *Effi Briest* immer wieder präsent und spielt in der Symbolik des Buches eine unübersehbare Rolle – im 5. Kapitel etwa bezeichnet der alte Briest seine Tochter regelrecht als »Naturkind« (38), und gleich darauf rechtfertigt Effi, die später von Sidonie von Grasenabb vor »Naturkultus« (177) gewarnt wird und immer wieder verlockende Geräusche und Musik in der Natur hört, auf ihrer Hochzeitsreise mit ihrem völligen Unverständnis für die Kunst in den italienischen Museen diese Kennzeichnung. Effis Briefe und Karten von der Reise

---

11 Vgl. zu dem Thema: Renate Schäfer, »Fontanes Melusinenmotiv«, in: *Euphorion* 56 (1962) S. 69–104, und dazu ergänzend: Grawe (s. Anm. 3) S. 97–101; Hubert Ohl, »Melusine als Mythos bei Theodor Fontane«, in: *Mythos und Mythologie in der Literatur des 19. Jahrhunderts*, hrsg. von Helmut Koopmann, Frankfurt a. M. 1979, S. 289–305; neuerdings auch Paulsen, passim.

sind ein frühes Dokument ihres Unbehagens in der Ehe. Auffällig ist auch, daß es zwei natürliche Elemente sind, die den faktischen Schauplatz und das symbolische Medium von Effis sexueller Gefährdung abgeben: Wald und Wasser.

Das Wasser, dessen Beziehung zu Effi nur an ein paar Beispielen vergegenwärtigt werden kann, ist durchweg das Medium, das Effi unwiderstehlich anzieht. Ein Nachklang des ihr ursprünglich von Fontane zugedachten Namens Betty von Ottersund ist die Episode im 16. Kapitel, in der eine Robbe, die sie als Seejungfrau begreift, sie in Erregung versetzt. Der Höhepunkt dieser Wassersymbolik ist der Schloon, in dem Effi unmittelbar vor der nächtlichen Schlittenfahrt mit Crampas zu versinken droht. Das unterirdische Wasser ist an die Oberfläche getreten und wird ihr nun direkt gefährlich. Gleich darauf löst Crampas ihr die Finger, die sie bis dahin »fest ineinander« geschoben hat, »um sich einen Halt zu geben« (182) – die stellvertretende Geste des Nachgebens war in einer Zeit, die jede direkte sexuelle Anspielung verbot, deutlich genug. Drei Tage später rührt sie die Rettung der Mannschaft des gescheiterten Schiffes zu Tränen, denn sie begreift sie als Zeichen ihrer eigenen erhofften Rettung. Die aber ist nicht möglich, denn Effi lebt eigentlich schon seit ihrer Ankunft in Kessin unter Wasser: In dem Flur ihres Hauses hängen *über* ihr von der Decke ein Schiff, ein Hai und ein Krokodil; und unter Wasser sieht sie auch Crampas in Heines Gedicht *Seegespenst* schon, bevor er sie verführt. Es muß dem Leser überlassen bleiben, die ganze Kette der Beziehungen zwischen Effi und dem Wasser zu entdecken und zu verfolgen.

Fontane hat schon 1874 in einer Theaterkritik das Recht, aber auch die erforderliche Tapferkeit des natürlichen, sich gegen die Gesellschaft stellenden Menschen betont: »Wer das Gesetz, ohne es anzuzweifeln oder zu verhöhnen einfach durchbricht und die Konsequenzen seines ›Ich tat nur, was ich mußte‹ willfährig auf sich nimmt, dem jubeln die Herzen zu. Und von Rechts wegen. Denn beide Teile, das Ewige und das Menschliche gehen siegreich aus dem Kampf hervor.«[12] Aus dieser Sicht geht Fontanes Darstellung der Spannung zwischen dem Individuum und seiner sozialen Rolle über die untergründige Kritik an der rigiden Gesellschaft seiner Zeit hinaus. Er konstatiert vielmehr eine partielle, in ihrer Verfaßtheit begründete Inkongruenz zwischen Mensch und Gesellschaft, die nur jeweils in abgeschwächter oder verstärkter Form auftritt und dementsprechend den Menschen mehr oder minder stark betrifft.

Kein anderer Autor – außer dem amerikanisch-englischen Romancier Henry James – hat im 19. Jahrhundert, wie vor allem Hans-Heinrich Reuter herausgearbeitet hat,[13] das frustrierende Leben der unbefriedigten und unausgefüllten jungen Frau mit größerer Einfühlung zum zentralen Thema seiner Romanwelt gemacht als Fontane, und in keinem seiner Romane ist die Darstellung dieser weiblichen Spannung zwischen aufgezwungener gesellschaftlicher Rolle und natürlichem Lebens- und Freiheitsbedürfnis, zwischen der jungfräulichen Maria und der sündigen Eva (die in *Effi Briest* nach Klaus-Peter Schuster[14] als christliche Grundtypen der Frau von Fontane bewußt, aber das populäre Verständnis unterminierend eingesetzt werden) in einem reicheren und konsistenteren Symbolgewebe und mit einer liebenswürdigeren Heldin gestaltet als gerade in diesem Werk.

Es ist von dieser Thematik her nicht überraschend, daß ein tatsächlicher Ehebruchskandal im Berlin der achtziger Jahre, die Affäre Ardenne, denn auch die unmittelbare Anregung zu *Effi Briest* hergab.[15] Obwohl der zeitliche Abstand zwischen den Ereignissen – das Duell, bei dem der Liebhaber erschos-

12 Über Franz Grillparzer, *Des Meeres und der Liebe Wellen* (Theodor Fontane, *Causerien über Theater*, Tl. 1, München 1964, S. 329).
13 Reuter, II,640–647. Zum ganzen Komplex des Weiblichen bei Fontane vgl. auch Frei.
14 Klaus-Peter Schuster, *Theodor Fontane*, »*Effi Briest*« – *Ein Leben in christlichen Bildern*, Tübingen 1978.
15 Vgl. dazu Hans Werner Seifert (unter Mitarbeit v. Ch. Laufer), »Zeugnisse und Materialien zu Fontanes *Effi Briest* und Spielhagens *Zum Zeitvertreib*«,

sen wurde, fand im November 1886 statt – und dem Beginn
von Fontanes Ausarbeitung des Stoffes 1888/89 nur wenige
Jahre beträgt, ist doch seine bewußt verändernde künstlerische Handhabung der Tatsachen auffällig (großer Altersunterschied der Ehepartner, Innstetten als früherer Bewerber
der Mutter, Effis Sterben).[16] Sie verstärkt den auch von der
Symbolik nahegelegten Eindruck, daß Fontane Effi als Opfer
gesehen wissen und so die soziale Komponente ihres Schicksals betonen wollte.

II

Was weiß der Leser aber von Effi und von den Voraussetzungen ihres Ehebruchs, vor allem also von ihrer Ehe und deren
Zustandekommen? Die Frage ist leichter gestellt als beantwortet, denn der Roman enthält über das Faktische hinaus
wenig direkte Urteile und Analysen von Effis Befinden in der
Ehe und dem Verhältnis der beiden Partner zueinander. Der
Autor verwendet statt dessen mit großer Kunstfertigkeit zwei
immanente Deutungsmethoden, die sich überlagern und ergänzen.
Zum einen läßt er das suggestiv Atmosphärische sprechen,
das die seelischen Schwingungen zwischen den Gestalten
spürbar macht, ohne sie durch präzisierende Worte zu ver-
eindeutigen. Das rational nicht Greifbare und nicht Auflös-
bare menschlicher Beziehungen verbleibt auf diese Weise in
einem Raum des Imponderabilen. Daß dieses bloße Andeu-
ten seelischer Vorgänge besonders zwingend ist bei einer
Protagonistin wie Effi, die zur gedanklichen Bewältigung

---

in: *Studien zur neueren deutschen Literatur*, hrsg. von H. W. S., S. 255–300,
und danach auszugsweise: *Erläuterungen und Dokumente* (s. Anm. 3)
S. 83–91.
16 Vgl. dazu Horst-Albert Glaser, »Theodor Fontane, *Effi Briest* (1894). Im
Hinblick auf Emma Bovary und andere«, in: *Romane und Erzählungen des
Bürgerlichen Realismus. Neue Interpretationen*, hrsg. von Horst Denkler,
Stuttgart 1980, S. 363 f.

dessen, was mit ihr geschieht, kaum imstande ist, und in einem Ehebruchroman, dessen zentrales Handlungselement notwendig im Verborgenen bleiben muß, liegt auf der Hand. »Das Eigentliche bleibt doch zurück. Sie wird sich hüten, mich in ihre Geheimnisse einzuweihen« (243), sagt Frau von Briest von ihrer Tochter.

Anders als die unreflektierte und verschwiegene Frau, für die die Welt voller Beängstigungen ist, ist ihr Mann imstande, seine Gedanken eloquent im dialektischen Gespräch mit seinem Kollegen zu klären. Effis einziger und bezeichnenderweise monologischer Versuch, sich nach ihrer Scheidung und dem verunglückten Besuch Annies ihrer Tat und deren Folgen zu stellen, endet dagegen mit ihrer Ohnmacht und dem Ausbruch ihrer Krankheit (312 f.).

Das Verschweigen oder Verstummen im Gespräch, das Wechseln des Themas und das Unterschwellige und Verräterische des scheinbar harmlosen Dialogs dürfen deshalb nicht überlesen werden. Daß Effi etwa auf Gieshüblers Mitteilung, Crampas wolle bei der Laienaufführung von *Der Schritt vom Wege* (!) nicht mitspielen, sondern die Regie führen, »desto schlimmer« (161) äußert und dann auf die Frage des Apothekers nach dem Sinn dieser Bemerkung eine verwirrte abwiegelnde Antwort gibt, sagt mehr über ihre Gefühle und Gedanken, als eine lange Seelenanalyse es könnte. Es hat zudem den Reiz der künstlerischen Umsetzung ins Unmittelbare und enthält eine Herausforderung an den Leser.

Zum anderen hat Fontane in *Effi Briest* bis zur Vollkommenheit seine Technik des »disguised symbolism«[17] entwickelt, die das scheinbar zufällige realistische Detail als Bedeutungsträger einsetzt und so die Gestalten in eine Welt von manchmal vieldeutigen und geheimnisvollen Bildern und Zeichen einspinnt, aus denen der Leser das Innenleben der Gestalten und die Bedeutungsschichten des Geschehens erschließen muß. Das Eigentliche ist anwesend in der Gegenstandswelt,

---

17 Vgl. zu diesem aus der bildenden Kunst stammenden Begriff: Schuster (s. Anm. 14) S. 10–49.

im Zitat, im Namen, im Naturelement, in den Spiegelgestalten. Die Interpretationskunst, die Fontanes Romane erfordern, besteht deshalb zum Teil in dem Entschlüsseln *ihrer* Rolle für das psychologische, geistige und soziale Verständnis des Textes.

Was also weiß der Leser von Effi? Die psychische Disposition zum unkonventionellen Verhalten bringt die übermütige »Tochter der Luft« (5) Effi mit, die so gern schaukelt und fliegt »und in dem Gefühle: ›jetzt stürz' ich‹, etwas eigentümlich Prickelndes, einen Schauer süßer Gefahr« (132) empfindet und auf dem wasserreichen Moor und bei ihrem leicht frivolen und nicht beamtenfreundlich eingestellten Vater in Freiheit, Herzlichkeit und Vergebung von Fehlern aufwächst. Alle Anzeichen der ersten Kapitel deuten darauf hin, daß sie für die Ehe, und noch dazu mit einem »Mann von Grundsätzen« (»Ach, und ich ... ich habe keine«, 35), nicht reif ist und mit ihrem Verlobten keineswegs in Gedanken intensiv beschäftigt ist: Sie vergißt, seine Briefe zu öffnen und denkt an ihren Vetter, wenn ihre Mutter Innstetten im Sinn hat. Ohnehin ruft sie ihren Freundinnen vor der Verlobung zu: »Spielt nur weiter; ich bin gleich wieder da.« (14)

Effis Eltern wissen, daß »Kampf und Widerstand [...] nicht ihre Sache« sind, sondern sie »sich gern treiben [läßt], und wenn die Welle gut ist, dann ist sie auch selber gut« (244) – man beachte die Wassermetaphorik. Auch der einmal begonnenen Verführung setzt sie wenig Widerstand entgegen: »Das Verbotene [...] hatte seine Macht über sie« (190), »die Kugel war im Rollen« (191).

Die Ehe erscheint Effi von Anfang an als eine völlig fremde Welt. Ihr neuer Lebensort Kessin spiegelt dieses Fremdsein durch eine Fülle von exotischen und internationalen Elementen, zu denen auch ein zentrales Symbol des Romans gehört, der spukende Chinese. Zudem verbindet sie damit schon vorher nur Vorstellungen von Kälte: »ein halbsibirischer Ort [...], wo Eis und Schnee nie recht aufhörten« (26); sie wünscht sich einen Pelz. Bis in welche Verästelungen solche

Bildkomplexe in *Effi Briest* gehen, zeigt sich in diesem Fall an dem Gerücht, Innstetten werde »als Führer einer Gesandtschaft nach Marokko gehen« und »eine Eismaschine« (195) überreichen. Sogar in Afrika verbreitet er also angeblich Kälte. Wo aber die Kälte Effi zum Schutz gereichen müßte, da versagt ihre Wirkung. Das Einschneien, das Effi sich metaphorisch auf dem Umweg über Clemens Brentanos Gedicht von der *Gottesmauer* wünscht, kommt nicht zustande, denn vor Crampas' »heißen Küssen« (182) ist sie der Worte nicht mehr mächtig. Gibt es ein sprechenderes, das Flug- und das Kältemotiv reizvoller verbindendes Bild für Effis Befinden in Kessin als die Ansicht auf der Postkarte, die ihr der Vetter zu Weihnachten aus Berlin schickt: »Schneelandschaft mit Telegraphenstangen, auf deren Draht geduckt ein Vögelchen saß« (165)? »Frostig wie ein Schneemann« (73) erscheint ihr Innstetten.

Es entwickelt sich zwischen Effi und Geert nie die liebende Zuwendung eines jungen Paares, und Innstetten ist von Anfang an für seine Frau Autoritäts- und Respektsperson, wie es schon das »nervöse Zittern« (12) andeutet, in das sie bei der ersten Begegnung mit ihm verfällt. In Kessin erscheint er ihr folgerichtig wiederholt als orientalischer Potentat (59, 62). Schon der Altersunterschied macht klar, daß es sich bei der Verbindung der beiden um eine Konventionsehe handelt, bei der Standesgemäßheit und angemessene Versorgung der Tochter eine entscheidendere Rolle spielen als die liebende Beziehung zwischen den Partnern. Effis Heirat ist also von vornherein ebenso ein gesellschaftliches wie ein privates Ereignis. Sie selbst erfährt erst von Innstettens Antrag, als dieser schon im Haus ist und auf ihre Antwort wartet; Zeit zum Überlegen wird ihr nicht gegeben. Die Eltern halten ihre Zustimmung für selbstverständlich, eine gute Partie lehnt man nicht ab.

Was die Verbindung aber offenbar untergründig von beiden Seiten belastet, ist die befremdliche Tatsache, daß Innstetten der abgelehnte frühere Freier von Effis Mutter ist, was alle drei Beteiligten im Hinblick auf Effis Heirat in ein eigenartiges Licht rückt. Frau von Briest, mit 38 ja keineswegs eine alte Frau, hat seinerzeit dem finanziell abgesicherten älteren Briest den Vorzug vor dem zwanzigjährigen ungesicherten Offizier gegeben und scheint durch das Manövrieren ihrer Tochter in die Ehe mit ihrem eigenen Bewerber späte Reue und Wiedergutmachung leisten und in ihrer Tochter ihr eigenes versäumtes Glück nachholen zu wollen. Nicht nur sozial, sondern auch familiär ist daher Effi ein Opfer; und das Opfermotiv, verbunden mit dem Wassermotiv, wird schon im ersten Kapitel angeschlagen, als Effi und ihre Freundinnen die Stachelbeerschalen unter Anspielungen auf das orientalische Opfern von Ehebrecherinnen versenken (11 f.), und ist mit der Erinnerung an den Opferaltar am Herthasee noch im drittletzten Kapitel gegenwärtig (319). Effis Bewußtsein wiederum, mit einem »ältlichen« Mann verheiratet zu sein, der »ja beinah mein Vater sein« könnte (13) und dem sie von ihrer Mutter auch in bewußt kindlichem Matrosenkleid präsentiert wird, läßt das »gleich und gleich« mit »Zärtlichkeit und Liebe« (31), das sie eigentlich ersehnt, nie aufkommen. Innstetten seinerseits hat sich offenbar[18] durch die frühe Abweisung auf seine nach Crampas mit »brennendem Verlangen« (149) verfolgte Karriere konzentriert, die nun in Kessin Effi zu Einsamkeit und Unausgefülltheit verurteilt.

Es gehört zur symbolischen Aussageweise Fontanes, daß sich das Unbehagen Effis in der Ehe und später das wechselseitige Mißtrauen der Partner um den spukenden Chinesen kristallisiert, der das enigmatischste und bei weitem am intensivsten diskutierte Handlungselement des Romans darstellt.[19] Effi hört von ihm schon auf dem Weg nach Kessin; vier Wochen

---

18 Vgl. Brian Holbeche, »Innstetten's ›Geschichte mit Entsagung‹ and its Significance in Fontane's *Effi Briest*«, in: *German Life and Letters* 41 (1987) H. 1, S. 21–32.

19 Die jüngsten Analysen des Spukmotivs: Ulrike Rainer, »*Effi Briest* und das Motiv des Chinesen. Rolle und Darstellung in Fontanes Roman«, in: *Zeitschrift für deutsche Philologie* 101 (1982) S. 545–561; Ingrid Schuster, »Exotik als Chiffre: Zum Chinesen in *Effi Briest*«, in: *Wirkendes Wort* 33 (1983) S. 115–125; Peter Utz, »*Effi Briest*, der Chinese und der Imperialismus. Eine

später sucht er sie zum erstenmal heim und verläßt sie dann bis zu ihrem Tod nicht mehr: Wie er liegt sie unter einem weißen Stein neben, nicht auf dem Friedhof begraben. Fontane selbst hat auf die zentrale Rolle des Gespenstes als »Drehpunkt für die ganze Geschichte«[20] hingewiesen. Kritik, die den Spuk als romantisches Überbleibsel betrachtet, das in einem realistischen Roman nichts zu suchen habe, verkennt, daß die Frage nach der *Existenz* der Erscheinung völlig irrelevant ist. Es geht lediglich um die Reaktion der Menschen auf ihr angebliches Vorhandensein. Vieldeutigkeit ist daher Teil seiner raison d'être.

Was immer der Spuk im einzelnen verkörpern und bedeuten mag – der reale Chinese und seine Rolle auf der Hochzeit von Kapitän Thomsens Enkelin und die Art, wie Innstetten und Crampas über ihn reden, geben da zahlreiche Hinweise –, er ist der Katalysator für Effis ungreifbare Verunsicherung, Verängstigung und Selbstentfremdung in der Ehe; und dieses ständige und enervierende Unterhöhlen ihres Selbstvertrauens ist gebunden an Innstettens Verpflichtungen Bismarck gegenüber, die seine Karriere fördern (Effi: »Denn er [Bismarck] ist doch der Mann, der über uns entscheidet«, 90). Bismarck zuliebe hat er Effi allein gelassen, als der Spuk sie zuerst verstört. So ist denn auch jüngst von Loster-Schneider die Ansicht vertreten worden, daß Bismarck selbst »zum großen Spuk« wird, der Effis Leben überschattet.[21] Innstettens Pflicht gegenüber dem Staat und das Wohlbehagen seiner Frau scheinen sich wechselseitig auszuschließen. Schon bei der Ankunft des Ehepaars gibt es einen Scheideweg »wie rechts nach Kessin, so links nach Varzin«, und zwar gerade dort, wo das Gasthaus »Zum Fürsten Bismarck« mit dem unheimlichen Besitzer Golchowski steht, der wie später

›Geschichte‹ im geschichtlichen Kontext«, in: *Zeitschrift für deutsche Philologie* 103 (1984) S. 212–224; Frances Subiotto, »The Ghost in *Effi Briest*«, in: *Forum for Modern Language Studies* 21 (1985) S. 137–150.

20 An Josef Viktor Widmann, 19. November 1895 (Hanser Briefe, IV, 506).

21 Loster-Schneider, S. 256.

Crampas (165) als »halber Pole« (45) bezeichnet wird. *Effi Briest* ist voll von derlei beunruhigenden Detailbeziehungen.

Durch den Besuch Innstettens bei Bismarck während der Spukerscheinung spielt Preußisch-Staatliches in Effis Ehe hinein. Ihr Ehebruch ist auch ein unterbewußter Protest gegen die Vereinnahmung ihres Mannes durch die Politik auf Kosten der menschlichen Wärme. Als Crampas Effi Ende Oktober über Innstettens Gebrauch des Spuks als »Erziehungsmittel«, als »Angstapparat aus Kalkül« (150) aufklärt, ist Innstetten auf »Wahlkampagne« (145); als Crampas Mitte November beim Picknick am Strand auf dem Umweg über Heine-Gedichte Effi gewissermaßen schon verführt,[22] ist Innstetten in landrätlichen Verpflichtungen unterwegs. Er untersucht Brandstiftungen im Landkreis (151) und versäumt es, das Feuer im eigenen Haus zu löschen. Crampas hat also freies Spiel. Aber über ihren von Crampas suggerierten Eindruck, Innstetten kontrolliere sie durch den Spuk, wird dieser auch zum Kristallisationspunkt für Effis Protest gegen solches Mißtrauen und solche Behandlung durch ihren Mann. Ihr Ehebruch enthält daher über die gesellschaftlich induzierte Langeweile auch ein Element von weiblicher Rebellion aus verletzter Würde.

Als Effi sich dann nach Neujahr mit dem Major eingelassen hat, weigert sie sich ihrem Mann gegenüber, bei seinen Besuchen des Landadels weiterhin mitzufahren. Ihr Verhalten und das durch Innstettens Beruf nötige Erscheinen in Gesellschaft

---

22 Vgl. zum 17. Kap. von *Effi Briest*: Hans Otto Horch, »›Das Schlechte ... mit demselben Vergnügen wie das Gute.‹ Über Fontanes Beziehungen zu Heinrich Heine«, in: *Heine Jahrbuch* (1979) S. 139–176; Christian Grawe, »Crampas’ Lieblingsdichter Heine und einige damit verbundene Motive in Fontanes *Effi Briest*«, in: *Jahrbuch der Raabe-Gesellschaft* (1982) S. 148–170; Henry H. H. Remak, »Der Strandritt. Zwei Textanalysen aus dem 17. Kapitel von *Effi Briest*«, in: *Revue d’Allemagne* 14 (1982) S. 277–288. Der jüngste Beitrag (Peter Pütz, »Wenn Effi läse, was Crampas empfiehlt ... Offene und verdeckte Zitate im Roman«, in: Text und Kritik, S. 174–184) hat offenbar in Unkenntnis der Sekundärliteratur dem Thema nichts Wichtiges mehr hinzuzufügen.

schließen sich so regelrecht wechselseitig aus. Noch zwei weitere Male wird auf ähnliche Weise darauf hingewiesen, daß Effis Anwesenheit und die staatlich preußische Welt sich nicht mehr miteinander vertragen. Unmittelbar vor ihrer Weigerung erregt die Nachricht Effi sehr, daß Kessin zur Garnison von »zwei Schwadronen Husaren« ausgewählt worden ist. Effi sieht in den »Husaren – denn es waren auch rote wie daheim in Hohen-Cremmen – so recht eigentlich die Hüter von Paradies und Unschuld« (189), und damit versteht es sich von selbst, daß sie nicht in Kessin stationiert werden können (194). Später verläßt sie Bad Ems, bevor der Kaiser dort eintrifft, was ausdrücklich erwähnt wird.

Effis Weigerung, ihre Standesgenossen in Kessin zu besuchen, verwundert kaum, denn sie ist in dieser Gesellschaft von Anfang an ein Fremdkörper gewesen und abgelehnt worden. Sidonie von Grasenabb bezeichnet sie schon nach der ersten Begegnung als »Atheistin« (71), was wieder auf das sich ständige Überlagern von psychologischer, moralischer, politischer und sozialer Wertung menschlicher Handlungen in *Effi Briest* hinweist.

Die Adelswelt von Kessin, die Effi in der Kombination von blindem Patriotismus bei den Männern und rigoroser Frömmigkeit bei den Frauen als die Inkarnation der preußischen Einheit von »Thron und Altar« und der Formel »Mit Gott für König und Vaterland« (174) entgegentritt, repräsentiert die enge preußische Gesellschaft, in der menschliche Regungen verkümmern.[23] Hier wird Konformität mit vaterländischen oder lutherischen Doktrinen verlangt, die das Individuum mit seinem Anspruch auf Lebensentfaltung und menschliche Wärme verkrüppeln. Effis Bemerkung, Gieshübler sei »der einzige Mensch hier« (74), verstärkt diesen Eindruck. Die stereotypen Werte (deutsche Frauen sind anständig, Bismarck ist Preußens »rocher de bronze«, das Preußenlied ist

---

23 Henry H. H. Remak hat eine Episode dieses ländlichen Adelslebens analysiert: »Politik und Gesellschaft als Kunst. Güldenklees Toast in Fontanes *Effi Briest*«, in: Jolles Festschrift, S. 550–562.

unvergleichlich) und Feindbilder (der Drachen der Revolution, Zuchtlosigkeit, Louis Napoleon und seine katholische
Frau, die babylonische Hure) hindern den Landadel an einer
unvoreingenommenen Wahrnehmung von Welt und Menschen. Daß dabei menschliche Schwäche überdeckt oder ver-
drängt wird, macht den dahinterstehenden Anspruch obendrein suspekt. Sidonies ständiges Predigen für Zucht und
wider das schwache Fleisch wird durch ihr genüßliches Essen
ironisiert, und Frau von Padden, die dem natürlichen Menschen (!) zumuten möchte, »im Glauben sich unterzukrie-
gen« und wenn es »weh tut, dann jubeln die lieben Engel«
(186), läßt in ihrem Gespräch mit Effi auf dem Silvesterball
nur zu deutlich durchblicken, daß ihr religiöser Eifer wohl
das Resultat von gewissen Verbotsübertretungen ist. Als Effi
auf ihre Frage nach »Anfechtungen« ihren »ausgezeichneten
Mann« ins Feld führt, sagt Frau von Padden, die ja übrigens
als einzige in Kessin Effi durchschaut: »Aber das hilft nicht
immer. Ich hatte auch einen ausgezeichneten Mann.« (186)
Bedenkt man, daß die wendisch-slawische Welt in *Effi Briest*
immer wieder das Unordentliche, Triebhaft-Ursprüngliche
suggeriert (etwa Crampas als »halber Pole« oder der Wen-
dentempel auf halbem Weg nach Uvaglia), dann wird die
Vermutung von Frau von Paddens amouröser Vergangenheit
durch ihre physiognomische Beschaffenheit bestätigt: Sie
»suchte das, was die Natur, besonders durch starke Backen-
knochenbildung, nach der wendisch-heidnischen Seite hin
für sie getan hatte, durch christlich-germanische Glaubens-
strenge wieder in Ausgleich zu bringen« (185 f.).
Effis Unterlaufen der gesellschaftlichen Zwänge durch das
Essen der verbotenen Frucht – Innstetten nennt sie in Anspielung an ihren Namen seine »kleine Eva« (32) – macht sie zur
Feindin der engstirnigen preußischen Ordnungswelt und
damit gewissermaßen zur Staatsfeindin. Daß sie in Kessin mit
ihrem Mann im Gasthof »Zum Fürsten Bismarck« »ein vor-
zügliches Dejeuner« (96) ißt und nach ihrer Scheidung in
Berlin in der Königgrätzer Straße ihr Essen aus dem »Habs-

burger Hof« (299) bezieht, bringt diese Gegnerschaft zu Preußen in politischen Begriffen und auf typisch indirekte Fontanesche Weise als Überwechseln zum alten Rivalen Österreich zum Ausdruck; und daß Effis Tochter, die ihr den letzten Stoß versetzen wird, am 3. Juli, dem Tag der Schlacht von Königgrätz, geboren wird, zeigt die Konsistenz solcher tiefgründigen Details in Fontanes Roman.

So baut sich in Kessin auf eine manchmal fast ungreifbare Weise eine menschenfeindliche Atmosphäre auf, in der Effi aus ihrer Einsamkeit in das Verhältnis mit Crampas flieht. Was eine Anlage zum Leichtsinn war und in einer liebenden Beziehung vielleicht hätte aufgefangen werden können, wird durch den Altersunterschied zu ihrem Mann, durch die Gefühlskälte und berufliche Inanspruchnahme Innstettens und die engstirnige soziale Welt, auf die sie stößt, kurz durch eine Reihe von feindseligen Umständen, der Anlaß zur Tat: Effi wird zur Ehebrecherin.

III

Ein zweiter realer, aber sehr viel persönlicherer Einfluß auf *Effi Briest* darf neben der Ardenne-Affäre nicht übersehen werden. In die Zeit zwischen den Entwürfen zu dem Roman von 1888/89 und seiner Vollendung 1894 fällt 1892 die Entstehung von Fontanes »autobiographischem Roman« *Meine Kinderjahre*. Er hat für den Autor, der sich zu dieser Zeit in einer schweren seelischen Krise befand, das Schreiben aufgeben wollte und zu sterben glaubte, therapeutische Funktion.

Durch die Rückbesinnung auf seine eigene sorglose und aufregende Zeit vom siebten bis zum zwölften Lebensjahr in Swinemünde an der Odermündung faßte Fontane neuen Lebensmut. Indem er »dem rätselvollen Kessin [. . .] die Scenerie Swinemündes gab«[24], erschuf er sich damit aber im

24 An Unbekannt, 12. Juni 1895 (Hanser Briefe, IV, 454).

Geist auch Effis exotischen und geheimnisumwitterten
Lebensraum während ihrer ersten anderthalb Ehejahre und
erschloß sich wesentliche Elemente von Effis seelischer
Befindlichkeit. In welchem Maß Züge und Erlebnisse des
»norddeutschen Jungen«[25] auf die märkische Adlige übergegangen sind – so, um wenigstens ein Beispiel zu nennen, das
ambivalente Gefühl beim Schaukeln –, hat die Forschung dargestellt.[26]

Diese enge Beziehung des Autors zur Titelgestalt von *Effi
Briest* ist für das Verständnis des Romans entscheidend. Zwar
hat Fontane auch Geert von Innstetten in seinem Namen die
»beiden feinen Vokale« e und i gegeben, die ihm in Effi Briest
so »hübsch«[27] erschienen; zwar hat er Effis Ehemann gegen
den Vorwurf, ein »altes Ekel« zu sein, verteidigt, ihn »in
jedem Anbetracht ein ganz ausgezeichnetes Menschenex-
emplar«[28] genannt und so eine menschliche Ebenbürtigkeit
geschaffen, die es verbietet, Effis Fall einfach auf charakterliche Minderwertigkeit ihres Mannes zurückzuführen – auch
ihn nannte Fontane bezeichnenderweise einmal »armer Innstetten«.[29] Aber trotzdem ist *Effi Briest* inhaltlich und gestal-
terisch ganz und gar der Roman seiner Titelheldin. Von der
ersten bis zur letzten Seite begleitet der Leser Effi auf ihrem
Weg vom Mädchen zur Ehefrau und Mutter und zur Geschie-
denen und erschöpften und weltmüden Kranken, die ihr
mädchenhaftes Dasein wieder aufnimmt; aus der Provinz in
die Welt und zurück in die Abgeschiedenheit; aus der Heimat
nach Kessin und Berlin und zurück ins heimatliche Hohen-
Cremmen. Das Kreislaufartige dieses Ablaufs hat Fontane in

25 An Siegfried Samosch, 15. Januar 1894 (ebd., S. 320).
26 Vgl. Paul Irving Anderson, »*Meine Kinderjahre*: die Brücke zwischen Leben
   und Kunst. Eine Analyse der Fontaneschen Mehrdeutigkeit als Versteckspiel
   im Sinne Wittgensteins«, in: Fontane aus heutiger Sicht, S. 143–182, und
   Christian Grawe, »Nachwort«, in: Theodor Fontane, *Meine Kinderjahre*,
   hrsg. von Ch. G., Stuttgart 1986, S. 247–251.
27 An Julius Rodenberg, 9. November 1893 (Hanser Briefe, IV,307).
28 An Clara Kühnast, 27. Oktober 1895 (ebd., S. 494).
29 An Josef Viktor Widmann, 19. November 1895 (ebd., S. 506).

der Wiederholung des Rufes »Effi komm« (16, 316), im zwei-
maligen Tragen des Matrosenkleides (4, 317) und in Effis
Schaukeln am Anfang und Ende des Buches (3, 34, 320) deutlich gemacht.

Aber die Effi der letzten Kapitel ist nicht die Effi des Roman-
anfangs. Ihr Geist ist gebrochen, und das Flugmotiv wird nun
in einer letzten Variante zum Gefühl auf der Schaukel, »als
flög' ich in den Himmel« (320), den ihr Pastor Niemeyer
verspricht. Wie lax immer Fontanes persönlicher Glaube gewesen sein mag, die Versöhnung mit dem Schicksal geschieht in mehreren seiner Romane – so etwa in *Schach von
Wuthenow*, *Graf Petöfy* und *Cécile* – durch die Religion,
wenn auch paradoxerweise gerade in der Abwendung von
der vertrauten, durchweg orthodox-protestantisch preußischen religiösen Welt der betreffenden Person und in der
Hinwendung zu einem neuen, humaner erscheinenden Glauben. Auch religiöse Entwicklungen enthalten also bei Fontane ein antipreußisches Element. Effi, die sich vom orthodo-
xen Luthertum des Kessiner Landadels ausgeschlossen und
abgestoßen fühlte (»wenn dann aber die kirchlichen Fragen
an die Reihe kamen, und die mitanwesenden Pastoren wie
kleine Päpste behandelt wurden, oder sich auch wohl selbst
als solche ansahen, dann riß Effi der Faden der Geduld«, 112)
und die nach ihrer Scheidung die Predigten in der Christus-
kirche über das Alte Testament nicht erbauten, findet nun
Trost bei dem menschlichen Niemeyer, der für ihre Mutter »doch eigentlich eine Null« ist, »weil er alles in Zweifel
läßt« (337).

Nur auf etwa 50 der (in unserem Fall) 340 Seiten des Romans
ist Effi nicht gegenwärtig, aber auch dann dreht sich das
Geschehen meist um sie – so in den insgesamt neun, meist in
Unstimmigkeit endenden[30] Gesprächen ihrer Eltern, die als
Einblicke in eine keineswegs gut funktionierende Ehe eine
eigene Analyse verdienten, oder bei Innstettens morgendli-

---

30 Als »heiter« (Glaser – s. Anm. 16 – S. 365) vermag ich auch das Schlußge-
spräch der alten Briests nicht zu empfinden.

chem Gespräch mit Johanna (83–85) –, oder sie stößt zu einer
dadurch in ein bestimmtes Licht gerückten Konversation
hinzu – so bei Roswithas und Kruses Unterhaltung auf dem
Hof (196–198).

Diese völlige Konzentration auf Effi wird durch die Erzählperspektive des Buches verstärkt, denn obwohl der Roman
von einer außenstehenden Autorenstimme berichtet wird,
also äußerlich den vom realistischen Roman bevorzugten
objektiv-distanzierenden Erzählton hat, unterläuft Fontane
diese Schein-Sachlichkeit doch dadurch, daß er den Leser
nahezu ausschließlich an Effis innerem Leben teilnehmen
läßt. Das gesamte Personenensemble und die gesamte Sym-
bolwelt spiegeln bestätigend, relativierend oder widerspre-
chend Effis Leben und Effis seelische Welt, dienen Effis Deutung. Noch die letzten Worte des Buches, einen Monat nach
Effis Tod, beschäftigen sich mit ihr. Der Leser lernt fast nur
ihre Empfindungen und Gedanken kennen und erlebt den
größten Teil der Personen nur in ihrer Gegenwart – so etwa
Vetter Dagobert – oder aus ihrer Sicht. Crampas, dessen
angeblich unangenehme Frau überhaupt nie auftritt, hat
außer in seinen Sterbeminuten, in denen er, wie später dann
Effi, für Innstettens Handeln Verständnis findet, gewissermaßen kein Eigenleben. Entweder er erscheint in Effis Bei-
sein, oder er ist Inhalt ihrer Gespräche und Gedanken, wie in
dem für ihr Befinden in Kessin so wichtigen Silvesterbrief an
ihre Mutter (108–112) oder in der Unterhaltung mit Frau von
Padden auf dem Silvesterball (185–188).

Nur vier Kapitel lang, und zwar auf dem Höhepunkt, nämlich der Entdeckung von Effis Ehebruch, wendet sich die
Handlung während Effis Kur in Bad Ems Innstetten in Berlin
zu. Im 26. bis 29. Kapitel und dann noch einmal bei dem
letzten Gespräch mit Wüllersdorf, das die zweite Hälfte des
35. Kapitels einnimmt, beobachtet der Leser Innstetten ohne
seine Frau und nimmt dabei direkt an seinem emotionalen
und gedanklichen Innenleben teil. In diesen Episoden erhält
der Leser die Begründung für Effis Verbannung, die nur Inn-

stetten kennt. Hier bekommt daher der Roman eine offen
sozialkritische Dimension. Innstetten bestätigt sich als Anwalt von Pflicht, Ordnung und Unterwerfung des Individuums unter die existierenden gesellschaftlichen Gebote und
erweist sich so als Geistesverwandter des Kessiner Landadels,
wird aber aus dessen Provinzialität deutlich herausge-
hoben.

Was ihn von dem Kessiner Adel unterscheidet, ist seine man-
gelnde Überzeugung vom fraglosen Wert seiner Einsichten
und seines Handelns. Er selbst erst beschreibt das »uns tyran-
nisierende Gesellschafts-Etwas« (268) als einen »Götzen«
(269): »Aber im Zusammenleben mit den Menschen hat sich
ein Etwas ausgebildet, das nun mal da ist, nach dessen Para-
graphen wir uns gewöhnt haben, alles zu beurteilen, die
andern und uns selbst. Und dagegen verstoßen geht nicht
[. . .].« (267)

Sind die resignativen Züge schon dieses Gesprächs ein Beleg
für das Erstarren der gesellschaftlichen Verbindlichkeiten zur
Routine, so öffnet sich in der späteren Gesprächsszene im
35. Kapitel vollends eine Kluft zwischen routinemäßiger
sozialer Verpflichtung und privatem Sinnverlust: Verzicht
auf das Glück (»immer freudloser dahinfließende Tage«,
324), Skepsis gegenüber der beruflichen Karriere. Daß dies
das Ethos zweier hoher preußischer Staatsbeamter ist, enthält
die eigentlich subversivste Botschaft Fontanes über das preußisch-deutsche Staatswesen im Wilhelminismus; und »durch
den Umstand, daß Innstetten es ausspricht, daß also dieses
Bekenntnis zur Ordnungswelt aus einem Munde kommt, der
nur noch einer tönenden Schelle gleicht, wird es auf eine
geheime, ironische und dichterische Weise in Frage gestellt«.[31]

Von der schon von Hegel 1821 in seiner *Philosophie des
Rechts* untermauerten und in Preußen immer betonten besonderen Würde der Beamtentätigkeit, die anders als andere

31 Thomas Mann (s. Anm. 4) S. 30.

Berufe »das Allgemeine zum Zwecke« (§ 303) hat, ist bei
Innstetten und Wüllersdorf nichts mehr zu spüren. Keine
Szene dieses Romans, ja wohl aller Romane Fontanes rechtfertigt Horst Albert Glasers Sicht dieser Werke als »Patho-
graphie einer Gesellschaft, deren Bewegungen mechanisch
wurden und deren ›Kitt‹ zerbröckelte«,[32] in solchem Maß wie
Innstettens und Wüllersdorfs letztes Gespräch, das gegenüber der früheren, von Conrad Wandrey als »größte Sprech-
szene des deutschen Romans«[33] gelobten Unterhaltung zwischen den beiden Beamten – kann man dieses Urteil nach
Thomas Mann noch aufrechterhalten? – von der Forschung
meist vernachlässigt wird.

Daß das »Resignation Üben« (328) und mit »Hilfskonstruk-
tionen« Leben (329) gerade in dem Augenblick von Innstettens Beförderung zum Ministerialdirektor zwischen ihm und
seinem Kollegen als Lebensphilosophie erörtert wird, ist tief
ironisch und läßt die preußisch-deutsche Gesellschaft in
einem Licht erscheinen, das dem Leser die Frage nahelegt,
warum *Effi Briest* bei seinem Erscheinen nicht als defaitisti-
sches Werk öffentlich angegriffen oder gar von der Zensur
belangt wurde. Innstettens und Wüllersdorfs achselzuckende
Äußerungen, ihr bloßes Ertragen des Lebens ohne Ziel und
Hoffnung stehen in einem skandalösen Widerspruch zu dem
vom jungen Kaiser und preußischen König Wilhelm II. von
morgens bis abends vorgetragenen Hurra-Patriotismus von
Deutschlands Größe und Weltmission. Armes Preußen!

32 Glaser (s. Anm. 16) S. 370.
33 Wandrey, S. 285.

Literaturhinweise

Avery, George: The Chinese Wall. Fontane's Psychograph of Effi Briest. In: Views and Reviews of Modern German Literature. Festschrift für Adolf D. Klarmann. München 1974. S. 18–38.

Behrend, Fritz: Aus Theodor Fontanes Werkstatt. Berlin 1924.

Bindokeit, Karla: Erzählstoff und Erzählinhalt. Frankfurt a. M. 1984.

Devine, M. C.: Erzähldistanz in Fontanes »Effi Briest«. In: Formen realistischer Erzählkunst. Festschrift für Charlotte Jolles. Hrsg. von Jörg Thunecke. Nottingham 1979. S. 544–549.

Erler, Gotthard: »Effi Briest«. Die Ardenne-Affaire bei Fontane und Spielhagen. In: Fontane-Blätter. Sonderh. 2 (1969) S. 64–68.

Gilbert, Anna Marie: A New Look at »Effi Briest«: Genesis and Interpretation. In: Deutsche Vierteljahrsschrift für Literaturwissenschaft und Geistesgeschichte 53 (1979) S. 97–114.

Gilbert, Mary Enole: Fontanes »Effi Briest«. In: Der Deutschunterricht 11 (1959) H. 4. S. 63–75.

Herrmann, Helene: Theodor Fontanes »Effi Briest«. Die Geschichte eines Romans. In: Die Frau 19 (1912) S. 543–553, 610–625, 677–695.

Meyer, Peter: Die Struktur der dichterischen Wirklichkeit in Fontanes »Effi Briest«. München 1961.

Minden, Michael: »Effi Briest« und die »historische Stunde des Takts«. In: Modern Language Review 76 (1981) S. 869–879.

Post, Klaus-Peter: »Das eigentümliche Parfüm des Wortes«. Zum Doppelbild des Heliotrop in Theodor Fontanes Roman »Effi Briest«. In: Literatur und Medien in Wissenschaft und Unterricht. Festschrift für Albrecht Weber. Hrsg. von Walter Seifert [u. a.]. Köln/Wien 1987. S. 47–54.

Radcliffe, Stanley: Effi Briest and the Crampas Letters. In: German Life and Letters 39 (1986) H. 2. S. 148–160.

Riechel, Donald C.: »Effi Briest« and the Calendar of Fate. In: The Germanic Review 48 (1973) S. 189–211.

Ritchie, J. M.: Embarrassment, Ambiguity and Ambivalence in Fontane's »Effi Briest«. In: Formen realistischer Erzählkunst. Festschrift für Charlotte Jolles. Hrsg. von Jörg Thunecke. Nottingham 1979. S. 563–569.

Rothenberg, Jürgen: Realismus als »Interessenvertretung«. Fontanes

»Effi Briest« im Spannungsfeld zwischen Dichtungstheorie und Schreibpraxis. In: Euphorion 71 (1977) S. 154–168.

Schwarz, Peter Paul »Tragische Analyse« und Schicksalsvorausdeutungen in Fontanes Roman »Effi Briest«. In: Sprachkunst 7 (1976) S. 247–260.

Struc, Roman S.: Zu einigen Gestalten in »Effi Briest« und »Buddenbrooks«. In: Seminar 17 (1981) S. 35–49.

Tax-Shultz, Gertrude: Andeutung und Leitmotiv in Fontanes »Effi Briest«. In: Fontane-Blätter. Bd. 3. H. 7 (1976) S. 507–522.

Thanner, Joseph: Symbol and Function of the Symbol in Theodor Fontane's »Effi Briest«. In: Monatshefte 57 (1965) S. 187–192.

Thum, Reinhard: Symbol, Motif and Leitmotif in Fontane's »Effi Briest«. In: The Germanic Review 54 (1979) S. 115–124.

Trautmann, Fritz: Von dem Arzt und der Krankheit der Effi Briest. In: Zeitschrift für Psychosomatische Medizin 7 (1960/61) S. 65 bis 68.

Weber, Dietrich: »Effi Briest« – »Auch wie ein Schicksal«. Über den Andeutungsstil bei Fontane. In: Jahrbuch des Freien Deutschen Hochstifts (1966) S. 457–474.

PAUL IRVING ANDERSON

Der Stechlin

Eine Quellenanalyse

I

»Zum Schluß stirbt ein Alter und zwei Junge heiraten sich; –
das ist so ziemlich alles, was auf 500 Seiten geschieht«,[1]
warnte Fontane den Chefredakteur von *Über Land und Meer*
im Frühling 1897, als der Vertrag über den Vorabdruck des
Stechlin unterschriftsreif war. Hätte jemand aber beim
Erscheinen des Romans im Herbst 1898 wissen wollen, welcher Todesfall und welche gute Partie den spärlichen Handlungsrahmen geliefert hatten, dann wäre er für die autorisierte
Antwort zu spät und für die wissenschaftlich ermittelte zu
früh gekommen. Nicht unerheblich ist auch die Frage,
warum Fontane in jenem Brief die dritte Handlung – »der
Alte«, Dubslav von Stechlin, verliert eine Reichstagsnachwahl – unterschlägt; aber die Antwort darauf ist wenigstens
teilweise bekannt.
Die Ermittlungen unternahm Mitte der zwanziger Jahre
Julius Petersen, dessen 1928 erschienene Studie immer von
großer Bedeutung sein wird.[2] Besonders ausführlich zeigt
Petersen, wie Fontane auf den Gedanken kam, den Stechlin-
See zu seinem Kernsymbol zu machen. Zum Dank für
die Anregung durch eine Rezension des Schweizer Kriti-
kers Josef Viktor Widmann schrieb Fontane diesem am
19. November 1895: »Zu ›Lacrimae Christi‹. Ich glaube, es
giebt Strudel in stehenden Gewässern. Ich kenne zwei kleine

---

1 Hanser Briefe, IV,650 (an Adolf Hoffmann, Entwurf, Mai/Juni? 1897).
2 »Fontanes Altersroman«, in: *Euphorion* 29 (1928) S. 1–74; ausführlich zitiert
in: *Erläuterungen und Dokumente: Theodor Fontane, »Der Stechlin«*, hrsg.
von Hugo Aust, Stuttgart 1978 [u. ö.].

Seen in unsrer Mark, in denen sich Springfluten und Trichter bilden, wenn in Italien und Island die Vulkane los gehen. Auch aus andrer Veranlassung kommt es vor.«[3] »Lacrimae Christi« (»Christi Tränen«) ist ein Wein, der in der Gegend um den Vesuv wächst, und es dauerte nicht lange, bis Fontane der Seename Stechlin einfiel, der 1755 bei dem Lissaboner Erdbeben mitgebebt haben soll. Aus der volkstümlichen Bezeichnung für plötzlich aufflammendes Feuer, »roter Hahn«, entspann sich die Sage eines richtigen roten Hahns, der auch beim Ausbruch der Französischen Revolution auf eine solche Springflut gestiegen sein und in die Gegend hineingekräht haben soll.[4] Umsonst jedoch durchsucht man Petersens Artikel wie auch alle spätere Literatur nach den Quellen, denen *Der Stechlin* entsprang; dabei bedeutet doch die Identifizierung von Stoff und Urbildern, Einsicht zu gewinnen in Handlung und Thematik.

Zuerst handelte es sich um ein Milieu, das Fontane zum Gegenstand machen wollte, und dann um einen Stoff, der die passende Handlung dafür anbot. In der Handschrift des 1881–82 entstandenen Fragments »Storch von Adebar«[5] finden wir auf Blatt 61 einen aufgeklebten Zeitungsausschnitt, in dem Cuno Graf Hahn auf Schloß Basedow die Geburt seines siebten Kindes am 4. Februar 1879 bekanntgibt – also »krähte« gleich auf der ersten Seite der ersten Skizze ein »Hahn«; darunter ein kurzer Text: »Schilderung einer Familie – namentlich des alten Ehepaares –, das gut und brav und respektabel und beschränkt ist und seinen Platz im Himmel sicher hat«; ein Ehepaar, das zu den Pietisten zählt, die die Hauptstütze Friedrich Wilhelms IV. waren, und »nicht ohne wirkl. Gutmütigkeit und Hülfebereitschaft, au fond aber

3 Hanser Briefe, IV, 506.
4 Vgl. Fontanes Schilderung des Stechlin-Sees und der mit ihm verbundenen Sage im ersten Band der *Wanderungen durch die Mark Brandenburg*; die einschlägige Stelle und Hinweise auf Fontanes Quellen sind nachzulesen in: *Erläuterungen und Dokumente* (s. Anm. 2) S. 4–6.
5 Die Handschrift befindet sich im Theodor-Fontane-Archiv in Potsdam, dessen Mitarbeitern der Verfasser zu großem Dank verpflichtet ist.

doch nur hohle Sechseraristokraten von der dümmsten Sorte«. Die ursprüngliche Überschrift lautete »Die v. Hahn-Basedow«; oben am Rande finden sich Überlegungen, die zum späteren Titel »Storch von Adebar« führten. Ein bis zwei Jahre blieb das Konzept liegen, bis Fontane 1880 einen Briefroman namens »Eleonore« nach einem nicht näher gekennzeichneten »Adelheid v. Mühler-Stoff«[6] entwarf, der zwar ebenfalls nicht zur Ausführung kam, dessen Basishandlung aber im folgenden Jahr dem »Storch«-Konzept zugrunde gelegt wurde.[7]

Am 15. Juni 1881 traf sich Fontane im Tiergarten mit *Nord- und Süd*-Redakteur Grosser, bot ihm den »Storch« an und erhielt eine positive Antwort.[8] Das Datum ist wichtig, denn zwei Tage später wurde Adelheid von Mühlers Neffe, Gustav von Goßler (1838–1902), zum Kultusminister ernannt,[9] der er bis 1891 blieb. Seine Tante, weder Fontane noch der Öffentlichkeit unbekannt, war die Frau des 1874 verstorbenen ehemaligen Kultusministers (1862–72) Heinrich von Mühler, der unter dem Decknamen Cocceji gleichzeitig mit Fontane dem »Tunnel über der Spree« angehörte. Seine Schwester, Henriette von Merckel, geb. von Mühler, war ebenfalls eine Tante Gustav von Goßlers.[10] Dies sind die Kreise, die Fontane nach 1848 vor der Reaktion geschützt hatten.

Adelheid von Mühler mischte sich gern in die Kultur- und Kirchenpolitik ein, kam öfters mit Strickzeug in die Kabinettssitzungen und wurde endlich von Bismarck förmlich hinausgeworfen;[11] noch 1901 erinnerten die Nekrologe

6 Hanser Briefe, III,82 (an Gustav Karpeles, 3. Juni 1880).
7 Hanser Briefe, III,146 (an Gustav Karpeles, 24. Juni 1881). Dieser einzige eindeutige Hinweis wurde bereits 1910 veröffentlicht.
8 Hanser Briefe, III,158 (an Gustav Karpeles, 30. Juli 1881). Tagebuch im Fontane-Archiv.
9 *Ansprachen und Reden des kgl. Staatsministers der geistl. Unterrichts- und Medizinal-Angelegenheiten usw. G. v. G.*, Berlin 1890, S. IV.
10 Vgl. *Die Fontanes und die Merckels. Ein Familienbriefwechsel 1850–1870*, hrsg. von Gotthard Erler, Berlin [Ost] 1987.
11 Vgl. *Schlesische Lebensbilder*, Sigmaringen 1985, Bd. 3, S. 265–281.

daran, daß sie »großen Einfluß« auf die Politik ihres Mannes ausgeübt hatte; daß beide beliebte Witzfiguren abgaben, versteht sich von selbst. Ähnlich werden in jenem Entwurf auch die »Störche« als Ehepaar gezeichnet, aber die Verkleidung des Stoffes ist dort bereits weit gediehen. Nach *Der Stechlin* zu urteilen, muß Gustav von Goßlers Brautwahl dadurch die Basishandlung geliefert haben, daß sie bei Tante Adelheid auf Widerstand stieß: warum?

Am 14. Juni 1867 heiratete Gustav von Goßler die zwanzigjährige Mathilde Emilie von Simpson. Die Simpsons waren ursprünglich Schotten, die seit 1678 im ostpreußischen Memel als erfolgreiche Kaufleute lebten. Großvater William war Großgrundbesitzer, bekannter Pferdezüchter und Kreisdeputierter und wurde bei der Erbhuldigung Friedrich Wilhelms IV. 1840 in Königsberg geadelt. Vater William trat in seine Fußstapfen; nur in der Liebe zeigte er einen höchst eigenwilligen Kopf: an einem nicht zu ermittelnden Tag 1846 heiratete er in Berlin Emilie (»Mila« – wie Fontanes Frau) Lemmcke (1824–1904), von der es im »Gotha« vielsagend heißt: »vorm. kgl. Solotänzerin«[12]. Am 15. April 1847 kam die Tochter Mathilde zur Welt. Wenn die wirkliche Tante Adelheid annähernd so war wie ihr Romanporträt, dann hat sie über diese an sich gute Partie dennoch »in Abgründe geschaut«. Es war also eine recht pikante,[13] ja romanreife[14]

12 Diese Angabe steht im Taschenbuch der briefadligen Häuser von 1915, fehlt jedoch 1929 und 1931, wo aber die weiteren Angaben detaillierter sind. In der *Altpreußischen Biographie* (Marburg 1975, Bd. 3, S. 1061) ist sie wieder zu finden. Für ihre freundliche Unterstützung dankt der Verfasser Frau Gertraud Simpson, Karlsruhe.

13 Bei der Frage nach Informanten ist es vielleicht nicht unerheblich, daß Fontane zwölf Tage nach der Hochzeit an einem Diner teilnahm, wo ein »Assessor oder vortragender Rath aus dem Cultusministerium« anwesend war (Hanser Briefe, II,174; an Emilie Fontane, 27. Juni 1867), denn (Kultus-) Ministerialassessor von Rex im Roman erzählt gern Pikanterien.

14 Der Enkel von Mathildes Bruder war der Schriftsteller William von Simpson (1881–1945), der die Brautwerbung seiner Großeltern in dem Roman *Die Barrings* (1937) folgendermaßen nacherzählt: »Archibald hatte seinen tief erschrockenen, ja fassungslosen Eltern aus Berlin, wo er einen Winter zu-

Geschichte, dieser »Adelheid v. Mühler-Stoff«, und mußte aus persönlichen wie politischen Gründen bis zur Unkennt-lichkeit verkleidet werden.[15]

Zu diesem Zweck schob Fontane die Braut- und Brautmut-terrollen ineinander, so daß aus dem Neffen des Stoffes in der Romanhandlung ein Sohn wurde. Als Thema tauschte er ein Vorurteil gegen das andere aus: An die Stelle des Adelsdün-kels setzte er das Schwierigste aller gesellschaftspolitischen Themen, den Antisemitismus. Aus Adelheids Neffen wurde der junge Storch, und aus seiner Braut wurde Rebekka Ger-son von Eichroeder – eine deutliche Anspielung auf Gerson von Bleichröder, Bismarcks Privatbankier, Berater und Son-derbeauftragter, Zielscheibe für Antisemiten und solche, die es nicht wagten, Bismarck direkt anzugreifen. Gegenüber Gustav Karpeles, dem Redakteur von *Westermanns Monats-heften*, dem er den »Storch« auch angeboten hatte, verteidigte Fontane diesen Punkt als unerläßlich und »eine Verherrli-chung des kleinen Judenfräuleins«.[16] Das Studium der Hand-

brachte, um dort in der Gesellschaft auszugehen, geschrieben, er habe sich mit der einzigen Tochter des Tischlermeisters Böckmann verlobt. [...] die Familie [hätte] Zeiten bitterster Not durchmachen müssen, bis Mathilde sich entschlossen habe, ihr wundervolles Talent und ihre bezaubernde Schönheit auszunutzen, um ihre Angehörigen ernähren zu können. So sei sie Tänzerin geworden und habe es in wenigen Jahren durch ihre vollendete Kunst und bewundernswürdige Energie zur Solotänzerin an der Königlichen Oper [...] gebracht [...]. Im ersten Augenblick waren seine Eltern bestürzt, dann au-ßer sich und schließlich verzweifelt gewesen [...]. Als [Archibalds bester Freund] dann aber mit Mathilde eine lange Aussprache gehabt hatte, war er mit fliegenden Fahnen zu ihr übergegangen und mit der Eröffnung nach Wiesenburg zurückgekehrt: ›Wenn Archibald sie nicht heiraten würde, so täte ich es! Der Mann, dem dies Mädchen seine Liebe schenkt, ist glücklich zu preisen!‹« (München 1980, S. 39 f.)

15 Worin das eigentlich Pikante – also der Klatschwert – bestand, bleibt unge-wiß; aber wenn man Czakos Bemerkungen über die Prinzen, die Woldemar »den Hof machen«, und diejenigen, die »eigentlich welche« sind und »es bloß nicht sagen« (20) dürfen, damit kombiniert, daß Förster Katzler, der die Prinzessin Ermyntrud von Ippe-Büchsenstein geheiratet hat, Wladimir, also Woldemar auf Russisch, heißt, dann wird wohl darüber spekuliert worden sein, ob Mathilde nicht vom Haus Hohenzollern abstammte.

16 Hanser Briefe, III, 158 f. (an Gustav Karpeles, 30. Juli 1881).

schrift fördert jedoch Erstaunliches zutage: Obwohl Fontane
den Plan tatsächlich so entworfen und Rebekka so charakterisiert hat, ist er nie dazu gekommen, eine einzige Szene mit ihr
auszuarbeiten, und erst spät hat er damit angefangen, mit
Bleistift die wenigen eindeutig antisemitischen Äußerungen
der »Störchin« – nota bene: zwischen antikatholischen Sprü-
chen – einzufügen. Hatte er Angst vor dem eigenen Mut?
Jedenfalls geriet die Arbeit Anfang 1882 ins Stocken. Es kann
auch kein Zufall gewesen sein, daß am 1. März Emilie Fontane zum »Frühstück« bei Bleichröder ging und damit eine
Bekanntschaft erneuerte, die bis in ihre Jugend zurück-
reichte[17] und bis zum Tode Bleichröders 1892 aufrechterhalten wurde. Es vergingen dreizehn Jahre, bis Fontane dem
Entwurf neues Leben einhauchte.
Die Gründe für die Wiederaufnahme werden später behandelt; daß er aber immer noch das Thema Antisemitismus verfolgen wollte, beweist die Handschrift des *Stechlin*[18] ein ums
andere Mal: Die verstorbene Mutter der Barby-Töchter war
eine geborene von Rothenbaum aus einem österreichischen
Haus; Gewinner der Reichstagsnachwahl war der jüdische
Rechtsanwalt Katzenstein; und Dubslavs Tod wird – wie
auch noch im Roman – von seiner Ablehnung des jüdischen
Arztes und der Aufkündigung der alten Freundschaft mit
seinem jüdischen Gläubiger Abram (im Roman: Baruch
Hirschfeld) überschattet. Manche Romanstelle, wie die folgende, wird transparent, wenn man davon ausgeht, daß das
Grundthema ursprünglich der Antisemitismus war: »Ja,
mein lieber Woldemar, Du kommst nun also zu Vermögen
und Einfluß und kannst die Stechlins wieder raufbringen
(gestern war Baruch Hirschfeld hier und in allem willfährig;
die Juden sind nicht so schlimm, wie manche meinen)« (288).
Wo von Familie die Rede sein müßte, springt der Vater vom
Thema »Geld«, der eigenen Probleme eingedenk, zum Anti-

17 Laut unveröffentlichtem Tagebuch im Fontane-Archiv.
18 Im Märkischen Museum in Berlin (Ost), dessen Mitarbeitern der Verfasser
    zu großem Dank verpflichtet ist.

semitismus über. Im »Urstechlin« hatte der Gedankensprung
den doppelten Sinn darin, daß Dubslav glaubte, nun eine
jüdische Schwiegertochter zu bekommen. Im fertigen
Roman, wo dies nicht mehr der Fall ist, bleibt nur noch die
Fehlleistung eines Antisemiten übrig, der diese Charakterisierung obendrein abstreiten würde.

Überhaupt kehrt *Der Stechlin* näher zum »Adelheid-Stoff«
zurück, denn aus dem jungen Storch wird wieder Tante Adelheids Neffe. Eine Briefstelle, die nach Fontanes 70. Geburts-
tagsfeier entstand – Gustav von Goßler hatte bei dieser Gelegenheit eine kleine Stegreifrede gehalten, in der er das
gespannte Verhältnis zwischen Regierung und Literatentum
bedauerte –, könnte man ohne weiteres als Beschreibung
Woldemars auffassen: »Schon sein [des Ministers] schlichtes,
natürliches, völlig unprätentiöses Benehmen gewann ihm die
Herzen und nun gar erst diese Rede voll Mut, Freiheit, Hoff-
nungsblick und Humor, und dabei doch reserviert und diskret, freilich nur, um auch diese Beamtentugenden wieder
mit leiser Ironie zu behandeln.«[19] Es überrascht auch nicht
mehr zu erfahren, daß Mathilde von Goßler ein Leben gelebt
hat, das Armgards Idealvorstellungen – ihr Bekenntnis zu
Elisabeth von Thüringen kommt einem Jawort gleich – entsprach. Die Nekrologe charakterisierten sie als »Philanthro-
pin«, *Das rote Kreuz* gab ihrem Nachruf die ganze erste
Seite,[20] und an ihrem Grab lag unter vielen Kränzen einer von
der Kaiserin selbst.

Wie steht es aber mit Dubslavs Urbild? Storch von Adebar ist
stark nach Minister von Mühler gezeichnet, dessen »mal
harte, mal weiche« Haltung im Kulturkampf mit der katholischen Kirche der Grund war, weshalb er 1872 vom Scharfma-
cher Falk abgelöst wurde. Das und sein baldiger Tod lassen
sich mit der Art vergleichen, wie Storch zwischen Philo- und
Antisemitismus vertrottelt und versiecht. Wenn Dubslav von
Stechlin auch ein ganz anderer Typ ist, so läßt er sich doch bis

19 Hanser Briefe, IV,7f. (an Karl Frenzel, 5. Januar 1890).
20 Jg. 19, Nr. 5 (1. März 1890), Verfasser des Artikels war W. Kühne.

Mitte November 1881, mitten in die Arbeit am »Storch«, zurückverfolgen – zwar nicht als lebendes Urbild, sondern vielmehr als »der Typus eines Märkischen vom Adel« (6), der im Schlußwort zur Ausgabe der *Wanderungen durch die Mark Brandenburg* von 1882 charakterisiert wird.

»Starrheit«, »Ausfälle«, »Stachelrüstung« seien die Merkmale, für die der Junker in der Öffentlichkeit, besonders im Reichstag bekannt sei; daheim kämen jedoch die »vorväterlichen Tugenden« zum Tragen: »Gutmütigkeit«, »Menschenverstand« und »Kritik«, das Beste an ihm. Daheim beginne er »alles unter die Lupe seiner ihm angeborenen Skepsis zu nehmen und dabei Radikalismen laut werden zu lassen, Urteile von einer Fortgeschrittenheit, als flösse nicht die Niplitz oder die Notte, sondern mindestens der Hudson oder Potomac an seinem alten Feldsteinturm vorüber«.[21] Das klingt wie der Dubslav, der alle Leserherzen gewinnt; aber die Zeitgenossen hörten aus diesen Stichwörtern Übertöne heraus: »Fortschritt« + »amerikanisch« = »Juden«. Schon damals behinderte die Scheu davor, den Antisemitismus beim Namen zu nennen, die Auseinandersetzung mit ihm und zwangsläufig auch seine künstlerische Verarbeitung.

II

Der »Urstechlin« lag bereits zu Weihnachten 1895 vor, aber keine sechs Monate später fand eine Reichstagsnachwahl statt, die der im Roman zum Verwechseln ähnlich sah. Der Kandidat der Freisinnigen Volkspartei – Linksliberale, die sich von der Fortschrittspartei getrennt hatten – gewann; es war Gotthold Lessing, der Sohn Carl Robert Lessings, des Inhabers der *Vossischen Zeitung*. Im »Urstechlin« sollte der jüdische Rechtsanwalt Katzenstein gegen den konservativen Herrn von Buch auf Nassenheide gewinnen – trotz oder wegen antisemitischer Wahlreden des Dubslav von Stech-

21 H (Abt. 2) II,872 f.

lin.[22] Wenig bekannt dagegen sind die Gründe, weshalb Fontane sich verpflichtet gefühlt hat, seinem ehemaligen Arbeitgeber Lessing am 8. Juni 1896 über den noch lange nicht fertigen Roman und seine wegen zufälliger Ähnlichkeiten unternommenen Änderungen zu berichten, die Lessing am »Urstechlin« »fatal« sein könnten.

Mitte 1891 hatte ein entlassener Mitarbeiter der *Vossischen Zeitung* namens Marx Anklage erhoben »gegen die *Freisinnige Zeitung*, deren verantwortlicher Redakteur [...] aus einem Brief Lessings die Mitteilung verbreitet hatte, Paul Marx sei wegen Unfähigkeit gekündigt worden«.[23] Im Laufe der Verhandlungen sagte Paul Schlenther im Zeugenstand aus, daß Fontane ihm Dinge über Lessing erzählt hätte, die auf dessen antisemitische Gesinnung schließen ließen. Danach finden sich in Fontane-Briefen Anspielungen darauf, daß Lessing ihm die Indiskretion nachtrage. Erst Anfang November 1895 gab sich Lessing wieder freundlicher.[24] Wenig später begann Fontane, den *Stechlin* zu schreiben, so daß unbedingt der Eindruck zu vermeiden war, mit dem Roman gehe eine Fehde ewig weiter.

Fontane schrieb, seine Erzählung habe »dadurch gewonnen«, daß der Wahlkampf nunmehr zwischen dem alten Stechlin und einem Sozialdemokraten spiele. Heute mag es aber schwer einzusehen sein, daß bei einer Auseinandersetzung mit dem Antisemitismus ein Nichtjude und Sozialdemokrat *anstelle* eines jüdischen Fortschrittlers – im Vorstand der Partei waren viele Juden – als Sieger gesetzt werden könnte, ohne die Romanaussage entscheidend zu verändern.[25] Dennoch

22 Teilweise erhalten auf den Rückseiten der Handschrift, abgedruckt u. a. in *Erläuterungen und Dokumente* (s. Anm. 2) S. 76.

23 Gerhart Hauptmann, *Tagebuch 1892 bis 1894,* hrsg. von Martin Machatzke, Frankfurt a. M. 1985, S. 144.

24 Vgl. Hanser Briefe, IV,189, 197 (an Carl Robert Lessing, 31. März und 23. Mai 1892) und IV,258, 499 (an Friedrich Stephany, 5. Juni 1893 und 3. November 1895).

25 Zu Fontanes Wort von »einem veredelten Bebel- und Stöckertum« meint Aust im Nachwort der Reclam-Ausgabe (S. 475), es kombiniere »Namen, die sich gegenseitig ausschließen«.

252 *Paul Irving Anderson*

stand die neue Lösung voll im Einklang mit dem damaligen
Bewußtsein. Damals ging nämlich das Wort vom Antisemitismus als dem »Sozialismus der dummen Kerls« um;
damals hielten viele Konservative den Antisemitismus nur
deswegen für gefährlich, weil die »Kerls« klüger werden
könnten; sogar viele Sozialisten meinten, der Antisemitismus
stelle keine eigentliche Gefahr dar, weil er die Vorschule des
Sozialismus sei. Und daß die Wahl in Rheinsberg von der
Stimmabgabe der »dummen Kerls« abhängt, hat die Interpreten schon immer gestört.

Nur der aufmerksame Leser merkt, daß Rex Pastor Lorenzen
dadurch in arge Verlegenheit bringt, daß er ihn in die Nähe
des Antisemiten Stöcker rückt; nachher gesteht Rex aber selber ein, daß er einen anderen Eindruck gewonnen hat. Und
ohne Anmerkung werden die wenigsten nach vierzig Kapiteln (und neunzig Jahren) an der Bemerkung, Lorenzen
gehöre »zur Richtung Göhre«, erkennen, warum: Göhre
hatte mit Stöcker über dessen Antisemitismus gebrochen, ja,
später sein Pfarramt niedergelegt und war der SPD beige-
treten.

Vor diesem Hintergrund wird klarer, wieso Fontane glaubte,
das Thema des Adels, »wie er sein *sollte* und wie er *ist*«,[26]
eigne sich auch zur Behandlung der Antisemitismusfrage: Die
Kreuzzeitung etwa, dem Junkerstandpunkt immer ergeben,
führte eine Dauerrubrik »Zur Judenfrage«, in der nur gehetzt
wurde. Dennoch entsprach die Gegenüberstellung Adel –
Juden der tatsächlichen Problematik des Antisemitismus
genausowenig, wie es der so virtuos dargestellten Neufeuda-
lisierung der Gesellschaft[27] gelingen konnte, dem Deutschen
Reich ein dauerhaftes Selbstverständnis zu geben. Um die
realen Widersprüche zu bewältigen, schuf Fontane mehrere
Nebengestalten: »eigentliche Juden« wie Rechtsanwalt Katzenstein und Dr. Moscheles, »Klischeejuden« wie Dubslavs
Gläubiger Baruch Hirschfeld und seinen Sohn Isidor, und

26 Hanser Briefe, IV,562 (an Carl Robert Lessing, 8. Juni 1896).
27 Vgl. Eda Sagarra, *Theodor Fontane: »Der Stechlin«*, München 1986.

den »Juden im übertragenen Sinne«, den neugeadelten Säge-
mühlenbesitzer von Gundermann. Solche Beispiele lassen
erkennen, wie eine soziopolitische Interpretation differenzieren müßte und daß sie dazu erst das Verhältnis von Antisemitismus und Antikapitalismus im damaligen Bewußtsein
aufzuarbeiten hätte.

Diese Erkenntnisse indes machen Dubslav viel problematischer, als man allgemein bisher wahrnehmen wollte: »If old
Dubslav is partly its author's self-portrait, its obvious senti-
mentalisation assumes a special significance for it shows both
his author's total inability to look behind outward appear-
ances and thus to be just.«[28] Vor allem ist der Interpret aufge-
fordert, hinter die Masken zu schauen: Warum eigentlich
hat man immer einen Bogen um Dubslavs Todesursache
gemacht? Es läßt sich kaum leugnen, daß ein ursächlicher
Zusammenhang zwischen seiner antisemitischen Reaktion
auf Dr. Moscheles und seinem für sein Krankheitsbild ungewöhnlich schnellen Ableben besteht. An der Wassersucht
mußte auch damals niemand schon sechs Monate nach dem
ersten Auftreten von Symptomen sterben, es sei denn, er
machte, wie Dubslav, alles falsch. Besonders zu berücksichtigen ist, daß Fontane als ausgebildeter Apotheker über Verlauf
und Behandlung dieses Leidens Bescheid wußte.

Seit Jahrhunderten wird die Digitalis, der Fingerhut, gegen
Wassersucht, die ein Symptom von Herzschwäche ist, angewandt, wie es auch Dubslavs Ärzte Sponholz und Moscheles
tun. Beginnend in den Beinen, sammelt sich das Wasser an;
die Digitalis hilft, indem sie den Puls zwar bedeutend senkt,
dafür aber die Herzfunktion stärkt, wobei sie allerdings zu
einer gewissen Abhängigkeit führt. An sich ist sie ungefähr-
lich, weil ein an das Mittel nicht gewöhnter Magen eine zu
starke Dosis wieder herausgibt; ist man aber daran gewöhnt –
wie Cécile im gleichnamigen Roman oder Frau Nimptsch in
Irrungen, Wirrungen –, so kann man durchaus an einer Über-

28 Wolfgang Paulsen, »Theodor Fontane. The Philosemitic Antisemite«, in:
   Publications of the Leo Baeck Institute. Year-Book 26 (1981) S. 319.

dosis sterben.[29] Auch Dubslav stirbt an der Digitalis, weil er sich zuerst einmal daran gewöhnt, sie aber dann aus Ärger über den Vertretungsarzt absetzt und dann auf sie zurückgreift, als sein Herz schon zu erlahmen droht und weder den Anreiz noch die Pulssenkung verträgt.

Auch Lehrer Krippenstapels Honigwabe hat verschlimmernde Wirkung, da bei solcher Herzschwäche eine Tendenz zur Diabetes besteht. Nicht umsonst wird Dubslavs »Liebling« früh als ein im Hintergrund arbeitender Sensenmann »identifiziert«. Die gleiche Situation entsteht nach Koselegers verfehltem Besuch, als Dubslav einen Monolog vor der Uhr mit dem Hippenmann hält und sich dabei auf den »alten« Luther beruft. Dubslav meint das zwar nicht so, aber die geläufige Wendung verdeckt den Erzählerhinweis, daß der *alte* Luther jene fürchterliche Schrift *Von den Juden und ihren Lügen* verfaßt hat. Vor allem zeigt Dubslavs Begründung seines Vorbehalts gegen Dr. Moscheles, bei Baruch habe sich »der Pferdefuß gezeigt«, daß er, entgegen seinen eigenen Versicherungen, nicht mehr »den Einzelfall ansieht«, sondern nur noch Vorurteile gelten läßt. Auch das Anstoßnehmen an Moscheles' Krawatte – schwarz mit roten Käferchen – ist geradezu lächerlich,[30] so daß Reuter so weit ging, Dubslav vor seinen eigenen Worten in Schutz zu nehmen.[31] Andererseits zeigt das Verhalten von Moscheles, Prinzessin Ermyntrud, Superintendent Koseleger und Tante Adelheid, wie unfähig die damaligen Juden und Christen waren, mit diesem Vorurteil fertigzuwerden. Heuchelei, Egoismus, Prüderie, Karrierismus – alles mit Autoritätsgehabe serviert – müssen bei einem natürlichen, skeptischen, unprätentiösen Menschen wie Dubslav jede gutgemeinte Wirkung vereiteln.

Pastor Lorenzen versucht nicht, auf Dubslav einzuwirken;

---

29 Vgl. jedes Arzthandbuch über Arzneien.

30 Dasselbe Muster kleidet die zehnjährige zukünftige Emilie Fontane in *Von Zwanzig bis Dreißig* (N XV,312).

31 Reuter, II,845.

bei seinem vorletzten Besuch beantwortet er Dubslavs Bitte um eine moderne Heldengeschichte mit der Greeley-Anekdote. Diese Parabel von der existentiellen Notwendigkeit der Demokratie erschüttert Dubslav zwar, aber nachher schläft er gut. Danach kommt Lorenzen nur, wenn er gerufen wird, während Dubslav sich auf die *Kreuzzeitung* und den Dorfspitzel Uncke stützt. Bei Lorenzens letztem Besuch leitet Dubslav die neuerliche Bitte um ein paar Worte mit Jesu letzten Worten an Judas ein: »Was du tun willst, tue bald« – wie tief der Verratsvorwurf wirklich geht, wird unergründbar bleiben. Trotzdem gelingt es Lorenzen, ihn abzuwenden und zuletzt mit gutem Gewissen jene wundervolle Trauerrede bei Dubslavs Beerdigung zu halten.

Die »christliche und soziale« Nebenhandlung – Dubslav adoptiert praktisch die außerehelich geborene Enkelin der Buschen, die kleine Agnes (u. a. um seine Schwester wegzuekeln) – gehörte auch schon zum »Urstechlin«. Sie wurde dann so aufgeteilt, daß sie bereits im 23. Kapitel auftaucht, also im Roman-»Zentrum«. Die Szene erinnert stark an »Jesus und die Ehebrecherin«; aber diese Handlung zusammen mit Dubslavs Rettung des am Wege liegenden, betrunkenen Tuxen – »der Samariter« – bildet die Basis für Lorenzens Feststellung: »Er war die Güte selbst«, und: »Er hielt es mit den guten Werken« (445). Dubslavs größtes Paradox und Verhängnis ist die Verwobenheit seines Antisemitismus mit seiner Christlichkeit. Aus seiner verständlichen Skepsis gegenüber der Kirche verfällt er dem Aberglauben in Form einer Hexe, der alten Buschen, und bei dem Versuch, sich zurückzufinden, leistet er sich selbst ungewollte Sterbehilfe.

Die Beibehaltung des ursprünglichen Themas Antisemitismus bei Dubslavs Sterben führt zu einem qualitativen Unterschied zur Hochzeits- und Wahlkampfhandlung, in der Licht und Schatten feiner und differenzierter, vor allem viel bunter verteilt sind. Man stellt fest, daß die Umkehrung der Erzählerperspektive von Kritik zu Utopie auch Fontanes idealer

Vision zum Ausdruck verhilft. Wenn Woldemar beim Empfang von Tante Adelheids Brief nachdenkt, klingt ein Zynismus mit, der noch aus dem ursprünglichen Konzept stammt:

> Woldemar lachte. »Heirate heimisch und heirate lutherisch – das hör ich nun schon seit Jahren. Und auch das dritte höre ich immer wieder: ›Geld erniedrigt.‹ Aber das kenn ich. Wenn's nur recht viel ist, kann es schließlich auch eine Chinesin sein. In der Mark ist alles Geldfrage. Geld – weil keins da ist – spricht Person und Sache heilig und, was noch mehr sagen will, beschwichtigt zuletzt auch den Eigensinn einer alten Tante.« (187)

Dies war schon im »Storch von Adebar« die »Wahrheit«, wo es um »Eichroeders« Geld ging; aber davon ausgehend hatte Fontane als märkischer Wanderer noch ein anderes Bild vor der Seele, das in Woldemars Vergleich zwischen Vater und Schwiegervater aufleuchtet, die Gegensätze relativiert und den Blick auf das Ideelle freigibt:

> Was am verwandtesten ist, das ist doch die gesamte Hausatmosphäre, das Liberale. Papa selbst würde zwar darüber lachen – er lacht über nichts so sehr wie über Liberalismus –, und doch kenne ich keinen Menschen, der innerlich so frei wäre wie gerade mein guter Alter. Zugeben wird er's freilich nie und wird in dem Glauben sterben: »Morgen tragen sie einen echten alten Junker zu Grabe.« Das ist er auch, aber doch auch wieder das volle Gegenteil davon. Er hat keine Spur von Selbstsucht. Und diesen schönen Zug (ach, so selten), den hat auch der alte Graf. Nebenher freilich ist er Weltmann, und das gibt dann den Unterschied und das Übergewicht. Er weiß – was sie hierzulande nicht wissen oder nicht wissen wollen –, daß hinterm Berge auch noch Leute wohnen. Und mitunter noch ganz andre. (133)

Woldemar vertritt eine Generation, die mit dem Anspruch auf Weltgeltung endlich ernst machen mußte; daher ist die Rich-

tung seines auf dem Eros basierenden Ehrgeizes keineswegs
reine Utopie. Die Botschafter des Reichs – darunter Barby –
gehörten zu den einflußreichsten Männern der Zeit.
Um die Utopie greifbar zu machen, griff Fontane zu Beispielen, die aus dem katholischen Kulturbereich stammen: Raffa-
els Marienbild und der Lebenslauf des portugiesischen Dichters João de Deus, dessen Begräbnis zu einem Volksereignis
wurde, »weil er für die Armen gelebt hatte, und *nicht für sich*«
(183). Wenn man bedenkt, daß bereits in dem 1880 entstandenen Entwurf »Eleonore« Fontanes Kritik am Kulturkampf
illustriert werden sollte, so ist ihm dieses Beispiel zwar spät
eingefallen, aber absolut passend. Zwar findet Dubslav Woldemars Vorhaben komisch, am Morgen nach der Hochzeits-
nacht in Dresden mit seiner Braut vor die Sixtinische
Madonna zu treten, aber es ist die konsequente Weiterent-
wicklung seines eigenen überparteilichen Liberalismus – über
den parteipolitischen lacht er mit Recht, denn es waren die
Liberalen gewesen, die den Kulturkampf am stärksten betrieben hatten.
Nach Woldemars Erzählung über João de Deus schlägt die
bayerische Freundin, Baronin Berchtesgaden, vor, die Verbundenheit der Ausflügler dadurch auszudrücken, daß man
sich über Kreuz die Hände reicht – sie und Melusine, Arm-
gard und Woldemar. Worauf die Geste symbolisch hinaus-
soll, meinen Barby und Berchtesgaden erraten zu haben:

> »Das ist ja wie Rütli.«
> »Mehr, mehr. Bah, Freiheit! Was ist Freiheit gegen Liebe!«
> »So hat's denn eine Verlobung gegeben?«
> »Nein . . . noch nicht«, lachte Melusine. (183)

Der Stechlin feiere die Sprache, heißt es immer wieder, aber
wo er feierlich wird, fehlen die Worte, oder der Sinn wird
verdeckt. Den Nachweis zu führen, daß hier doch eine politische »Verschwörung« suggeriert wird, überlassen wir
zukünftigen Interpreten.

Mit heutigen Begriffen kann auch der realpolitische »große
Zusammenhang der Dinge« in Dubslavs Wahlniederlage verfehlt werden. Daß die Wirklichkeit bis 1897 keinen Präze-
denzfall aufweist, ist genauso belanglos wie die Tatsache, daß
die Wahlkampfdarstellung bei Nebensächlichkeiten weilt.
Selbst Fontanes Briefe geben erst dann einen tieferen Einblick, wenn man sich den Unterschied zwischen der damals
gültigen und einer wirklich demokratischen Verfassung
bewußt macht, die Tatsache nämlich, daß die Regierung ausschließlich vom König bzw. Kaiser ernannt oder abgesetzt
werden konnte. Obwohl die monarchistischen Parteien zum
ersten Mal 1883 und 1887 endgültig die Parlamentsmehrheit
an die demokratischen Parteien verloren hatten, durften sie
bis 1918 die Regierung stellen. Vor diesem Hintergrund wird
die folgende Briefstelle klar:

> Dieser ganze Wahlkrempel kann unmöglich der Weisheit
> letzter Schluß sein. In England oder Amerika vielleicht
> oder auch gewiß, aber bei uns, wo hinter jedem Wähler erst
> ein Schutzmann, dann ein Batallion und dann eine Batterie
> steht, wirkt alles auf mich wie Zeitverschwendung. Hinter
> einer Volks*wahl* muß eine Volks*macht* stehn, fehlt *die*, so
> ist alles Wurscht.[32]

Weil die Machtfrage unabhängig vom Wahlausgang entschieden wurde, konnte auch Dubslav witzeln, »»Wurst wider
Wurst‹. ›[. . .] Ich persönlich ziehe solchen guten Einfall einer
guten Verfassung vor. Der König, glaub ich, tat es auch. Und
es denken auch heute noch viele so.‹« (46)
Bereits die märchenhafte weltpolitische Symbolik des Stechlin-Sees mit seinem aufsteigenden Hahn läßt erkennen, daß
der politische Realismus im *Stechlin* nicht mimetisch, sondern in übersinnlichen Dimensionen entworfen wurde, um
Beschränktheit und Fragwürdigkeit der Zustände künstlerisch zu überwinden. Kein Wahlkampf, sondern dessen Fol-

---

32 Hanser Briefe, IV,725 (an Friedrich Fontane, 16. Juni 1898).

genlosigkeit; kein Streit der Meinungen, sondern das Schleichen des Spitzels; nicht der Kampf der siegreichen Arbeiterpartei, sondern das unbekümmerte Vergessen der konservativen Niederlage bei Wein und »guten Einfällen« werden vorgeführt. In dieses Konzept würde der Sieg einer jeden demokratischen Partei passen. Hier wird der »Auslug von dem Wackelstege, drauf wir hier stehen (jeden Augenblick kann einer von uns ins Wasser fallen)« (218), zum Sinnbild der Regierungslage, und der Vorschlag zur »Rekapitulation« der anvisierten Fredericus-Rex-Sehenswürdigkeiten und -Zeiten in Rheinsberg zu einer Kahnfahrt ins Totenreich:[33] die Symbolik nimmt Dubslavs Sterben vorweg und politisiert es im voraus. Die scheinbar isolierte Nachwahl wird zur Parabel der realexistierenden Verhältnisse, der private Tod zur Selbstvernichtung eines ursprünglich aufklärerischen politischen Selbstverständnisses.

Daß *Der Stechlin* ein politischer Roman ist, verdankt er also seinem Stoff und seiner Handlung. Vor der Veröffentlichung hat Fontane alles getan, um von der Handlung abzulenken; obwohl sie spärlich ist, lohnt es, sich nicht ablenken zu lassen. Mittels der Quellen läßt sich nicht nur die Spärlichkeit der Handlung, sondern auch der Ideengehalt begründen und erläutern, die zusammen die Voraussetzung für das faszinierende Panoptikum des Zeitromans[34] schaffen.

---

33 Die Ähnlichkeiten zwischen dieser Szene und jener Traumerzählung im Vorwort zur ersten Auflage der *Wanderungen durch die Mark Brandenburg* (1862) ergeben einen autobiographischen Bezug dank Hubertus Fischers Entdeckung, daß Fontane am 28. April 1862 als Wahlmann für die Konservativen kandidiert hat. Vgl. H. F., »Selbstanzeige: Gegenwanderungen«, in: *Fontane-Blätter*, Bd. 6, H. 1 (1987) S. 511–513.

34 Diesem Panoptikum widmen sich viele Einzelstudien, vgl. u. a. Roger Hillmans *Stechlin*-Kapitel in: R. H., *Zeitroman. The Novel and Society in Germany 1830–1900*, Bern / Frankfurt a. M. / New York 1983, S. 87–116; Sagarra (s. Anm. 27); Gisela Brude-Firnau, »Beredtes Schweigen: Nicht-verbalisierte Obrigkeitskritik in Theodor Fontanes *Stechlin*«, in: *Monatshefte* 77 (1985) S. 460–468.

III

So merkwürdig es klingen mag, die Handlungsarmut ist größtenteils eine Folge der Verknüpfung zweier alter Handlungen, d. h. der Einflechtung des Melusinen-Themas, das bis 1877 zurückverfolgt werden kann, wobei Melusines Selbstmord auf Dubslav übertragen wurde. Dadurch wurde der Melusinen-Roman, der immerhin etwa die Hälfte des Ganzen ausmacht, von jeglichem Handlungszwang befreit. Sinnzeichen[35] für diesen Sachverhalt ist die Verflechtung des Wasserliesch mit der »kranken Aloe« im selben Blumenkübel an der Rampe von Schloß Stechlin. Die Aloe ist nämlich eine hochwachsende, kaktusähnliche Pflanze mit sehr stacheligen, langen Blättern – weist also auf »Stechlin« hin –, während der Wasserliesch rein wörtlich als Deckname für die Nixe, also Melusine dient. Die Art, wie die »geheimnisvolle Blüte« dem »Eigentlichen« die Schau zu stehlen droht, beschäftigt die Interpreten seitdem.[36]

Die Übertragung der Selbstmordhandlung von Melusine auf Dubslav wird ebenfalls mit einer Pflanze symbolisch vollzogen: mit der Digitalis, an der er stirbt. Das Puzzle setzt im 28. Kapitel ein, wo Melusine es ablehnt, das Eis über der Trichterstelle im Stechlin-See aufbrechen zu lassen, weil sie glaube, »eine Hand führe heraus und packte« sie (313). Die Begründung klingt furchtbar abergläubisch, aber ihre altmodisch formulierte Aussage dient eigentlich dazu, die Romansymbolik entscheidend zu manipulieren. Daß sie also Angst

---

35 Vgl. Christian Grawe, »Fontanes neues Sprachbewußtsein in *Der Stechlin*«, in: Ch. G., *Sprache im Prosawerk*, Bonn ²1987, S. 38–62; über direkte und indirekte Sinnzeichen v. a. S. 43.

36 Joseph Hofmiller (»Stechlin Probleme«, in: J. H., *Die Bücher und wir*, München 1950, S. 67–75) stellt die Frage nach Melusines Funktion in den Mittelpunkt. Seine Antwort, Fontane habe an ihr sein »Oceane-von-Parceval«-Fragment zu Ende dichten wollen, jedoch in medias res abgebrochen, weil er sonst die erlaubte Zahl von Fortsetzungen überschritten hätte, verkennt Fontanes Arbeitsweise; er schrieb Bücher, die aufgeteilt vorabgedruckt wurden, nicht Fortsetzungsromane, die später gebunden erschienen.

hat, die große Umwälzung heraufzubeschwören, die diese
Stelle des Sees symbolisieren soll, läßt sich durch Vergleich
mit dem »Urstechlin« erklären, in dem der Antisemitismus
das politische Grundthema bildete: »Eichroeders Tochter«[37]
hätte bestimmt kein Interesse daran gehabt, den Antisemitismus aufsteigen zu sehen. Im Laufe der Entstehung war aber
dieser Bezug schon abgeschnitten worden, als Fontane beschloß, die Barby-Töchter nicht mehr mütterlicherseits jüdi-
scher Herkunft sein zu lassen; doch wäre Fontane nicht Fontane, wenn er keinen zweiten oder dritten Bezug geschaffen
hätte.

Geben wir statt dessen acht auf Melusines genaue Formulierung, nicht zuletzt deswegen, weil sie beweist, daß ihr zwar
sehr viel zuzumuten ist – nur keine Nachahmung ihrer
Namenscousine im Märchen. Man beachte: Wovor sie sich
fürchtet, ist kein »aufsteigender Hahn«, sondern eine heraus-
fahrende »Hand«. Dubslav dagegen hat durchaus selbst-
zerstörerische Tendenzen und dazu noch die Wassersucht,
deren wortwörtliche Bedeutung ihn ausdrücklich ängstigt.[38]
Nimmt man die Bezeichnung »Digitalis« (›fingerbezogen‹)
wörtlich, so wird Dubslav buchstäblich durch eine heraus-
fahrende »Hand« gepackt – nicht zuletzt deswegen, weil er
sich einer Hexe und ihrem Aberglauben anvertraut hat. Selbst
ihr Hexenspruch: »Dat Woater nimmt dat Woater weg«
(395), klingt für einen Wassersüchtigen gefährlich genug,
ganz besonders, wenn er so heißt wie das nächste Ge-
wässer.

Damit ist zwar weitgehend erklärt, wie Fontane beide alten

---

37 Die erste Szene mit den Barby-Töchtern (Kap. 11) zeigt, wie sie Hüte vom
   Modegeschäft *Gerson* anprobieren, das es zwar gab, die sich aber auch als
   Deckname für Bleichröder eignete; dieselbe Kombination erscheint bei
   Hirschfelds erstem Auftritt in Kap. 1.
38 »Es ist [. . .] unerheblich, daß das vom Wort *Wassersucht* über jene Krankheit
   Ausgesagte oder Angedeutete medizinisch eher ungenau oder irreführend
   ist« (Hans-Martin Gauger, »Sprachbewußtsein im *Stechlin*«, in: *Bild und
   Gedanke*, Festschrift für Gerhart Baumann, hrsg. von Günter Schnitzler,
   München 1981, S. 311).

262   *Paul Irving Anderson*

Themen im *Stechlin* vereint, aber nicht, was ihn dazu bewogen hat. Die Gründe dafür hat er auch nirgends verraten; trotzdem lassen sie sich wie der Urstoff ermitteln. Die bisherige Praxis, das *Stechlin*-Projekt mit Fontanes Konzeption des Störtebeker-Romans *Die Likedeeler* zu erläutern, dürfte künstlerisch gesehen nicht ausreichen, auch wenn das Störtebeker-Konzept ins Jahr 1895 fällt und auch politisch »in seiner sozialdemokratischen Modernität« allegorisch gemeint war. Im Frühjahr 1895 war Fontane gegen die sogenannte Umsturzvorlage, die Kritischdenkende knebeln sollte, aktiv geworden, aber sein sozialdemokratisches Anliegen ist, wie wir gesehen haben, durch Austausch und Umwertung des alten Politikums Antisemitismus in den *Stechlin* integriert worden.

Das Melusinen-Thema dagegen hatte für ihn eher philosophische Bedeutung; so heißt es z. B. über die Titelheldin des Oceane-von-Parceval-Fragments: »War sie für Schopenhauer? Aber was sag ich für Schopenhauer. Das ist viel zu trivial. Sie hat gewiß einen Spezialphilosophen entdeckt, einen Rabbi oder einen indisch-persischen. Es muß reizend gewesen sein. Übrigens ist sie wie zum Philosophieren geschaffen.«[39] Schon die Ur-Melusine von 1877 sollte auf dem Hintergrund des Kreises um den Schopenhauer-Verehrer Carl Ferdinand Wiesike agieren, bei dem Fontane im August 1876 Nietzsches *Geburt der Tragödie* und die ersten zwei *Unzeitgemäßen Betrachtungen* nachweislich eingesehen hat;[40] ob er sie wirklich las, ist ungewiß.

Nun ergab es sich, daß er zur gleichen Zeit, als er gegen die Umsturzvorlage Partei nahm, auch eine philosophierende Frau entschieden verteidigte, die – abgesehen von der Selbstmordneigung – für *seine* Melusine wie geschaffen war, denn sie war bereits mit 21 Jahren von Nietzsche heftig umworben worden und inzwischen mit 34 zur führenden Nietzsche-

---

39 H V, 797.
40 Vgl. Jörg Thunecke, »Lebensphilosophische Anklänge in Fontanes *Stine*«, in: Festschrift Jolles, S. 506 f.

Interpretin avanciert. Des Rätsels Lösung steckt in einem
erregten Brief vom 1. März 1895 an den Redakteur des *Maga-
zins für Litteratur*:

> Den Artikel »Friedrich Nietzsche und Frau Lou Andreas-
> Salomé« habe ich mit dem größten Interesse gelesen und
> bezweifle keinen Augenblick, daß Herr Fritz Koegel recht
> hat. Wer aber (was ich auch nicht bezweifle) noch mehr
> recht hat, das ist Frau Lou Andreas-Salomé! Männer sind
> gewissenhafter und gerechter, aber ihre Gewissenhaftig-
> keit und Gerechtigkeit läuft auf Kleinkram oder, wenn dies
> zu hart ist, auf »Nummer für Nummer« hinaus. Kluge
> Frauen – wenn sie nicht einen *zu* schlechten Charakter
> haben, und die ganz klugen sind selten ganz schlecht –
> gehen immer aufs Ganze, irren im Einzelnen, aber treffen
> den Kern. Intuition geht über Studium.[41]

Fritz Koegel war der von Elisabeth Förster-Nietzsche einge-
setzte Herausgeber der Gesamtausgabe und hatte einen langen, bissigen Verriß von Lou Andreas-Salomés im Mai 1894
erschienenem Nietzsche-Buch[42] im *Magazin für Litteratur*
veröffentlicht. Seit 1882, als Nietzsche sich in Lou verliebte,
hatte seine Schwester sie bei jeder Gelegenheit angegriffen.
Koegels Schlußsatz mag illustrieren, warum Fontane so
gereizt darauf reagierte: »Wir aber, wir Männer, wollen uns
den Mann Nietzsche, den Kämpfer und Kriegsmann, diese
stolze, freie Gestalt nicht eskamotieren lassen durch die Kün-
ste und Künsteleien einer neurotischen Weiber-Psycholo-
gie.«[43] Es muß diese Reserveleutnants- und Misogynenmen-
talität gewesen sein,[44] zusammen mit einem Autoritätsgehabe, das sich wohlweislich nicht in die Karten – Nietzsches

41 Hanser Briefe, IV,428 f.
42 *Friedrich Nietzsche in seinen Werken*, Wien 1894.
43 Jg. 64, Nr. 8 (23. Februar 1895) Sp. 235.
44 Vgl. Hanser Briefe, IV,638 f. (an Friedrich Paulsen, 15. März 1897), zu Paulsens »Artikel in der Vossin über den wunderbaren und auch wieder nicht
wunderbaren Einfluß Nietzsches auf unsere Reserveleutnants und die die's
werden wollen«.

Handschriften nämlich – schauen ließ, was Fontane geärgert hat.

Lou Andreas-Salomé nannte ihre von Koegel diffamierte Methode »Religionspsychologie«, veröffentlichte 1896 ihre bedeutendste theologische Abhandlung unter der Überschrift *Jesus der Jude* und wurde später unter Freud und Jung gleichzeitig (ein einmaliger Fall) praktizierende Psychoanalytikerin. Damit ist die satirische Verschränkung von Psychologie und Nietzsche-Schwärmerei innerhalb von Klostermauern im 9. Kapitel weitgehend erklärt – und Fontane bestätigt dies mit dem Namen der Träumerin, Fräulein von Schmargendorf. Zwar hat sie wenig Ähnlichkeit mit Lou Andreas-Salomé, aber diese wohnte schon seit Jahren im Berliner Vorort Schmargendorf und gab deswegen Anlaß zum Klatsch, weil ihre Ehe offenbar nur eine Scheinehe war, während sie ungezwungen platonische Verhältnisse mit den bedeutendsten Denkern und Dichtern der Zeit unterhielt.

Unter diesen befand sich auch Fontanes junger Freund Gerhart Hauptmann, der wegen seiner Beziehung zu Margarete Marschalk seit November 1893 in einer schweren Ehekrise mit seiner Frau Marie steckte. Oft ist vermutet worden, daß hinter Hauptmann von Czako der Fontanesche Gesprächspartner Gerhart Hauptmann stecke.[45] Das Studium der Zeitzeugnisse verrät auch, daß man damals an Hauptmanns Frauengestalten immer wieder kritisierte, sie würden allesamt wie Käthchen von Heilbronn behandelt – sogar die tapfere »schwarze Marei« in *Florian Geyer* (1896), die zufällig aus der Heilbronner Gegend stammte.[46] Demnach wäre die satirische Behandlung des Fräuleins von Schmargendorf eine Par-

---

45 Zu Czakos Schilderung der Globsower »Straßenkämpfe« (74) meint Dubslav: »Hören Sie Hauptmann, Sie verstehn es aber«, und Rex sagt ergänzend: »dreiviertel ist immer Dichtung«.

46 »Wie das Käthchen in bündischer Treue ihrem Ritter folgt, so die schwarze Marei dem Florian Geyer« (Paul Schlenther, *Gerhart Hauptmann. Sein Leben und seine Dichtung*, Berlin 1897, S. 219). Vgl. Fontanes Brief an Georg Friedlaender vom 5. Januar 1898: »Die kritisierenden Kapitel sind vorzüglich« (Hanser Briefe, IV,686).

odie darauf,[47] wie Hauptmann sogar mit Lou Andreas-Salomé umgehen würde.

Auf einer anderen Ebene benutzt der Erzähler Czako dazu, »die Schmargendorf [. . .] als ›Käthchen‹ vorstellen zu können« (107), sogar unter dem kleistschen Holunderbaum, um ihren Traum als »wahr« bezeichnen zu können. Tante Adelheid meint freilich, der Traum sei nur die Folge der Ausführungen ihres Rentmeisters Fix[48] über die Notwendigkeit einer »Umwertung aller Werte« – anscheinend hat er den 1894 erschienenen *Antichrist* gelesen –, und weiß nichts besseres damit anzufangen, als der Schmargendorf schlechte Bibelkenntnisse vorzuwerfen.[49]

Dem Leser bleibt es ein Puzzle, wie die Themen »Nietzsche« und »Christentum« im *Stechlin* zusammengefügt sind. Selbst die satirische Verkleidung Lou Andreas-Salomés als Fräulein von Schmargendorf zeigt auf skurrile Weise, daß Fontane Nietzsche durch ihre Brille gesehen hat. Daß er, der eingefleischte Familienvater, seinen Spaß mit ihr treibt, ändert nichts daran, daß sein überwiegendes Gefühl für Lou Andreas-Salomé eine tiefe Verehrung war; er war eine sehr komplexe Natur. Um aber diese Verehrung auszudrücken, malte er seine Melusine nach ihrem Modell in Nietzscheschen Begriffen:

»Das ist eine Dame und ein Frauenzimmer dazu«, sagte sich Dubslav still in seinem alten Herzen, als er jetzt Melusine den Arm bot, um sie vom Flur her in den Salon zu führen. »So müssen Weiber sein.«

Auch Adelheid mühte sich, Entgegenkommen zu zeigen,

---

47 Vgl. Plett, S. 131–134.
48 Der Entwurf »Johann der muntre Seifensieder« (N XXIV, 1179 f.) dürfte dazu die Skizze sein.
49 Vgl. Grawe (s. Anm. 35) S. 57: »Wieder ist das Versteckspiel Fontanes subtil. Er befindet sich mit dem Leser im Bunde gegen seine Romangestalt, denn natürlich weiß der Leser, was Fix gerade gelesen hat: Nietzsche. Könnte es aber auch sein, daß das Versteckspiel noch weitergeht; daß Fontane in ironischer Verzerrung, weil aus dem denkbar unberufensten Munde, über neue Bauelemente seines Buches spricht?«

aber sie war wie gelähmt. Das Leichte, das Heitre, das Sprunghafte, das die junge Gräfin in jedem Wort zeigte, das alles war ihr eine fremde Welt, und daß ihr eine innere Stimme dabei beständig zuraunte: »Ja, dies Leichte, das du nicht hast, das ist das Leben, und das Schwere, das du hast, das ist eben das Gegenteil davon« – das verdroß sie. Denn trotzdem sie beständig Demut predigte, hatte sie doch nicht gelernt, sich in Demut zu überwinden.« (296)

Die fiktive Tante Adelheid nimmt an Melusine Anstoß, wie es die wirkliche Frau Ministerin an der Mutter der Braut ihres Neffen getan hat. So erfüllt Melusine im *Stechlin* die gleiche Funktion wie das Judentum der Rebekka in »Storch von Adebar«, dem Vorgänger; und wenn auch das Wort »Frauenemanzipation« im *Stechlin* nirgends fällt – Lou Andreas-Salomé verlor auch kein Wort darüber –, so ist dies der neue Ersatz für den Reizfaktor Antisemitismus in der Brautwahlhandlung.

Nachdem so viele Indizien nunmehr in ein Verhältnis zueinandergebracht sind, ist es leichter möglich geworden, Fontanes Kunstgriff zu ergründen, womit die zwei Themen »Storch/Stechlin« und »Melusine« verflochten wurden. Er wollte zweierlei: einen politischen und einen ›Me-lou-sine‹-Roman schreiben, aber der Funke, der das Feuerwerk des *Stechlin* zündete, entsprang der Kombination der Brautmutter des Adelheid-v.-Mühler-Stoffes mit dem biblisch-legendären Namen Salomé[50]; denn wenn auch sie, Herodes' Salomé, im »Gotha« stünde, so müßte genauso wie bei Mila von Simpson hinter ihrem Namen der Vermerk stehen, »kgl. Solotänzerin«.

50 Die Salomés waren ursprünglich Hugenotten, die erst Anfang des 19. Jahrhunderts von Preußen nach St. Petersburg in den Dienst der Zaren traten. Rexens aufregende »Geschichte von der kleinen Stubbe« (Kap. 4) scheint auch ein Lou-Hinweis zu sein, da es sich um Geschichten vom Petersburger Hof um 1861 – Lous Geburtsort und -jahr – handelt.

IV

Am 20. September 189?[51] trifft ein Brief Melusinens bei
Lorenzen ein, an dessen Schluß es heißt: »Und nun, lieber
Pastor, noch einmal das eine. Morgen früh zieht das junge
Paar in das alte Herrenhaus ein, meine Schwester und mein
Schwager. Erinnern Sie sich bei der Gelegenheit unsres in den
Weihnachtstagen geschlossenen Paktes: es ist nicht nötig, daß
die Stechline weiterleben, aber es lebe *der Stechlin*.« (458)
Merkwürdig anti-realistisch mutet es an, wie *Der Stechlin* mit
der eigenen Überschrift endet; aber auch am Schluß seiner
Effi Briest hat der Dichter ausgerechnet dem Hund das letzte
Wort gegeben und somit die Regeln des Realismus aufgeho-
ben. Kaum ein Romancier hat sich soviel Mühe gegeben, eine
vollkommene Scheinwelt zu schaffen, und kaum einer sie
gegenüber der Wirklichkeit so entschieden wieder relativiert.
Wie ist aber diese Relativierung zu deuten? Sie scheint in zwei
Richtungen auseinanderzustreben: mit dem Hinweis auf die
»Stechline« und ihr Weiterleben aus dem Roman hinaus und
in die Wirklichkeit hinein; mit der Erwähnung des Paktes
zwischen Melusine und Lorenzen im 29. Kapitel aber in den
Roman zurück.
Die bisher verfolgte Fragestellung, die eine Art »deconstruc-
tion« darstellt, würde lieber aufzeigen, was aus den Stechlin-
Urbildern und ihren Kindern geworden ist, dem »Lebensro-
man« nachgehen.[52] Doch hier gilt es statt dessen, das Kunst-

51 Immer häufiger wird versucht, Fontanes fehlende Jahreszahlen nachzutra-
gen; vgl. Yozu Tatsukawa, »*Der Stechlin* als politischer Roman«, in: *Fontane-Blätter*, Bd. 6, H. 5 (1987) S. 543–553, dessen Lösung 1897 davon ausgeht, daß die spätesten Anspielungen entscheidend sind, aber nicht berücksichtigt, daß in der Handschrift schon 1895 nahegelegt wurde.
52 Inzwischen sind die Nachkommen der Stechline, d. h. der Urbilder, längst
zu Grabe getragen worden. Ihnen stand eine Welt bevor, die allzusehr von
jenem Antisemitismus geprägt wurde, den *Der Stechlin* ursprünglich ergründen und entlarven wollte, jedoch nur andeutungsweise konnte. – Wie es das
Schicksal wollte, bekam das Ehepaar von Goßler 1878 eine Tochter, die 1951
kinderlos und unverheiratet starb. Ein 1883 geborener Sohn brachte es bis
zum Oberregierungsrat und starb mitten in der Schlacht um Berlin am

werk zu vermitteln, das mit so viel Raffinesse konstruiert
wurde, daß beinah ein Jahrhundert verging, ehe seine Quellen aufgedeckt wurden. Denn diese Raffinesse führt ein Versteckspiel fort vom ersten Anliegen zu den anderen großen
Fragen der Zeit, von bestimmten Personen weg zu den
Lebensfragen, für die sie lebende Beispiele abgaben. Was mit
der Antisemitismusfrage begann und sich auf die soziale ausweitete, umfaßte schließlich die Problematik eines sich ans
Alte klammernden Gemeinschaftswesens, das sich mit Händen und Füßen vor der Demokratie wehrte. Auch der hochinteressante Fall Lou Andreas-Salomé gibt Anlaß zur Einflechtung zahlloser bemerkenswerter Fälle, die zu erläutern
viel Raum erfordern würde, die aber auch durch die Entbindung von den Zwängen einer romanüblichen Handlung auf
eine analytische Betrachtung von Konflikten überhaupt hinarbeitet. Es sind alles in allem Bewegungen des Geistes, die
Fontane in dem bereits erwähnten Pakt aufhob, der, wenn
wir ihn jetzt zitieren, nunmehr wie ein von uns aufgebrochenes, siebtes Siegel wirkt.

Ich habe mich dagegen gewehrt, als das Eis aufgeschlagen
werden sollte, denn alles Eingreifen oder auch nur Einblikken in das, was sich verbirgt, erschreckt mich. Ich respektiere das Gegebene. Daneben aber freilich auch das Werdende, denn eben dies Werdende wird über kurz oder lang
abermals ein Gegebenes sein. Alles Alte, soweit es Anspruch darauf hat, sollen wir lieben, aber für das Neue

25. April 1945. Sein einziger Sohn, der letzte Enkel, war noch nicht neunzehn, als er bereits am 18. Dezember 1941 vor Moskau vermißt wurde. –
1945 wurden die letzten Simpsons aus Ostpreußen vertrieben. William von
Simpson ging freiwillig in den Tod. – Lous Gesundheit war schon angeschlagen, als die Nationalsozialisten an die Macht kamen, und sie wurde nicht
weiter belästigt. Wenige Tage nach ihrem Ableben am 5. Februar 1937 erschienen Gestapoagenten und konfiszierten ihre Bibliothek. Ihre Papiere
aber hatte der Nachlaßverwalter, Ernst Pfeiffer, bereits in Sicherheit gebracht.

sollen wir recht eigentlich leben. Und vor allem sollen wir,
wie der Stechlin uns lehrt, den großen Zusammenhang der
Dinge nie vergessen. (317)

Dieser Zusammenhang, den die Interpreten schon immer als
das Kernthema des Romans erkannten, läßt sich zwar auf den
einen oder anderen Nenner bringen, ohne daß andere
dadurch widerlegt werden. Denn es geht darin nicht um ein
Steckenpferd des Autors, sondern um ein Zeitbild Preußen-
Deutschlands am Ende des 19. Jahrhunderts in der Spannung
von preußischer Provinz und weltweiten Veränderungen, auf
die das Symbol des Hahns im Stechliner See anspielt; um die
Beobachtung von bewahrenden und verändernden sozialen,
politischen und kulturellen Kräften, die sich in einer Vielfalt
von menschlichen Repräsentanten immer wechselnd positiv
oder negativ, menschlich sympathisch oder unsympathisch,
würdig oder unwürdig, bewußt oder unbewußt, intelligent
oder beschränkt, weitsichtig oder kurzsichtig verkörpern.
Die scheinbar wahllose Personenfülle des Romans wird dabei
in Wirklichkeit durch die strenge Funktionalität aller Gestalten und ihren Bezug aufeinander im Zusammenspiel
der thematischen Bezüge bestimmt. Politische Prinzipien,
Wertsysteme und ethische Orientierungen gehen so eine
anthropologische Bindung ein, die ihnen den absoluten
Anspruch nimmt und ihre Existenzberechtigung und ihre
Zukunftsaussichten mitbestimmt und relativiert.
Der eitle und weltliche Superintendent Koseleger kontrastiert
mit dem menschlich integren und sozial gesinnten, aber theo-
logisch laxen Pastor Lorenzen; die Tochter der kosmopoliti-
schen Grafenfamilie von Barby heiratet nach Dorf Stechlin,
während der Roman in die umgekehrte Richtung strebt; die
rothaarige Hedwig, die sich immer wieder den Nachstellun-
gen durch ihre bourgeoisen Herren entziehen muß, repräsentiert gegenüber den alten, mit der Herrschaft verwachsenen
Dienern Engelke und Jeserich die neue Zeit rein funktionaler
sozialer Verhältnisse, in denen Fortschritt mit der Miß-

achtung menschlicher Würde erkauft wird; die neureichen Gundermanns mit ihrer gesellschaftlichen Ungehobeltheit brechen mit ihrem Kapital in die ländliche Welt agrarischer Verhältnisse ein; die Kunstszene enthüllt sich in dem Maler Cujacius und dem Musiker Wrschowitz als eine prekäre Welt der psychischen Defekte, der Ressentiments und ideologischer Obsessionen; der Ärztewechsel bei Stechlins letzter Krankheit signalisiert einen Zuwachs professioneller Expertise auf Kosten menschlicher Verbundenheit; die Ehe der hocharistokratischen Ermyntrud Prinzessin von Ippe-Büchsenstein mit dem maskulinen Förster Katzler führt in ihrer sozialen Disparität zur psychischen Verkrüppelung; Woldemar von Stechlins Freunde von Rex und von Czako bilden innerhalb des Offizierscorps einen Gegensatz von gesinnungstüchtigem Karrierismus und burschikosem Aufsteigertum; in den beiden Barbytöchtern stehen sich mädchenhafte Innerlichkeit und kluge Gesellschaftsdame gegenüber; die verknöcherte märkische Adelsgesellschaft bei der Wahl bildet den männlichen Gegenpart zur altjüngferlichen Runde im Damenstift, wo die fixen Schlagworte Nietzsches eher Verwirrung stiften als Erneuerung bringen.

Es muß den Lesern überlassen bleiben, das dichte Gewebe der personalen Beziehungen und ihrer Bedeutung als Facetten des Thematischen über diese Andeutungen hinaus weiterzuverfolgen. *Der Stechlin* bildet ein Panorama zeitgenössischer Ideen und Charaktere. Eine der Schlußszenen des Werkes liefert ganz in diesem Sinn eine symbolreiche Pointe: Der alte Stechlin treibt seine verkalkte Schwester Adelheid aus dem Haus und nimmt statt ihrer die uneheliche und aus ärmlichsten Verhältnissen stammende zehnjährige Agnes mit den roten Strümpfen auf, die nach Adelheid »ein Zeichen davon [sind], daß alle Vernunft aus der Welt ist und alle gesellschaftliche Scheidung immer mehr aufhört« (415). In solchen Vignetten deuten sich schlaglichtartig Grundprobleme der Zeit an. Fontanes unvergleichliche »leichte Hand« läßt nur durchschimmern, wie konfliktreich die Welt ist, die *Der*

Stechlin darstellt. Es ist kein Wunder, daß gerade Thomas Mann den Roman so schätzte. Die *Stechlin*-Forschung könnte nichts Klügeres tun, als zu ihm als dem Vater der *Stechlin*-Interpretation zurückzukehren, der offenbar manches ahnte, was wir mühevoll nachgewiesen haben. Schon 1967 machte Oskar Seidlin[53] darauf aufmerksam, daß Mann die bekannte Formel aus der Joseph-Tetralogie, »Mythus und Psychologie«, in die 1919 umgearbeitete Fassung seines bekannten Fontane-Aufsatzes zum ersten Mal aufnahm, d. h. zum gleichen Zeitpunkt, als er sich mit dem *Stechlin* befaßte, so daß sich diese Formel als für die Stechlin-Interpretation hervorragend geeignet empfiehlt. Dabei muß man alte Fehler – wie hinsichtlich der Adelsdarstellung, als man fragte, wer sei, wie er sein sollte, und wer sei, wie er ist – nicht gleich wiederholen und etwa sagen: Dubslav begann als typische, kompositorische Gestalt und stehe daher für den Mythos, während Melusine als Porträt der Lou Andreas-Salomé für die Psychologie zuständig sei.[54] Denn um so charmant zu sein wie Dubslav, bedarf es psychologischen Fingerspitzen-

53 Oskar Seidlin, »Der junge Joseph und der alte Fontane«, in: *Festschrift für Richard Alewyn*, hrsg. von Herbert Singer und Benno von Wiese, Köln 1967, S. 384–391.

54 Zum Melusine-Motiv vgl. Wolfgang Paulsen, *Im Banne der Melusine. Theodor Fontane und sein Werk*, Bern / Frankfurt a. M. / New York 1988. Zur Melusine im *Stechlin* schreibt er: »Über die nordische Mythologie schiebt sich mit der für einen Gebildeten selbstverständlichen Leichtigkeit die der Antike, in der es ohne viel Magie zuzugehen pflegt. [. . .] Wer sie wirklich ist, kommt [. . .] zwischen ihr und Lorenzen zum Ausdruck. [. . .] Fern davon, ein wirklicher Elementargeist zu sein, ist sie vor allem die Intellektuelle. Man könnte sagen: das alte Feuer, das Fontanes frühere Melusinen in sich trugen, brennt nicht mehr, tut jedenfalls seine Wirkung nicht mehr.« (S. 259–261.) Das Bahnbrechende an Paulsens Buch besteht darin, daß es die erste ernstzunehmende literaturpsychologische Studie über Fontane ist. Ich denke allerdings, daß Fontanes Verhältnis zum Vater und später zu anderen Männern von größerer literaturpsychologischer Bedeutung für seine Dichtung ist als das zu den Frauen (vgl. dazu: Paul Irving Anderson, »Der Ibykuskomplex. Fontanes Verhältnis zum Vater«, in: *Fontane-Blätter*, H. 50, 1990, S. 120–136).

gefühls, und wer so wirkt wie Melusine, hat mythische Kraft.

Keine Interpretation entsteht in luftleerem Raum, gewiß, aber was unsere heutige Perspektive angeht, so mutet Melusines Interpretation der See-Legende im 29. Kapitel wie Hellseherei an. »Und vor allem sollen wir, wie der Stechlin uns lehrt, den großen Zusammenhang der Dinge nie vergessen. Sich abschließen heißt sich einmauern, und sich einmauern ist Tod.« Und etwas weiter: »wer demütig ist, der sieht die Scheidewände fallen und erblickt den Menschen im Menschen.« (317) Nun ist Demut bei Politikern noch seltener anzutreffen als bei geistreichen Society-Damen wie der Sprecherin, aber eben *dieser* Zusammenhang zeigte sich nie deutlicher als heute. Und darum geht auch ihr brieflicher Trinkspruch am Schluß wie eine Zauberformel aus der Vergangenheit auf: »Es lebe *der Stechlin*«.

Literaturhinweise

Anderson, Paul I.: Psychographie und Correktur. Plädoyer für die Faksimile-Ausgabe der Handschriften Fontanes. In: Fontane-Blätter. Bd. 6. H. 5 (1987) S. 516–526.

Behrend, Erich: Theodor Fontanes Roman »Der Stechlin«. Marburg 1929.

Brude-Firnau, Gisela: Beredtes Schweigen: Nicht-verbalisierte Obrigkeitskritik in Theodor Fontanes »Stechlin«. In: Monatshefte 77 (1985) S. 460–468.

Field, George W.: Professor Cujacius, Turner und die Präraffaeliten in Fontanes »Stechlin«. In: Fontane-Blätter. Bd. 5. H. 6 (1984) S. 580–587.

Gauger, Hans Martin: Sprachbewußtsein im »Stechlin«. In: Bild und Gedanke. Festschrift für Gerhart Baumann. Hrsg. von Günter Schnitzler. München 1981. S. 311–323.

Grawe, Christian: Fontanes neues Sprachbewußtsein in »Der Stechlin«. In: Ch. G.: Sprache im Prosawerk. Bonn [2]1987. S. 38–62.

Hofmiller, Josef: Stechlin Probleme. In: J. H.: Die Bücher und wir. München 1950. S. 67–75.

Hohendahl, Peter Uwe: Theodor Fontane und der Standesroman: Konvention und Tendenz im »Stechlin«. In: Literaturwissenschaft und Sozialwissenschaften. 11: Legitimationskrisen des deutschen Adels 1200–1900. Hrsg. von P. U. H. und Paul Michael Lützeler. Stuttgart 1979. S. 263–283.

Jolles, Charlotte: »Der Stechlin«: Fontanes Zaubersee. In: Fontane aus heutiger Sicht. Analysen und Interpretationen seines Werks. Hrsg. von Hugo Aust. München 1980. S. 239–257.

Minder, Robert: Über eine Randfigur bei Fontane. In: Dichter in der Gesellschaft. Erfahrungen mit deutscher und französischer Literatur. Frankfurt a. M. 1967. S. 46–63.

Petersen, Julius: Fontanes Altersroman. In: Euphorion 29 (1928) S. 1–74.

Rychner, Max: Fontanes »Stechlin«. In: M. R.: Welt im Wort. Zürich 1949. S. 266–285.

Sagarra, Eda: »Eingepökeltes Rindfleisch oder Spargel und junges Gemüse« – the Christian Social Background to »Der Stechlin«. In: Formen realistischer Erzählkunst. Festschrift für Charlotte Jolles. Hrsg. von Jörg Thunecke. Nottingham 1979. S. 577–586.

– Theodor Fontane: »Der Stechlin«. München 1986.

Scherpe, Klaus: Die Rettung der Kunst im Widerspruch von bürgerlicher Humanität und bourgeoiser Wirklichkeit. Fontanes vierfacher Roman »Der Stechlin«. In: K. Sch.: Poesie der Demokratie. Köln 1980. S. 227–267.

Wunberg, Gotthard: Rondell und Poetensteig. Topographie und implizite Poetik in Fontanes »Stechlin«. In: Literaturwissenschaft und Geistesgeschichte. Festschrift für Richard Brinkmann. Tübingen 1981. S. 458–473.

HUGO AUST

Mathilde Möhring

Die Kunst des Rechnens

Ein Werk zu interpretieren setzt den Blick auf den zuverlässi-
gen Wortlaut ebenso voraus wie die Gewißheit, daß seine
buchstäblichen Züge nicht das zeigen, was sie bedeuten.
Fragmentarische Werke bilden gegenüber dieser Selbstverständlichkeit eine merkwürdige Ausnahme, hängt doch ihr
Verständnis zu einem großen Teil von eben jenem Wortlaut
ab, der fehlt bzw. nicht als endgültig besiegelt ist und erst
durch die Interpretation auf dem Umweg der Bedeutungsent-
scheidung nachträglich vorgeschlagen werden kann. Noch
prekärer liegt das Problem, wenn sogar unsicher ist, ob es sich
bei dem betreffenden Textzeugnis bloß um ein Fragment oder
ein schon vollendetes Werk handelt.
Das ist der Fall mit Theodor Fontanes Nachlaßmanuskript
Mathilde Möhring, das erst posthum veröffentlicht wurde.[1]
Die gegenwärtige Editionspraxis behandelt das Werk als eine
im wesentlichen fertiggestellte Arbeit,[2] deutlich abgerückt
von des Dichters eigentlichen Fragmenten;[3] strittig könnte
hier allenfalls bleiben, ob es sich um Fontanes vorletzten[4]
oder letzten Roman[5] handelt. Wer die Vermächtnis-Diskus-
sion um den *Stechlin* – zudem im Wirkungskreis der zweiten
Autobiographie – berücksichtigt und die romanästhetische

1 Erstveröffentlichung der durch Josef Ettlinger bearbeiteten Fassung 1906 in
   der *Gartenlaube*; Erstausgabe der Handschriftenversion durch Gotthard Erler 1969 in A VII; von dort übernommen in H. Der Text der Reclam-Ausgabe
   folgt der Edition Erlers.
2 Brouillon-Gestalt 1891, Korrekturen 1895/96.
3 Doch vgl. die Einordnung unter »Pläne und Entwürfe«, in: Dichter, II,528.
4 So Ettlinger, A und H.
5 So die Vorankündigung des Abdrucks in der *Gartenlaube*, A VII,619 und
   Jolles, S. 112.

Entwicklung angesichts der neuen Form des ›politischen‹ Romans, seines ›kleinen‹ Vorgängers und streitbaren (aber fragmentarischen) Mitkämpfers (*Die Likedeeler*) ernst nimmt, wird der Frage nach der Reihenfolge keine geringe Bedeutung beimessen. Fontane, der bis zuletzt neue Wege erprobt, könnte mit *Mathilde Möhring* ebenfalls in eine Umbruch-Situation eingetreten sein, deren Ergebnis eher noch hypothetisch blieb, aber keineswegs nur mit dem typisch Fontaneschen – was immer dies nach dem Geschmack einer nicht nur außerwissenschaftlichen Klischeebildung sein mag – gemessen werden dürfte.

Doch trotz der allgemein hingenommenen Integration des Nachlaßwerkes in die Werk-Reihe macht sich sein Fragment-Charakter immer wieder geltend. Die Forschung hat ihm sowohl eine äußere als auch innere Erklärung gegeben, ein Verfahren, das nicht ohne Folgen für die Einschätzung der noch zu bewältigenden Überarbeitung – bei Fontane bekanntlich eine »Höllenarbeit«[6] – ist: 1. Die Arbeit blieb einfach nur deshalb liegen, weil andere Pläne (z. B. *Effi Briest*) vorgezogen wurden, die die Arbeitskraft auf lange Zeit hin absorbierten (doch wer läßt schon auf die Dauer ein so fertiges Werk grundlos liegen?). 2. Fontane war mit dem Entwurf nicht zufrieden; sei es, daß er Themen, Motive und Figuren enthielt, die bereits in anderen Werken besser behandelt wurden (z. B. *Frau Jenny Treibel*); sei es, daß er ein Unbehagen an dieser Welt des Kleinbürgertums empfand, die sich seinem epischen Zugriff[7] entzog; sei es, daß er der dargestellten Lösung mißtraute, der Konsequenz des ästhetischen Spiels mit Klugheit, Weiblichkeit, Ehe, Politik und Erfolg.

Solche Erklärungen wirken sich unmittelbar auf das Werkverständnis aus: Auf der Figurenebene erweitern sie den Ermessensspielraum hinsichtlich der Frage nach den kriti-

---

6 Dichter, II,280 (an Wilhelm Hertz, 31. August 1880).
7 Nach manchen Interpreten ist Fontane auf die »gute Gesellschaft« spezialisiert; früher pflegte man Fontane ebenso sicher auf anderes, z. B. den Berliner Boden, festzuschreiben.

schen, ironischen bzw. utopischen Anteilen im Figurenentwurf (besonders Mathilde und Hugo). Thematisch gesehen,
verlieren die Gegensätze von Milieubindung und Selbstän-
digkeit, Prosa und Poesie, Kraft und Schwäche, Erfolg und
Scheitern ihre Konturenschärfe, oder sie verschärfen sich zu
Inkonsequenzen bzw. literarisch unbewältigten Widersprü-
chen. Gattungstheoretisch bleibt die Frage nach dem Verhältnis von Studie, Bild, Roman und Novelle, von Satire, Humo-
reske und Tragikomödie in der Schwebe.
Bis in die einzelne Formulierung hinein reicht die Fraglich-
keit des Wortlauts, sein Schwanken unter den Vorzeichen des
vielleicht doch nicht Fertigen oder gar Gescheiterten. Als
gewiß gilt der Ertrag der editionskritisch wiedergewonnenen
Buchstäblichkeit des Originals. Doch wieviel wiegt die Präzi-
sion dieses genetischen Verfahrens, wenn die Rechtfertigung
durch die authentische Letztgestalt fehlt? Zweifel reichen
hier bis ins einzelne: Was bedeutet z. B. der letzte, erst 1969
erstmals nach der Handschrift gegebene Satz »Rebecca hat
sich verheiratet« (115)? Liegt hier das »Kernstück der Erzählung«[8], die Versicherung, daß Mathilde es anders, besser
mache, oder zeigt der Satz als lapidares Finale, wie unwider-
rufbar die notorisch kalkulierende Kleinbürgerin »Unrecht
bekommt«[9] oder wie ihr Weg die »Poesie« verfehlt[10] und wie
sie »auf eine Anfangsstufe menschlicher Existenz« zurück-
fällt?[11] Ist überhaupt der Lakonismus dieser wohl brieflichen
(kaum aber iterativen) Mitteilung gewollt oder nur die Skizze
eines noch auszuführenden Endes, bei dem die Wiederaufnahme des Mädchennamens eine entscheidende Rolle spielte?
Verbreitet diese Mitteilung – getreu dem väterlichen Versprechen – »himmlischen Glanz« (86), und mit wieviel bzw.

8 Maria Lypp, »Nachwort«, in: Theodor Fontane, *Mathilde Möhring*, Stuttgart 1973 [u. ö.], S. 141.
9 N. Schöll, »*Mathilde Möhring*: Ein anderer Fontane?«, in: Festschrift Jolles,
S. 592.
10 Müller-Seidel, S. 329.
11 Edgar Neis, *Theodor Fontane: Mathilde Möhring*, Stuttgart 1975, S. 26.

»wenig Neid«[12] liest die Adressatin eine solche Botschaft? Der Verdacht einer nicht zu Ende gebrachten Ausformulierung schwebt eigentlich von Anfang an über diesem Werk; denn was fängt der Leser mit jener »bei Mutter und Tochter« noch fortlebenden Bemerkung des Geistlichen (3) an, die er – im Gegensatz zum »propper«-Vermächtnis des Vaters – nicht zu Gesicht bekommt?

Nun gehören Eindeutigkeit und Entschiedenheit gewiß nicht zu den notwendigen Merkmalen der Fontaneschen Kunst. Im Gegenteil behaupten sich Unbestimmtheit, Unsicherheit, Ambivalenz und Skepsis als zentrale Bedeutungsträger und Ausdrucksmomente, mit denen es die Interpretation vor allem zu tun hat. Die Eigenart von *Mathilde Möhring* allerdings liegt nun wieder darin, daß hier gerade das Eindeutige, Bestimmte den thematischen Schwerpunkt bilden; denn was verriete deutlicher den Hang zum Gewissen als die Rechenkunst der Titelheldin? Und darin steht sie eigentlich gar nicht so vereinzelt da im Ensemble Fontanescher Figuren, gehören doch Gewißheitsfragen, Abrechnungen und Probleme der Grenzziehung in ihre Welt (vgl. *Cécile, Quitt, Unwiederbringlich, Effi Briest*). So gesehen, ist *Mathilde Möhring* keineswegs der Fremdkörper im Gesamtwerk, sondern eine äußerste Variation der Vergewisserungsproblematik.

Daß in der ›Berechnung‹ der hervorstechende Zug der Titelfigur liegt und daß diese Eigenart zugleich als Kennzeichen einer sozialen Schicht (Kleinbürgertum), einer Gesinnung (Kleinlichkeit) und allgemeinen Lebensform (›Prosa‹) gilt, ist der Fontane-Forschung seit Wandrey bekannt. Strittig bleibt hingegen, ob diese Pointierung im Dienst einer Poetik der Entlarvung, Erklärung oder Didaxe steht; wird hier der Geist der Zeit bloßgestellt, oder zeigen sich soziale bzw. metaphysische Kräfte, oder geht es um Erfahrungen, die lernen lassen? Üblicherweise wird das Rechnen der Möhrings als Ausdruck karger Lebensbedingungen erklärt und als habi-

---

12 Propyläen Briefe, II,11 (an Mete Fontane, 30. Juli 1876).

tuelle Antwort auf wirtschaftliche Benachteiligung verstanden. Bezeichnend ist, daß eine solche charakterliche Entsprechung zwei gegensätzliche Handlungsfolgen hat: In der Mutter nimmt das Rechnen bewahrende Züge an, während die Tochter es zur Steigerung der Lebensverhältnisse einsetzt. Denkt man zudem noch an den Rechnungsrat Schultze,[13] so deutet sich in dessen Spekulationsgeschick noch eine weitere Lebensform auf der Grundlage des Rechnens an. Ängstlichkeit, Initiative und Hochmut stehen gleichermaßen hinter der Rechenkunst. Ihre mehrseitige Tauglichkeit erklärt sich aus den unterschiedlichen Formen des Rechnens (wozu dann auch das ›Hexen‹ und das spielerische Auf-eine-Karte-Setzen gehören) und seinem ausgreifenden Wortfeld, das es in Beziehung setzt mit »Planen«, »Beobachten« und »Verstehen«; gerade diese Fähigkeiten gehören ja wesentlich zu einer Figur wie Mathilde. Angesichts einer so weitreichenden Verknüpfung des Rechnens mit zentralen Kriterien der Lebensführung erweist sich eine bloß gesellschaftsgeschichtliche Herleitung des Berechnens aus kleinbürgerlichem Milieu als ungerechtfertigte Verkürzung eines umfassenden human- und kulturgeschichtlichen Zusammenhangs, der zunächst einer Darstellung bedarf.

Was also heißt ›Berechnen‹ in der Welt von *Mathilde Möhring*? Wie vollzieht es sich, welche Formen nimmt es an, welchen Zwecken dient es, welche kulturgeschichtlichen Voraussetzungen und Folgen sprechen sich in ihm aus? Etwas zu berechnen heißt, über vorläufig Unverfügbares Bestimmungen zu treffen. Es setzt Wissen voraus und hat Handeln zur Folge. Es kennzeichnet eine Art angewendeten Wissens bzw. geplanten Handelns, die sich von anderen Arten darin unterscheidet, daß sie bewußt, sachlich und zweckrational verfährt; Spontaneität, persönliche Rücksichten und romantisch-abenteuerliche Freiheiten haben in ihr keinen Vorrang, lassen sich aber in ihrem Sinn durchaus ver-

---

13 Vgl. Grawe (1980), der Schulze als »das finanzielle Pendant« zu Mathilde bezeichnet, »die mit Gefühlen spekuliert« (S. 208).

werten. Die Welt des Berechnens besteht keineswegs nur aus
der Eintönigkeit des Berechenbaren; der scharfe Blick und die
sichere Hand beseitigen nicht nur die Unwägbarkeiten des
Lebens, sondern nehmen in ihnen auch ihre besonderen
Chancen wahr. – Wer gern berechnet, kennt drei Arten kritischer Situationen: solche, die ihm zeigen, daß er sich verrechnet hat, alsdann solche, die ihm auf Grund natürlicher Bedin-
gungen das Rechnen verwehren, und schließlich solche, die
ihm bewußt machen, daß gerade die Genauigkeit seiner Kalkulation ihm erst Probleme beschert.

Am leichtesten läßt sich das berechnen, was geordnet ist; der
Typus paßt besser ins Kalkül als das Individuum. Typische
Merkmale sind Zeichen; sie zu sehen heißt ihre Sprache zu
verstehen, heißt Menschenkenntnis zu haben und infolgedessen Bildungsvermögen zu besitzen. Hugo gilt demnach im
psychologischen Rechenexempel nicht als dieser eine, sondern als »so einer« (9), der immer schon »mit solchen« (10)
zusammen gesehen wird und ›lesbar‹ erscheint: »Man sieht an
allem, daß er ein anständiger Mensch ist.« (16) – Es muß auf-
fallen, daß gerade der ästhetische Träumer und sonderliche
Leistungsverweigerer im Lichte vervielfältigbarer Typik
erscheint bzw. der Musternden als solcher bekannt ist. Wenn
Hugo Fontanes deutlichster Beitrag zum Figurenensemble
der europäischen Dekadenz ist,[14] so zeigt sein Geschick über
die bloße Epochensymptomatik hinaus Möglichkeiten der
Nutzung und Verwertung durch andere, und zwar genau
durch die, von denen er sich als décadent diametral unterscheidet. Fontane hätte demnach recht früh den Zusammenhang von sensiblem Ausstieg, saisonhafter Typik und gesellschaftlichem Gebrauchswert gestaltet.

Mathildes Verfahren, den Einzelfall innerhalb einer Klasse zu
sehen, wird sich noch bei einer spektakulären Gelegenheit
bewähren. Ihr Zeitungstext nämlich, mit dem sie den Wider-

---

14 Werner Hoffmeister, »Theodor Fontanes *Mathilde Möhring*. Milieustudie
   oder Gesellschaftsroman?«, in: *Zeitschrift für deutsche Philologie* 92 (1973)
   Sonderh., S. 143.

stand leistenden Landrat zu guter Letzt doch noch auf die Seite ihres Mannes lockt, verdankt seine wirkungsvolle Gestalt der nicht minder scharfäugig erkannten Typik solcher journalistischer Meinungsbildung. Noch vor aller Entdekkung von Schemata, Skripts und ähnlichen Formularen, wie sie die gegenwärtige computergestützte Textverarbeitung in Umlauf bringt, jongliert Mathilde mit standardisierten Textfunktionen, deren Variablen sie nur adressatenspezifisch auszufüllen braucht.

Eigenartigerweise stieß Mathildes Sprachfähigkeit unter den Interpreten auf keine gute Kritik. Das Phraseologische, das Angeeignete und Zweckdienliche ihrer Redemünzen scheinen die Figur als Marktplatz konjunkturbedingter Wortware zu entlarven. Als Beispiel kann jener Losungssatz dienen, mit dem die Profitbewußte zu operieren pflegt: »In der Kunst entscheidet die Reinheit der Linie.« (6) Die Nebenabsicht dieses Ausspruchs leuchtet zu offensichtlich durch, als daß sich seine Bedeutung ernsthaft bewähren könnte. Und dennoch finden sich Anknüpfungspunkte, die dem Satz das stereotyp Beliebige nehmen und ihm Programm- bzw. Wahrheitswert geben. Wenn Mathilde nämlich auf Grund ihrer Menschenkenntnis in der Lage ist, Verhalten vorauszusagen, dann gerät sie in eine sprachliche Entscheidungssituation, die sie ganz im Sinne dieses Satzes löst; im Gegensatz zu der Redehaltung dessen, der »immer so fromm und faul drum rumgeht« (10), hält sie an ihren »paar Redensarten« fest, die das ›geradezu‹ aussprechen, was gesellschaftlich tabuisiert ist, da es – wie die Mutter erklärt – »den Ruf verdirbt«. Mathildes Redensarten zeigen also nicht nur sprachlich konkret gewordene gesellschaftliche Schwäche bzw. Anpassungsneigung an, sondern signalisieren auch Selbstbehauptung. In ihrer später brillant sich bewährenden Zitiergabe (93) kommt dann sogar der Machtfaktor des Phraseologischen zum Zuge.

Der Zufall als typenloses Einzelereignis erschwert das Rechnen beträchtlich, macht es aber nicht gänzlich zunichte. Abgesehen davon, daß im ›Spekulieren‹ eine eigenartige Verschwisterung von Rechengeschick und Zufallsfügung sichtbar wird, erweist sich auch der Zufall selbst als Quelle und Material für Rechnungen. Das zeigt Hugos Erkrankung, die als eine »sehr gute Fügung« (36) dem Aufstiegskalkül die entscheidende Größe zuspielt. Freilich waltet auch hier der Zufall nicht absolut. Als Schwäche gehört die Anfälligkeit zur Typik der Figur, und indem der zweite Zufall, Hugos tödliche Erkrankung, den symptomatischen Wert des ersten einlöst, heben sich die riskanten Größen selbst auf. Dennoch wirft dieser Ausgleich die Rechnung nicht zurück auf ihren Ausgangswert. Das liegt u. a. an der ›Bedeutung‹ solcher Zufallsgrößen; indem gerade eine Kinderkrankheit die Beziehung knüpft, wäre – im Hinblick auf den Ausgang – die Rolle der Kindheit in der Laufbahn dieser Frau zu diskutieren.

Ob Mathilde richtig rechnet, mag fraglich bleiben. Zwar durchschaut sie ihr Gegenüber und weiß die rechten Mittel anzuwenden, um zum Ziel (Heirat, Titel) zu kommen, aber der Tod unterbricht die steigende Bilanz. Dennoch widerlegt er nicht eindeutig – in der Art von »Fein Gespinnst, kein Gewinnst«[15] – die Rechenkunst der Protagonistin, denn diese gibt sich – bei aller Pflegesorgfalt – keiner überschwenglichen Genesungsillusion hin und scheint über den Verlust weder überrascht noch enttäuscht zu sein. Der negative Rückschlag der beschleunigten Glückshäufung wirft die Ehrgeizige nicht zurück, sondern zeigt sie abermals auf dem Weg zum Erfolg. Bezeichnenderweise setzt Mathilde ihr Programm gerade an jener Person durch, rechnet sie mit jener »Größe«, die am schwächsten ist; ihr leichtes Spiel muß das Risiko in Kauf nehmen. Entscheidender als die Frage, ob sie sich an Hugo Großmann verrechnet, ist hier der Umstand, daß sie erneut ihre pädagogische Kalkulation aufnimmt und nunmehr,

---

15 »Fontanes Tagebuch (Aus seinen letzten Lebensjahren)«, in: *Das Fontane-Buch*, hrsg. von Ernst Heilborn, Berlin 1919, S. 149. – Hinsichtlich der gefährlichen Wirkung ist dem falschen Rechnen das übergenaue verwandt, vgl. das Ärgernis der strittigen Wohnstock-Zahl.

allem Anscheine nach, mit »*wirklichen* Größen«[16] – den ›Kleinen‹, nämlich den Schulkindern, rechnet.

Rechnen ist kein Selbstzweck, sondern bereitet zukünftiges Handeln vor und wertet vergangene Erfahrungen aus. Die scheiternden und unklaren ›Lebenspläne‹ so vieler Fontanescher Figuren machten ja schon immer die Frage nach anderen Wegen akut. So gesehen, artikuliert *Mathilde Möhring* einen Antwortversuch, der in den tragischen Werken nicht einmal als Utopie zur Sprache kommen konnte. Die richtige Einschätzung der Sachlage und das daraus konsequent hervorgehende Handeln, die Ausschöpfung des Möglichen und die Bewahrung vor Grenzverwischung sind Kriterien einer zwar konflikthaltigen, aber tragikfreien Situation, deren figurale Momente an Mathilde deutlich werden. Das zugrunde liegende Prinzip einer solchen Lebensplanung besteht im konsequenten Handeln. Fontane hatte an anderer Stelle die Fähigkeit, sich den »sogenannten *natürlichen Konsequenzen*« zu beugen, und den »natürlichen Sinn für *Tatsächlichkeiten*«[17] als entscheidende Kriterien für berechtigte Handlungsweisen und Urteilsbildung bezeichnet. Im Fall Mathildes erweisen sich diese natürlichen Folgen als rechnerische: »Die Sache lag so und so, folglich mußte so und so gehandelt werden.« (109) Sie wirken sich aus dank der »Gabe des Sichanpassens«. Damit deutet sich ein Figurenentwurf an, den Werner Hoffmeister treffend als »underdog« identifiziert und literaturgeschichtlich eingeordnet hat.[18]

Wer sich habituell auf das Rechnen verlegt, der entäußert sich des Anspruchs auf andere Tugenden; er fällt etwa unter das Stereotyp des Gegensatzes zwischen Kopf und Herz. Daß Mathilde über die »wahre Bildung«, die »Herzensbildung« (39), verfüge, wird nach landläufiger Meinung nur deshalb ausgesprochen, damit der Leser das Gegenteil ver-

---

16 Hanser Briefe, III,97 (an Mete Fontane, 8. August 1880).
17 Ebd., III,560 (an Theodor Fontane, 8. September 1887) und IV,309 (an Georg Friedlaender, 29. November 1893).
18 Hoffmeister (s. Anm. 14) S. 140 f.

stehe.[19] Aber so einfach ist das nicht. Die schwierigere Lesart, die eigentliche Verstehensaufgabe, liegt darin, den Zusammenhang zu sehen. Es ging bei Fontane nie darum, in der Art der Gartenlauben-Anthropologie die Reservate des Herzens – dieses »*sehr* complicirte Ding«[20] – sauber zu präparieren und hermetisch zu bewahren; immer ging es um gefährliche Verknüpfungen, als deren Anzeichen der berüchtigte »Knax«[21] gilt. Mathildes soziale Einstellung gegenüber Mutter, Ehemann und Schüler, ihr caritatives und pädagogisches Tun, steht nicht bedingungslos im Gegensatz zu jenen Handlungen, die ›von Herzen kommen‹, sondern kennzeichnet das Tüchtige, Gelingende, Alltägliche und Dauernde des ›Herz‹-Kriteriums. Eine der belastenden Stellen, der Brief, in dem die junge Witwe ihrer Mutter die Situation vorrechnet, wird fälschlicherweise als Ausdruck des Gemüts der Figur verstanden; in Wirklichkeit ist dies ein didaktisch angelegtes Sprechen, das unter der erschwerten Bedingung eines ängstlich kalkulierenden Adressaten erst eine Bereitschaft zum Zuhören (104) erwirken will.

»›Merkwürdiges Mädchen‹, sagte Hugo, ›so gut und so tüchtig; aber Küssen is nicht ihre Force.‹« (74) Und: »Sehr erfreut, Burgemeister. Eine charmante Frau, kluge Frau, gar nicht ängstlich.« (97) Wenn diese Ansichten – trotz zweifelhafter Sprecherkompetenzen – zutreffen, so sind damit nicht nur zwei Urteile über Mathilde gefällt, die eine Veränderung festhalten, sondern dann bestätigt sich abermals, daß selbst der gesellschaftlich wirkende Liebreiz machbar ist, daß er nicht nur der numinosen Spontaneität, sondern auch dem Kalkül entspringt.

Wie verhält sich eine liebende Frau, deren Geliebter bzw. Ehemann vorzeitig stirbt? Sie stirbt ihm nach wie Stine ihrem Waldemar, sie zieht sich aus der Welt zurück wie Renate nach dem Tode Tubals oder die verwitwete Franziska, sie heiratet

19 Müller-Seidel, S. 321.
20 Hanser Briefe, IV, 47 f. (an Mete Fontane, 9. Juni 1890).
21 Ebd., S. 487 (an Colmar Grünhagen, 10. Oktober 1895).

einen anderen wie Hilde den Heidereiter, oder sie orientiert sich an den Aufgaben der Zukunft wie Victoire nach Schachs Freitod oder eben Mathilde. Freilich bleibt ein solcher Schematismus des ›Leonore‹-Motivs noch zu grob; denn es gibt noch Figuren wie Cécile, Christine und Effi, die infolge zerbrochener oder mangelnder Liebe und Freundschaft ›nachsterben‹, oder Melanie, Lene und Corinna, die in neuer Bindung weiterleben. Mathildes Überleben hängt mit ihrer Anpassungskraft zusammen, die nochmals mit der Poggenpuhl-Familie thematisch wird und im *Stechlin* eine personenlose Antwort erhält. Freilich oszilliert Mathildes Lebenswille zwischen dem Wiederaufrichtungsmechanismus der Komödie, dem Verkehrungseffekt der Satire und dem Konsequenz- und Natürlichkeitspostulat der Verklärungspoetik.

Wer mit dem anderen sein Rechenspiel treibt, fühlt sich diesem überlegen. Kenntnis, Übersicht und Weitblick zeichnen ihn – trotz der Engstirnigkeit, die der rechnerischen Lebensplanung anhaftet – aus und berechtigen ihn zu seinem Bildungsanspruch. Doch eine solche Figur ist alles andere als souverän; im Gegenteil äußert sich in ihrem Wirkungsdrang durchaus eine Bedingtheit, die den Rechner auf seine Rechengröße angewiesen zeigt. Offensichtlich greifen hier Bestimmungs- und Abhängigkeitsfaktoren ineinander und kennzeichnen die vermeintlich einseitige Gängelung als wechselvolles, wenn auch symmetrisches Zusammenspiel. Wie manche andere weibliche Figur (Marie Kniehase, Stine) erweckt auch Mathilde anfänglich den Eindruck, als ob sie warte, fast schon lauere. Doch im Unterschied zu ihren languissanten oder sentimentalen Partnerinnen ist sie »ganz ohne Reiz« (5), so daß die novellistisch bewegende Erstbegegnung anders (saisonbedingt und mittels bildlichem Ersatzreiz) zustande kommt. Dafür wertet Mathilde um so entschiedener den »Zufall« aus. Dennoch verfällt Hugo nicht bewußtlos der Situationsmächtigen. Abgesehen davon, daß er sich anfänglich ohnehin der »Philöse« (62) überlegen weiß (nach Hoffmeister die Zuspitzung des Mesalliance-Motivs), durch-

schaut er das Führungsspiel und wehrt sich nur aus Bequem-
lichkeit nicht (63). Er lehnt sich nicht – wie Holk in *Unwiederbringlich* (Kap. 19) – verdrießlich gegen die unerschütter-
liche Sicherheit seiner Ehefrau auf; er ist kein Opfer, das sich
nicht wehren kann und das fällige Nein nur durch die Geste
seines Wegsterbens zu verstehen gibt.[22] Überraschenderweise gesteht auch Mathilde zuletzt ein: »Ich dachte, wunder
was ich aus ihm gemacht hätte, und nu finde ich, daß er mehr
Einfluß auf mich gehabt hat als ich auf ihn.« (108) Die Stelle
ist ein wesentlicher Beleg für Mathildes Erfahrungsgewinn;
dennoch steht sie zu isoliert im epischen Gefüge, als daß man
ihr vorbehaltlos die Funktion des Wendepunktes zusprechen
könnte. Abgesehen von der Namensfrage und den deutlicher
gewordenen Ausdrücken der Körpersprache (»die Alte steif
aufrecht auf dem Sofa, Thilde zurückgelehnt auf der Chaise-
longue«, 112) bleibt alles beim alten, d. h. bei der Förderlich-
keit des Anpassungsvermögens.

Das höchste Prädikat für Mathildes Planungsgeschick spricht
Hugo aus, indem er die pädagogische Strategie des Verlok-
kens zur Arbeit als künstlerische »Finessen« (68) bewertet.
Damit erhält das Absichtliche, Kleinliche, die Lebensplanung
auf Millimeterpapier, die pädagogische Psychologie der Kon-
ditionierung einen poetologischen Ausdruck, der den sozio-
logischen Zug des Kleinkarierten aufhebt. Zum Thema stehen nun Verfahren künstlerischen Formens, die Bereiche
ihrer Anwendung und ihr zwischenmenschlicher Nutzen.
Die Brisanz der hier vorherrschenden kalkülisierenden Züge,
die der Fontane-Forschung gerade neuerdings problematisch
werden,[23] finden in Mathildes Lebensweg eine gewiß nicht
glättende Analogiegeschichte. Gesetzt den Fall, daß Mathildes pädagogisches Kalkül tatsächlich als ästhetische Finesse
gelten darf, und vorausgesetzt, daß diese Finesse identisch
ist mit Fontanes Schlüsselbegriff, dann artikuliert sich hier

22 Reuter, I,81.
23 Karl S. Guthke, »Fontanes ›Finessen‹. ›Kunst‹ oder ›Künstelei‹?«, in: *Jahr-
    buch der Deutschen Schillergesellschaft* 26 (1982) S. 235–261.

Fontanes künstlerisches Arbeitsverfahren in sensationell deutlicher und auch unbequemer Weise: Das künstlerische »Metier«[24] erscheint als berechnete Dosierung des je Zumutbaren bei zunehmender Anforderung; dabei gehört es unmittelbar zur Methode, daß der, dem die Arbeit zugute kommt, nicht nur der »Zögling« ist, sondern auch der »Pädagoge« selbst, der sich bei solcher »Düftelei«[25] den »Vorteil« (108) ausrechnet. Wenn Fontanes Kunst wesentlich im Zudecken schriftstellerischer Mühsal besteht, im Natürlichkeitseffekt der Kunstgriffe (Guthke), dann geht sie – jedenfalls sofern sie handwerkliche Arbeit ist – aus Kalkülspielen hervor, und Mathildes notorische Absichtlichkeit[26] spricht nicht gegen die Güte ihres Tuns. Mathildes Finessen erscheinen im Licht der Kunst und sprechen – möglicherweise problematische – Verfahren der Kunst an: das Durchschauen auf Grund der »Lektüre« kulturgeschichtlicher Zeichen, die »Erkenntniß«,[27] die Anpassung, das Ausrechnen als Vorgriff auf die Zukunft und die »listige« Verteilung von Anstrengung und Freude als Erfolgsmoment von Pädagogik und Poesie. – Von hier aus könnte sich auch die Einschätzung des »Prosaischen« (6) wandeln. Die traditionelle Gegenüberstellung von Mathildes »Prosa« und Hugos Theaterpoesie vermochte ja ohnehin angesichts der Fontaneschen Prosa-Kunst nicht endgültig zu überzeugen;[28] viel eher ist zu erwarten, daß das poetische Recht der Prosa auch für den »Blechblick« Mathildes gilt, abgesehen davon, wie hoch man den künstlerischen Wert des Gemmengesichts in einer Stadt veranschlagt, die über eine der bedeutendsten öffentlichen Gemmensammlungen Europas verfügte.[29] Es bleibt forschungsgeschichtlich

24 Hanser Briefe, III,201 (an Emilie Fontane, 17. August 1882).
25 Ebd., S. 611 (an Paul Schlenther, 13. Juni 1888).
26 Müller-Seidel, S. 327.
27 Hanser Briefe, III,201 (an Emilie Fontane, 17. August 1882).
28 A. F. Bance, »Fontane's *Mathilde Möhring*«, in: *Modern Language Revue* 69 (1974) S. 121–133.
29 *Brockhaus' Conversations-Lexikon*, 13. Aufl., Leipzig 1884, Art. »Gemme«.

unbefriedigend, wenn einerseits Mathildes Verfahren der
kühlen, nüchternen Berechnung als »hinterlistiges Matriar-
chat« abgewertet, andererseits dasselbe kühle, nüchterne
Beschreibungsverfahren des Erzählers lobend hervorgehoben wird.[30] Die herausfordernde Analogie, wie immer man
sie bewertet, bleibt so verdeckt.

Es ist der Forschung nicht entgangen, daß *Mathilde Möhring*
autobiographische Züge trägt. Gewiß kündigt sich hier das
»Bild der Mutter«[31] an, das in den Kindheitserinnerungen
von 1892 differenziert zur Sprache kommen wird. Auch an
Charakterzüge der Ehefrau wird man denken müssen. Desgleichen variiert »Mathilde« die Sorge des Vaters um seine
Tochter Mete, und nicht zuletzt spiegelt auch Hugo Neigungen seines Autors. Die Parallelen zwischen Dichtung
und Wirklichkeit wären im einzelnen noch nachzuzeich-
nen, wobei es hier nicht nur um Entsprechungen, sondern
auch um Verschiebungen, Abweichungen und Gegensätze
gehen sollte: »männliche« Initiative, Emanzipationsbedürf-
nis, Berechnung, Stärke, statusbewußte Bürgerlichkeit, das
»zusammenhaltende Element«,[32] herbe Abneigung gegen
Freude und Nichtstun; es fehlen jedoch auf weiblicher Seite
im Roman: Krankheit, Sensibilität, Nervosität, kluges, feines
Gesprächsvermögen, sodann auch eheliche Spannungen.[33]
Die autobiographische Komponente des Nachlaßwerkes liegt
wohl nicht nur auf der Ebene eindeutig zuzuordnender
Abbildungen; zu berücksichtigen wäre auch die konfigura-
tive Verklammerung in der Familie, die eine Mathilde-Figur
in all ihrer »Unverträglichkeit« nicht nur notwendig macht,
sondern auch sinnvoll erscheinen läßt. Gerade auch im brieflichen Gespräch des Vaters mit Mete erweist sich die

30 Günther Mahal, »Fontanes *Mathilde Möhring*«, in: *Euphorion* 69 (1975)
   S. 30 f.
31 Reuter, II,698 und I,80 ff., 237 ff.
32 Theodor Fontane, *Aufzeichnungen zur Literatur*, hrsg. von Hans-Heinrich
   Reuter, Berlin [Ost] 1969, S. 58.
33 Vgl. Mete Fontane, *Briefe an die Eltern 1880–1882*, hrsg. von Edgar R.
   Rosen, Frankfurt a. M. / Berlin / Wien 1975.

Mathilde-Lebensform als wandernde Rolle, die selbst auf den übergehen kann, der sich als Ehemann vom selben Anspruch bedrängt fühlt.[34] Auch hier fällt aufeinander zugewandte Wechselseitigkeit trotz Dominanz auf und unterstreicht im Egoistischen das Partnerschaftliche. Die Verdinglichung des Berechnens im Zuckerwürfel-Zerteilen kann nicht darüber hinwegtäuschen, daß Mathildes Tätigkeit zwischenmenschlich förderlich und durch die Erfahrung legitimiert ist. Daß Fontane über solche Erkenntnisse im Zusammenhang mit *Mathilde Möhring* auffällig schwieg,[35] ist desto sonderbarer. – Die vielfältigen autobiographischen Verstrebungen, vor allem die wechselnde Verteilung polarer Eigenschaften und der damit verbundene Perspektivismus der Bewertung zeigen schließlich, daß es hier nicht um geschlechtsspezifische Probleme (Stichwort: weibliche Emanzipation), sondern um allgemeine Fragen der planenden Lebensform geht.

Vor welchen kulturhistorischen Horizont läßt sich Mathildes Geschichte, ihr Rechenbewußtsein stellen? Die Frage gilt nicht tatsächlichen Einflüssen, sondern richtet sich auf Rahmenbedingungen, die eine sinngenetische Interpretation im Sinn Karl Mannheims ermöglichen.

Man braucht nicht erst Fontanes briefliche Erklärung heranzuziehen – »In fast allem, was ich seit 70 geschrieben, geht der ›Schwefelgelbe‹ um«[36] –, um Bismarck als politische Prägung der Möhring-Welt zu entdecken. Zwar kann Mathilde wohl kaum als authentische Nachbildung der von Fontane wahrgenommenen Widersprüchlichkeit des Kanzlers gelten,[37] aber die Schülerschaft, zu der sie sich selbst bekennt (93), und vielleicht sogar der Münzwert eines solchen Bekenntnisses im wiegenden Gleichschritt mit dem gewonnenen Landrat fangen etwas von der Persönlichkeitsaura jenes Moglers, Schlaubergers, Vorteilsjägers und interessanten Bildersprechers ein,

34 Hanser Briefe, III,244–247 (an Mete Fontane, 13. Mai 1883).
35 Dichter, II,528.
36 Hanser Briefe, IV,336 (an Maximilian Harden, 4. März 1894).
37 Müller-Seidel, S. 50 ff.

der seinem kritischen Bewunderer als ein »großes Genie« und zugleich ein »kleiner Mann« galt.[38] Mathilde bleibt gegenüber der Komplexität des Politikers eine reduzierte Gestalt. Zu fragen aber wäre, ob dieser figuralen Reduktionsstufe Erklärungswert beizumessen ist. Die Diskrepanz zwischen (krämerischer) Mittelanwendung und politischem Erfolg könnte vielleicht doch ein ästhetisch-kritisches Modell für die Genese von »hochpolitischen« Handlungen darstellen. Fontanes durchaus situationsrelativer Ausspruch – »Es ist ein Glück, daß wir ihn los sind«[39] – wäre dann auch anwendbar auf Motive der Entstehungsgeschichte des Nachlaßwerkes[40] und auf Motive der epischen Zeitstruktur, derzufolge Mathildes Berufsweg gerade den Zeitabschnitt durchkreuzt, da »Bismarck ins Schwanken kam« (101).[41]

Zu erwägen ist auch, ob nicht mit dem Namen Friedrich Nietzsches ein sinngebendes Umfeld für eine Figur wie Mathilde aufgerufen sein könnte. Die Beziehung Fontanes zu Nietzsche gilt ja ohnehin als ein nicht zu unterschätzendes Moment europäischer kultureller Gleichzeitigkeit. Bislang wurden solche Verbindungen hauptsächlich auf der Ebene konkreter Anknüpfungen (Fontanes) verfolgt;[42] und schon hier ergaben sich gerade im Umkreis der Bildungskritik auf-

---

38 Hanser Briefe, IV,272 f. (an August von Heyden, 5. August 1893), IV,440 (an Mete Fontane, 1. April 1895), IV,325 f. (an dies., 29. Januar 1894), IV,86 (an Paul Heyse, 8. Januar 1891), III,131 (an Philipp von Eulenburg, 23. April 1881).

39 Ebd., IV,42 (an Georg Friedlaender, 1. Mai 1890).

40 Mahal (s. Anm. 30) S. 40.

41 Ob eine verletzlich gewordene Literaturwissenschaft in Mathildes Erfolg bei der dritten Konfession – »sie hat was von unsre Leut« (91) – ein ›antisemitisches Dynamit‹ entdeckt, das bei unrechter Wartung zu explodieren droht, bleibt noch zu prüfen (vgl. Wolfgang Paulsen, »Theodor Fontane. The Philosemitic Antisemite«, in: *Publications of the Leo Baeck Institute. YearBook*, 26, 1981, S. 303–322).

42 Hans Otto Horch, »Fontane und das kranke Jahrhundert. Theodor Fontanes Beziehungen zu den Kulturkritikern Friedrich Nietzsche, Max Nordau und Paolo Mantegazza«, in: *Literatur und Theater im Wilhelminischen Zeitalter*, hrsg. von Hans-Peter Bayerdörfer [u. a.], Tübingen 1978, S. 1–34.

schlußreiche Vergleichsmöglichkeiten. Weiterhin wäre zu bedenken, welchen Aussagewert Fontanes Berechnungsmotiv vor dem Hintergrund verwandter Überlegungen Nietzsches gewinnen: Berechnen als Reduktionsstufe,[43] aber auch die kranken »Virtuosen« als »geborene Feinde der Logik und der geraden Linie«,[44] das »Weib« als Inbegriff des Pedantischen, Kleinlichen, Schulmeisterlichen,[45] insbesondere als Virtuosin der Anpassung und Schauspielerei,[46] Erziehung, Bildung und Geist unter den Vorzeichen des Täuschens, der Mimikry,[47] Besserung im Lichte von Zähmung, Züchtigung, Schwächung und Krankmachung.[48] Die sich aus solchen verwandten Dimensionen ergebenden Schlußfolgerungen könnten zu einer neuen Einschätzung des Nachlaßwerkes beitragen und sein epochales Gewicht verdeutlichen.

Ein literarisches Modell für das Berechnungsmotiv wird durch Fontanes epische Anspielungskunst vermittelt: Calderóns *Das Leben ein Traum*. Dieses Traumspiel gehört nicht nur zur Lieblingslektüre (25) des »traumhaft« (98, 84) Wandelnden, vielmehr verläuft nach seinem Muster gerade auch Mathildes Geschick: Verwirklichung des Ersehnten bzw. Errechneten – Scheitern der Rechnung – Konsequenz. Die Mathematik spielt ja in Calderóns Stück eine zentrale, bewegende Rolle;[49] und die Dramaturgie des Lösungsdramas sorgt für das Förderliche der gescheiterten Errechnung des Glücks; das gilt für die hohe Kunst des Schauspiels ebenso wie für die niedere Form der Posse (z. B. Krügers *Herzog Michel*). Das muß nicht bedeuten, daß Mathilde nach der Art solcher Besserungsstücke »geheilt« würde; gerade auch eine Rettung wie

43 Friedrich Nietzsche, *Werke in sechs Bänden*, hrsg. von Karl Schlechta, München 1980, Bd. 4, S. 825.
44 Ebd., S. 1050.
45 Ebd., S. 697.
46 Ebd., Bd. 3, S. 234 f.
47 Ebd., Bd. 4, S. 739, 999.
48 Ebd., S. 979 f.
49 *Calderons ausgewählte Werke*, übers. von A. W. Schlegel und J. D. Gries, Stuttgart [o. J.], Bd. 2, S. 110 f.

die in Grillparzers Märchenversion[50] zeigt, wie ungewiß die
Lösung eigentlich ausfällt. – Calderóns Spiel stellt nicht den
einzigen literarischen Horizont dar, vor dem sich Fontanes
Figuren bewegen: Schiller (Motive der Ordnungskrise und
weiblichen Mission), Zola (Paradies) und G. Belly (Ver-
wechslungsspiel) deuten ein Netz sinnvoller Bezüge an, die
auf Fontanes Zitierkunst verweisen.[51]

Fontanes Berechnungsmotiv mit seinen Sicherheitsimplika-
tionen – »du bist immer so sicher« (13), heißt es leitmotivisch –
steht nicht vereinzelt im epochalen Zusammenhang. Seine
symptomatische Bedeutung gewinnt es vor dem Hintergrund
des allgemeinen Sicherheitsbedürfnisses bzw. der sich darin
aussprechenden Gewißheitskrise um die Jahrhundertwende.
Man braucht nur an das Werk Arthur Schnitzlers zu erinnern,
um Gewicht und Ausstrahlung der mathematischen Lebens-
bewältigung im Umkreis empiriokritizistischer Verunsiche-
rungen kennenzulernen. Von hier aus lassen sich weitere Fragen an Fontanes Nachlaßwerk richten, etwa nach dem
geschichtlichen Verhältnis von Wissensformen (hier auch:
Voraussicht, Weissagung, Gewißheit) und ihrer Bewertung:
Wie steht Mathildes Wissen zu der von Schnitzler beschriebe-
nen Form: »Es war ein rätselhaft klares Wissen, die Gabe,
zwischen dem, was not tut, und dem, was ohne Sinn und
Wert ist, zu unterscheiden«?[52] Und welche Relevanz hätte
hier ein »Grauen« »vor der steinernen Fratze deiner Weisheit«?[53] Die Verrechnung der Welt »im hohlen Spiegel einer
Formel«,[54] die Ablösung der Pasenow-Romantik durch die
Huguenau-Sachlichkeit gehören ebenso zur positivistisch-

50 Bance (s. Anm. 28) S. 130.
51 Vgl. dazu Voss, passim, Plett, passim, und die vielfältigen Hinweise bei
    Grawe (1980) unter den Stichwörtern der zitierten Werke.
52 Arthur Schnitzler, *Gesammelte Werke in Einzelausgaben. Das erzählerische
    Werk*, Frankfurt a. M. 1987, Bd. 6, S. 232.
53 Ebd., Bd. 3, S. 146.
54 Ebd.

naturalistischen Vergangenheit wie nachimpressionistischen Zukunft von *Mathilde Möhring*.[55]

Vermutlich wird man auf der Ebene bedeutungsvoller Kontrastierung noch andere Namen und Werke als Sinnhorizont berücksichtigen müssen. Wie steht es z. B. mit Fontanes Kleist-Lektüre bzw. mit seiner Begeisterung für Otto Brahms Preisschrift über Kleist und den Nachwirkungen im eigenen Werk? Die Stichwörter Lebensplan, Ehrgeiz, weibliche Lenkung, Kontrolle (Ulrike) und Bändigung (Penthesilea) entwerfen ein Sinnfeld, in dem Mathilde und Hugo nicht ortlos bleiben. Wie steht es weiterhin mit der Rolle Richard Wagners in Fontanes Werk?[56] Hier zwar ist von Wagner nicht die Rede, aber könnte sich vielleicht nicht doch ein Bezug ergeben anläßlich der wiederholten, rahmengebenden Frage »Thilde, schläfst du schon?« (32, 110) und ihrem möglichen Äquivalent »Schläfst du, Hagen, mein Sohn?«[57] Wer das Kalkül des Ring-Mythos, das Ausgerechnete des Erlösungsplans berücksichtigt,[58] der wird die Herausforderungen durch die Wagnersche Welt-Abrechnung mit ihren »commissesten Gemeinheiten«[59] nicht zu knapp bemessen und gerade

55 Richard Hamann / Jost Hermand, *Epochen deutscher Kultur von 1870 bis zur Gegenwart*, Bd. 3: *Impressionismus*, Frankfurt a. M. 1977, S. 70–107.

56 Vgl. Hans Otto Horch, »Ansichten des 19. Jahrhunderts. Theodor Fontanes Verhältnis zu Richard Wagner und dem Wagnerismus«, in: *Fontane-Blätter*, Bd. 6, H. 3 (1986) S. 311–324; Dieter Borchmeyer, *Das Theater Richard Wagners. Idee – Dichtung – Wirkung*, Stuttgart 1982, S. 316–334.

57 Richard Wagner, *Götterdämmerung*, hrsg. von Wilhelm Zentner, Stuttgart 1988, S. 39.

58 Wie »listig« (Richard Wagner, *Die Walküre*, hrsg. von Wilhelm Zentner, Stuttgart 1988, S. 41) handelt z. B. Wotan, wenn er im »Selbstgespräch« mit Brünhilde (S. 37) seiner »Wunschmaid« (S. 68) zu verstehen gibt, daß nur ihr Ungehorsam dem Gott jenen Helden beschert, der aus eigenem Antrieb (und nicht etwa wie Siegmund infolge der heimlichen Protektion durch »eines Gottes Gunst«, S. 41) das »schmähliche Ende der Ew'gen« (S. 39) abwendet? Und wieviel »weiß« (S. 75) Brünhilde und gibt demzufolge »heimlich« dem strafenden Vater zu verstehen, daß dieser sich selbst erfüllt, was er »nicht wissen darf« und dennoch »sich wünscht« (S. 76), bahnt er doch durch die »wabernde Lohe« (S. 79) gerade nur jenem Helden den Weg, »der freier als ich, der Gott« (S. 77)?

59 Hanser Briefe, III, 156 (an Karl Zöllner, 13. Juli 1881).

auch die nicht-parodistischen Erniedrigungen der Welt-
Enträtselung auf kleinbürgerliche Verhältnisse sorgsam über-
prüfen. Das Schmarotzer-Motiv liegt dem Thema errech-
neter Götter-Erlösung nicht minder zugrunde wie dem Thema kleinbürgerlicher Selbstbehauptung: »Denn wenn ich
es auch gemacht habe, wenn er nicht da war, so ging' es
nicht.« (101)
Die Tragfähigkeit solcher Querverbindungen wird eine
zukünftige Diskussion erproben. Hier konnten nur Andeutungen gegeben werden, die – angesichts des besonderen Status dieses Nachlaßwerkes – allerdings dringlicher sind als
endgültige Antworten.

Literaturhinweise

Bance, A. F.: Fontane's »Mathilde Möhring«. In: Modern Language Review 69 (1974) S. 121–133.

Demetz, Peter: On Stifter's and Fontane's Realism: »Turmalin« and »Mathilde Möhring«. In: Literary Theory and Criticism. Festschrift für René Wellek. Frankfurt a. M. 1984. S. 767–782.

Erler, Gotthard: »Mathilde Möhring«. In: Fontanes Realismus. Wissenschaftliche Konferenz zum 150. Geburtstag Theodor Fontanes in Potsdam. Vorträge und Berichte. Hrsg. von Hans-Erich Teitge und Joachim Schobeß. Berlin [Ost] 1972. S. 149–156.

George, E. F.: Fontanes »Mathilde Möhring«. Eine kritische Würdigung. In: Studia Neophilologica 46 (1974) S. 295–308.

Hoffmeister, Werner: Theodor Fontanes »Mathilde Möhring«. Milieustudie oder Gesellschaftsroman? In: Zeitschrift für deutsche Philologie 92 (1973) Sonderh. S. 126–149.

Mahal, Günther: Fontanes »Mathilde Möhring«. In: Euphorion 69 (1975) S. 18–40.

Poppenberg, Felix: Die posthume Fontane-Tochter. In: Die neue Rundschau 19 (1908) S. 1367–70.

Raphaël, Gaston: »Mathilde Möring« de Theodor Fontane. In: Etudes Germaniques 3 (1948) S. 297–303.

Reich-Ranicki, Marcel: Der Fall »Mathilde Möhring«. In: M. R.-R.: Nachprüfungen. Aufsätze über deutsche Schriftsteller von gestern. München 1977. S. 16–21.

Schöll, N.: Mathilde Möhring: Ein anderer Fontane? In: Formen realistischer Erzählkunst. Festschrift für Charlotte Jolles. Hrsg. von Jörg Thunecke. Nottingham 1979. S. 587–597.

Sommer, Dietrich: Kritisch-realistische Problem- und Charakteranalyse in Fontanes »Mathilde Möhring«. In: Fontane-Blätter. Bd. 5. H. 3 (1983) S. 330–338.

Literaturhinweise

Die in runden Klammern stehenden Seitenangaben innerhalb der einzelnen Interpretationen beziehen sich auf die Ausgabe des jeweiligen Romans in Reclams Universal-Bibliothek. In den beiden Fällen, wo keine Reclam-Ausgabe vorliegt (*Vor dem Sturm* und *Quitt*), beziehen sich die Angaben auf die Taschenbuchausgabe des Ullstein-Verlags.

Auf die in den folgenden Literaturhinweisen verzeichneten Werke der Primär- und Sekundärliteratur wird in den Anmerkungen der einzelnen Beiträge mit den angegebenen Siglen und Kurztiteln bzw. mit den bloßen Verfassernamen verwiesen.

Werkausgaben

Sämtliche Werke. Hrsg. von Edgar Groß [u. a.]. 30 Bde. in 5 Abt. München 1959–75. [Nymphenburger Ausgabe, zit. als: **N**]

Werke, Schriften und Briefe. Hrsg. von Walter Keitel und Helmuth Nürnberger. 20 Bde. in 4 Abt. München 1962 ff. [Hanser Ausgabe]
    Abt. 1: Sämtliche Romane, Erzählungen, Gedichte, Nachgelassenes. [Zit. als: **H**]
    Abt. 2: Wanderungen durch die Mark Brandenburg. [Zit. als: **H, Abt. 2**]
    Abt. 3: Erinnerungen, Ausgewählte Schriften und Kritiken. [Zit. als: **H, Abt. 3**]

Romane und Erzählungen. Hrsg. von Peter Goldammer [u. a.]. 8 Bde. Berlin [Ost] 1969. [Aufbau Ausgabe, zit. als: **A**]

Quellen und Briefe

Theodor Fontane. Der Dichter über sein Werk. Hrsg. von Richard Brinkmann in Zusarb. mit Waltraud Wiethölter. Durchges. u. erw. Ausgabe. München 1977. 2 Bde. [Zit. als: **Dichter**]

Theodor Fontane. Werke, Schriften und Briefe. Hrsg. von Walter Keitel und Helmuth Nürnberger. Abt. 4: Briefe. München 1976 ff. [Zit. als: **Hanser Briefe**]

Theodor Fontane. Briefe. Hrsg. von Kurt Schreinert. Zu Ende gef.
und mit einem Nachw. vers. von Charlotte Jolles. 4 Bde. Berlin
1968–71. [Zit. als: **Propyläen Briefe**]

Sammelbände

Theodor Fontane. Hrsg. von Wolfgang Preisendanz. Darmstadt
1973. (Wege der Forschung. 381.)
Formen realistischer Erzählkunst. Festschrift für Charlotte Jolles.
Hrsg. von Jörg Thunecke. Nottingham 1979. [Zit. als: **Jolles Fest-
schrift**]
Fontane aus heutiger Sicht. Analysen und Interpretationen seines
Werks. Hrsg. von Hugo Aust. München 1980.
Theodor Fontane. Hrsg. von Heinz Ludwig Arnold. München 1989.
(Text + Kritik. Sonderbd.) [Zit. als: **Text + Kritik**]

Gesamtdarstellungen

Conrad Wandrey: Theodor Fontane. München 1919.
Hans-Heinrich Reuter: Theodor Fontane. 2 Bde. Berlin/Weimar
1968.
Eckhard Verchau: Theodor Fontane. Individuum und Gesellschaft.
Frankfurt a. M. / Berlin / Wien 1983.
Charlotte Jolles: Theodor Fontane. Stuttgart ³1983. (Sammlung
Metzler. 141.)
Helmuth Nürnberger: Theodor Fontane in Selbstzeugnissen und
Bilddokumenten. Reinbek bei Hamburg ¹³1983.
Wolfgang Paulsen: Im Banne der Melusine. Theodor Fontane und
sein Werk. Bern [u. a.] 1988.
Christian Grawe: Theodor Fontane. In: Deutsche Dichter. Hrsg.
von Gunter E. Grimm und Frank Rainer Max. Bd. 6: Realismus,
Naturalismus und Jugendstil. Stuttgart 1989. S. 126–151.

Fontanes Romanwerk

Jost Schillemeit: Theodor Fontane. Geist und Kunst seines Alterswerks. Zürich 1961.

Karl Richter: Resignation. Eine Studie zum Werk Theodor Fontanes. München 1966.

Vincent J. Günther: Das Symbol im erzählerischen Werk Fontanes. Bonn 1967.

Hubert Ohl: Bild und Wirklichkeit. Studien zur Romankunst Raabes und Fontanes. Heidelberg 1968.

Ingrid Mittenzwei: Die Sprache als Thema. Untersuchungen zu Fontanes Gesellschaftsroman. Bad Homburg / Berlin / Zürich 1970.

Peter Demetz: Formen des Realismus. Theodor Fontane. Kritische Untersuchungen. Frankfurt a. M. / Berlin / Wien ²1973.

Cordula Kahrmann: Idyll im Roman. Theodor Fontane. München 1973.

Hugo Aust: Theodor Fontane. »Verklärung«. Eine Untersuchung zum Ideengehalt seiner Werke. Bonn 1974.

Pierre Bange: Ironie et dialogism dans les romans de Theodor Fontane. Grenoble 1974.

Richard Brinkmann: Theodor Fontane. Über die Verbindlichkeit des Unverbindlichen. München ²1980.

Walter Müller-Seidel: Theodor Fontane. Soziale Romankunst in Deutschland. Stuttgart ²1980.

Christian Grawe: Führer durch die Romane Theodor Fontanes. Ein Verzeichnis der darin auftauchenden Personen, Schauplätze und Kunstwerke. Frankfurt a. M. / Berlin / Wien 1980.

Norbert Frei: Theodor Fontane. Die Frau als Paradigma des Humanen. Königstein i. Ts. 1980.

Alan Bance: Theodor Fontane. The Major Novels. Cambridge 1982.

John Osborne: Meyer or Fontane? German Literature after the Franco-Prussian War 1870/71. Bonn 1983.

Lieselotte Voss: Literarische Präfiguration dargestellter Wirklichkeit bei Fontane. Zur Zitatstruktur seines Romanwerks. München 1985.

Bettina Plett: Die Kunst der Allusion. Formen literarischer Anspielungen in den Romanen Theodor Fontanes. Köln/Wien 1986.

Gudrun Loster-Schneider: Der Erzähler Fontane. Seine politischen Positionen in den Jahren 1864–1898 und ihre ästhetische Vermittlung. Tübingen 1986.

Die Autoren der Beiträge

PAUL IRVING ANDERSON

Geboren 1942. Studium der Germanistik und Philosophie in den USA, Bonn und München. Ph. D. Lehrbeauftragter an der Fachhochschule Aalen.

Publikationen: Verschiedene Aufsätze zu Fontane (»Meine Kinderjahre«, Editionsprobleme, Biographisches, Literaturpsychologie).

HUGO AUST

Geboren 1947. Studium der Germanistik, Anglistik und Philosophie in Bonn. Dr. phil. Professor am Seminar für deutsche Sprache und ihre Didaktik der Universität Köln.

Publikationen: Theodor Fontane: Verklärung. 1974. – Literatur des Realismus. 1977. ²1980. – Theodor Fontane in neuer Sicht (Hrsg.). 1980. – Lesen. Überlegungen zum sprachlichen Verstehen. 1983. – Volksstück. Vom Hanswurstspiel zum sozialen Drama der Gegenwart (Mitverf.). 1989. – Novelle. 1990.

HANS ESTER

Geboren 1946. Studium der Germanistik und Theologie in Amsterdam, Johannesburg und Tübingen. Dr. phil. Dozent für allgemeine Literaturwissenschaft an der Universität Nimwegen (Niederlande). Redakteur der »Duitse Kroniek«.

Publikationen: Der selbstverständliche Geistliche. Untersuchungen zu Gestaltung und Funktion des Geistlichen im Erzählwerk Theodor Fontanes. – Ars et Ingenium. Studien zum Übersetzen (Mithrsg.). 1983. – Annäherungen. Studien zur deutschen Literatur und Literaturwissenschaft im zwanzigsten Jahrhundert (Mithrsg.). 1985. – Albert Vigoleis Thelen (Mithrsg.). 1988. – Uit Liefde en Ironie (Mithrsg.). 1990. – Grenzgänge. Literatur und Kultur im Kontext (Mithrsg.). 1990. – Aufsätze zur deutschsprachigen Literatur des 19. und 20. Jahrhunderts, zur südafrikanischen Literatur und zur gegenwärtigen Theologie.

GERHARD FRIEDRICH

Geboren 1921. Studium der Germanistik und Philosophie in Heidelberg.

Publikationen: Fontanes preußische Welt. Armee, Dynastie, Staat. 1988. – Aufsätze zu Fontane, Stifter, Musil, Jünger, Nossack, Frisch und zur Literatur der DDR.

CHRISTIAN GRAWE

Geboren 1935. Studium der Germanistik, Philosophie und Geschichte an den Universitäten Köln, Bonn, Berlin und Kiel. Dr. phil. Professor für deutsche Literatur an der University of Melbourne (Australien).

Publikationen: Herders Kulturanthropologie. 1967. – Sprache im Prosawerk. 1974. [2]1987. – Erläuterungen und Dokumente: Friedrich Schiller, »Die Räuber« (Hrsg.). 1976. [2]1984. – Erläuterungen und Dokumente: Friedrich Schiller, »Maria Stuart« (Hrsg.). 1978. – Führer durch die Romane Theodor Fontanes. 1981. – Erläuterungen und Dokumente: Johann Wolfgang Goethe, »Torquato Tasso« (Hrsg.). 1981. – Theodor Fontane: Cécile (Hrsg.). 1982. – Wilhelm von Schütz: Frühe Dramen (Hrsg.). 1984. – Effi Briest. 1985 [3]1990. – Erläuterungen und Dokumente: Friedrich Schiller, »Die Verschwörung des Fiesco zu Genua« (Hrsg.). 1985. – Theodor Fontane: Meine Kinderjahre (Hrsg.). 1986. – Jane Austen. Mit einer Auswahl von Briefen, Dokumenten und nachgelassenen Werken. 1988. – »Wer wagt es, Knappersmann oder Ritt?« Schillerparodien aus zwei Jahrhunderten. 1990. – Heinrich Joseph von Collin: Dramen (Hrsg.). 1990. – Übersetzung der sechs Romane Jane Austens (zus. mit Ursula Grawe). – Aufsätze über deutsche Literatur und interkulturelle Germanistik.

WALTER HETTCHE

Geboren 1957. Studium der Germanistik und Anglistik in München. Dr. phil. Mitarbeiter an DFG-Projekten zu Fontane und Joyce. Lehrbeauftragter am Institut für Deutsche Philologie der Universität München.

Publikationen: Heinrich von Kleists Lyrik. 1986. – Theodor Fontane. Briefe an den Verleger Rudolf von Decker (Hrsg.). 1988. – Aufsätze zu Fontane, Raabe und Goethe.

OTFRIED KEILER

Geboren 1931. Studium der Germanistik in Leipzig und Berlin. Dr. phil. Leiter des Fontane-Archivs der Deutschen Staatsbibliothek in Potsdam. Verlagsmitarbeiter.

Publikationen: Untersuchungen zum Verhältnis von Wanderbühnenspiel und dramatischer Literatur im 17. Jahrhundert. 1972. – Textsammlung zur Literaturtheorie (Mithrsg.). 1975. – Theodor Fontane im literarischen Leben seiner Zeit. Beiträge zur Fontane-Konferenz 1986 in Potsdam (Hrsg.). 1987. – Musen und Grazien in der Mark. (Hrsg.). 1990.

JOHN OSBORNE

Geboren 1938. Studium der Germanistik und Romanistik in Swansea, München und Cambridge. Ph. D. Professor of German, University of Warwick (Großbritannien).

Publikationen: The Naturalist Drama in Germany. 1971. – J. M. R. Lenz. The Renunciation of Heroism. 1975. – Die Meininger. Texte zur Rezeption (Hrsg.). 1981. – Meyer or Fontane? German Literature after the Franco-Prussian War. 1983. – The Meiningen Court Theatre, 1866–1890. 1988. – Aufsätze zur deutschen Literatur und Theatergeschichte des 18. bis 20. Jahrhunderts.

BETTINA PLETT

Geboren 1957. Studium der Germanistik, Anglistik und Pädagogik. Dr. phil. Wissenschaftliche Assistentin am Institut für Deutsche Sprache und Literatur der Universität Köln.

Publikationen: Die Kunst der Allusion. Formen literarischer Anspielung in den Romanen Theodor Fontanes. 1986. – Fontane-Brevier (Hrsg.). 1990. – Aufsätze zu Fontane.

PETER WRUCK

Geboren 1932. Studium der Germanistik, Geschichte und Theaterwissenschaft in Berlin. Dr. sc. phil. Professor am Fachbereich Germanistik der Humboldt-Universität in Berlin.

Publikationen: Literarisches Leben in Berlin 1871–1933 (Hrsg.). 1987. – Berliner Studenten und deutsche Literatur 1810–1986 (Hrsg.). 1987–89. – Aufsätze über Goethe, Fontane, Hauptmann, J. R. Becher u. a.